# 표절과 번안의 영화사

1960년대 한국영화계와 일본영화

이 저서는 2018년 대한민국 교육부와 한국연구재단의 지원을 받아 수행된 연구임
(NRF-2018S1A6A4A01029065)

# 표절과 번안의 영화사

1960년대 한국영화계와 일본영화

정종화 지음

앨피

## 일러두기

- 영화 제목은 〈 〉, 신문·잡지·단행본·장편소설·시나리오 등은 『 』, 기사·논문·노래 등은 「 」로 표기했다.
- 영화의 작품명과 연도는 한국영상자료원 한국영화데이터베이스(KMDb)를 따랐다. 감독명과 제작 연도는 각 장마다 해당 영화가 주요하게 언급될 때 (감독명, 제작 연도)와 같이 병기했으며, 이를 포함해 관련 정보가 서술될 때에도 괄호를 이용해 작은 글씨로 표기하였다.
- 맞춤법과 띄어쓰기는 국립국어원의 『표준국어대사전』을 따랐고, 인명이나 지명은 국립국어원의 외래어 표기용례를 따랐다. 단, 널리 알려진 이름이나 표기가 굳어진 명칭은 그대로 사용했다.
- 출처와 관련된 주석은 미주로 처리하고 1, 2 … 로 표기하였으며, 부가 설명과 관련된 주석은 각주로 처리하고 1), 2) … 로 표기하였다.

한국영상자료원은 한국영화의 역사를 콘텐츠화하고 발간하는 작업을 기관의 주요 임무로 삼고 있습니다. 2020년 『21세기 한국영화』를 시작으로 『1990년대 한국영화』, 『1980년대 한국영화』를 입체적인 구성과 흥미로운 관점들로 연달아 기획해, 독자 여러분이 한국영화사를 이해하시기 좋게 발간한 바 있습니다. 기관 50주년을 맞이한 올해, 한국영상자료원은 발간의 심도와 영역을 더 확장하고자 합니다.

특히 한국영화사 시리즈를 아카이브 자료에 기반한 전문적인 연구 성과를 공개하는 것으로 넓힙니다. 그 첫 번째 책은 한국영화사 분야의 중견 연구자이면서 한국영상자료원의 학예연구 인력인 필자의 저작으로 시작합니다. 우리원의 학예연구팀은 영화사 연구와 큐레이션을 통해 전문 연구자뿐만 아니라 폭넓은 대중과 소통하는 부서입니다. 아카이브 업무 외로, 수년간 원내 보유 자료는 물론이고 해외 아카이브의 자료에 대해 개인 연구자 자격으로 조사를 진행해 그 성과를 긴 호흡의 원고로 완성해 냈습니다.

이 책의 장점은 한국영화사의 기술 범위를 한국만의 영화사로 한정하지 않고, 일본영화와의 비교 연구를 통해 지평을 확장한 것입니다. 한일 각 자료를 면밀하게 분석해 의미를 도출한 필자의 연구는 국내외 영화학계뿐만 아니라 필름 아카이브 영역의 역사화 작업에서 일군 귀중한 성과라고 생각합니다. 장고를 마무리한 필자에게 격려 인사를 전합니다.

앞으로 한국영상자료원이 내놓을 한국영화사 도서 시리즈는 심도 깊은 학술적 결실부터 대중적 콘텐츠까지 다양한 스펙트럼으로 영화연구 지형뿐만 아니라 일반 독자와도 활발히 만나고자 합니다. 한국영상자료원의 학예연구 기능이 더욱 발전할 수 있도록 여러분의 관심과 응원을 부탁드립니다.

감사합니다.

한국영상자료원 원장

김홍준

한국영화사를 연구하는 필자는 내셔널 영화사의 기술 범위에 잘 포착되지 않은 영역, 즉 일국주의적 영화사 서술이라는 성긴 그물망에서 빠져나가고 마는 부분들에 대해 관심이 크다. 2014년부터 2년간 일본 교토대학 인문과학연구소에서 식민지기 조선영화를 연구하고 책 작업을 진행하면서 한국영화는 무엇인지, 일본영화와의 관계성은 어떠한지 고민해 볼 수 있었는데, 그때 이 책의 주제 역시 떠올리고 가다듬기 시작했다. 근대화 시기 다른 대중문화처럼 한국영화 역시 일본영화를 표절했다는데, 왜, 어떻게, 얼마나 그렇게 만들었던 것일까.

한국영화사를 전공한 시네필로서 일본영화에 대한 관심도 크다 보니, 한국영화와 일본영화가 필연적으로 만날 수밖에 없는 이 주제로 끌린 건 같다. 식민지기 조선영화를 연구하면서도 책에 포함될 내용 이상으로 시미즈 히로시 감독의 영화에 몰두했던 필자는, 기회가 있을 때마다 닛카쓰의 태양족영화와 이후 청춘영화를 감상하며 1960년대 한국 청춘영화의 장면들을 느슨하게 떠올리

곤 했다. 영화청년이던 필자가 한창 일본영화를 섭렵하던 1990년
대 중반, 당시 한국사회에서 일본영화는 해묵은 골칫거리였고 공
식적으로 드러낼 수 없는 존재였다. 예컨대 〈러브레터〉(1995)는 복
사한 테이프로 내 책장에 큐레이션되어 혼자서 또 친구들과 몇 번
이고 자취방 감상회의 작품으로 선택되었지만, 한국 극장가에서
정식 개봉된 것은 1999년 제2차 일본 대중문화 개방이 되고나서였
다. 시네필에서 연구자로 이어지는 필자의 청년 시절 행보에, 넓게
는 한국과 일본의 정치 관계, 좁게는 일본영화의 문화적 수용 양상
이 겹쳐 있었던 것이다.

일본에서 공부할 기회가 있었고, 일본어 능력이 붙은 김에 와세
다대학 쓰보우치박사기념연극박물관을 중심으로 한국영화가 표
절 혹은 참조했을 것으로 추정되는 일본 시나리오들을 복사해 한
국 시나리오와 대조하기 시작했다. 관련 사료나 선행 연구들을 디
뎌 추적해 가는 과정이 순탄치만은 않았다. 영화를 특정하기 쉽지
않은 것은 물론, 해당 작품을 찾았다 하더라도 일본 시나리오는 물
론이고 한국 시나리오 역시 여러 버전들이 존재해, 자료를 모두 확
보하고 맞춰 보는 데에 꽤 품이 들었다. 하지만 한국영화 시나리오
가 일본영화 시나리오를 그대로 번역해 만들었다는 것을 처음 확
인했을 때 필름 히스토리언으로서 느꼈던 쾌감은 지금도 생생하
다. 그렇게 이 책 작업이 시작됐다.

2016년 이 연구의 첫 번째 논문을 〈맨발의 청춘〉으로 시작한 것
은 당연한 포석이었다. 많은 사람들이 표절작 혹은 번안작이라고

얘기하지만 어떻게 표절했는지는 아무도 구체적으로 얘기하지 않은 영화. 생전 김기덕 감독님을 구술사 인터뷰를 통해 직접 만나 뵀을 때, 결국 이 대목에 도달해 서로 살얼음을 건너는 듯한 분위기를 느낄 수밖에 없었던 순간. 상업영화 제작 현장에서 굳이 영화 자체를 그대로 베낄 필요가 없는데 많은 사람들이 믿고 싶은 대로 믿었던 일종의 환상. 이런 복잡하게 얽힌 지점들을 객관적 거리에서 학문적으로 분석하고 서술해 해답을 찾아야만 했다.

사실 2018년부터 책 작업을 시작했는데, 한국영상자료원의 학예연구팀 업무를 주된 일로 수행해야 하고, 그사이 식민지기 영화에 관한 내 연구를 종합한 『조선영화라는 근대』를 발간하고, 『씨네21』에 '충무로 클래식'을 2년 가까이 연재하는 등 여러 프로젝트가 숨 가쁘게 진행되다 보니, 이 책이 나오기까지 7년이라는 꽤 긴 시간이 흘렀다. 2020년부터는 전대미문의 코로나 사태로 일본 현지 조사를 원활히 할 수 없어 조바심을 느끼기도 했는데, 동료 연구자들의 도움으로 헤쳐 나갈 수 있었다. 이 책을 완성시키면서, 역시 조금씩 차근차근 하다 보면 결국 마무리할 수 있다는 진리를 새삼 깨닫게 되었다. 2016년부터 올해까지 완성한, 초출일람에 밝힌 3편의 영어 논문과 4편의 한글 논문이라는 밑그림이 있었기에, 애초 계획했던 시야와 밀도를 어느 정도는 충족시킨 것 같다.

이 책에서 말하고 싶은 문제의식은, 국가 주도의 정책과 국민들의 희생이 화학작용을 일으킨 한국의 근대화와 맞물려 한국영화 역시 최선의 방식으로 1960년대의 르네상스를 일궜고, 본질적으로는 일본영화 시나리오의 표절과 비공식적 번안 사이에서 제작의 '효율화'를 추구했다는 점이다. 본 연구는 표절작을 색출하는 조사가 아니다. 필자의 학문적 관심은 김기덕, 유현목, 김수용 같은 감독들이 일본영화의 문자 텍스트를 놓고 당대 한국영화의 기술적·묘사적 관용도 내에서 어떻게 자신만의 스타일대로 혹은 한국영화만의 것으로 창작했는가 하는 부분이다. 바로 그 물음과 해답의 과정을 이 책으로 묶어 냈다.

『조선영화라는 근대』나 이 책 모두 개인 연구자로서의 동력에서 출발했지만, 한국영상자료원 학예연구 파트의 일원으로서의 정체성이 함께 만난 결과임을 강조하고 싶다. 개인의 연구 결과물인 이책을 한국영상자료원의 한국영화사 발간 시리즈로 포함시킨 이유이다. 학계의 동료 연구자들뿐만 아니라 우리 원의 아카비스트 동료들에게 늘 고마운 마음이다. 언제나 동료들과의 교류에서 나만의 연구적 정체성을 세워 나갈 특별한 기운을 얻는다. 특히 영화사연구자로서의 시야를 넓혀 주신 김홍준 원장님께 감사의 마음을 전한다. 그 외 감사한 분들이 많지만, 일본 현지에서 필자가 요청하는 시나리오를 복사하는 수고를 마다하지 않은 양인실, 박진희, 김수현 선생에게 꼭 고맙다는 말을 전하고 싶다.

영화사학자로서 필자는 무엇보다 아카이브 머티어리얼에 대한 분석을 중요하게 고려하면서, 텍스트 비평과 사회문화사적 맥락을 영화사 서술과 연동시키는 것에 집중해 왔다. 앞으로도 영화사의 거시적 기술에서는 드러나지 않는, 때로는 비공식적 역사일 수 있는 주제들을 포착해 한국영화사 연구의 지평을 확장시키기 위해 고심할 것이다. 식민지기 조선영화에 관한 책을 완성하면서 표절과 번안의 역사를 다룬 이 책의 기획이 출발했던 것처럼, 이제 이 책을 마무리하면서 한국과 동아시아 영화 교류의 역사를 의미화할 수 있는 흥미로운 지점들로 연구를 확장해야겠다고 다짐한다.

2024년 9월
상암에서
정종화

# 차례

## 1부
## 일본영화 시나리오 표절 문제와 한국영화계

## 2부
### 충무로의 새로운 장르, 청춘영화

# 한국영화,
# 모방과 창작 사이에서 길을 찾다 ............

1960년대는 한국영화가 찬란한 르네상스를 이룩한 시기다. 그 문화적 부흥의 양상은 양적 확대와 질적 성장 양면으로 공히 충족되었다. 1960년대 내내 무려 1,500편이 넘는 영화가 만들어졌고, 1960년대 말미에는 한 해 200편 이상의 영화가 제작되었다. 멜로드라마, 코미디, 액션스릴러 등 대중 지향의 장르영화가 흉내를 넘어 세련되었고, 1960년대 중후반에는 '문예영화'라는 미학이자 제도를 이용한 한국식 작가주의 영화가 충무로 상업영화 지형에서 의미 있는 공간을 확보할 수 있었다. 소설 원작을 영화화하는 방식으로 예술성을 담보했던 문예영화는 정부의 우수영화보상제도를 만족시키며, 제작사에 안정적 수입원인 외국영화수입쿼터를 안겼기 때문이다. 전후 사회상을 반영한 1950년대 중후반 한국영화가 관객들을 소구하기 위해 광범위한 의미의 장르이자 스타일로서 멜로드라마에 폭넓게 기댔다면, 1960년대의 한국영화는 서구영화의 스타일과 문법을 적극적으로 지향하고 멜로드라마는 물론 스릴러와 액션, 코미디, 사극 등의 장르를 기반으로 세부 장르를 역동적으로 모색했으며, 그 과정에서 가족드라마, 청춘영화 같은 특별한 장르들이 도출되었다. 이것이 1960년대 한국영화가 결정적으로 달라진 지점이다.

이전의 한국영화와 1960년대의 성분이 분명한 차이를 보이는 것은 청춘영화 장르가 태생한 덕분이다. 말하자면 청춘영화는 장르성의 차원을 넘어 충무로의 새로운 한국영화였고, 한국영화가 서구영화와 가장 가까워진 형태에 도달할 수 있다는 상상 혹은 서구영화와 유사한 영화적 분위기를 낼 수 있음을 증명하는 장르였다. 액션영화나 사극에서의 스펙터클처럼 좀처럼 구현하기 힘든 할리우드의 물량 공세와 기술적 수준에 비해, 청춘영화는 가장 효율적이고 경제적인 방식으로 서구의 모던한 삶을 흉내 낼 수 있는 장르였다. 1963년 〈가정교사〉(김기덕, 3월 개봉)와 〈청춘교실〉(김수용, 8월 개봉)이 촉발시킨 청춘영화는, 1964년 〈맨발의 청춘〉(김기덕, 2월 개봉)이 서울 아카데미 극장에서 15만 관객을 동원하며 장르적 가치 창출과 산업적 정점을 만들어 냈다. 1963년부터 1967년까지 새로운 대중 장르로서 세를 형성한 '청춘영화'는 1960년대 한국영화 르네상스의 핵심이었다고 해도 과언이 아니다. 기성세대에 대한 반항 정신을 기저에 깔고 도시(에 올라온) 청년들의 사랑과 정신적 방황, 성공을

향한 야망과 좌절 등을 감각적인 화법으로 담아낸 한국의 청춘영화는 한국식 뉴웨이브 영화이자 새로운 관객을 창출한 세련된 상업영화였다. 신성일·엄앵란 콤비를 대표로 한 스타시스템, 원래 외화전용관이었지만 젊은 관객들이 찾는 한국영화전용관으로 탈바꿈한 서울 세종로의 아카데미극장이라는 공간과 화학작용을 일으키며 당대의 주목할 만한 사회적 현상이 되었다. 이전에는 외국영화 팬이었던 청년들이 이제 한국영화가 볼 만하다며 모여든 것이다.

한국의 청춘문화는 할리우드영화 〈에덴의 동쪽East of Eden〉(엘리아 카잔, 1955), 〈이유 없는 반항Rebel Without A Cause〉(니콜라스 레이, 1955)과 이 영화들에 출연한 배우 제임스 딘이 촉발시켰다고 해도 과언이 아니다. 특히 후자는 한국에서 1958년 1월 중순에 개봉되었는데, 이로 인해 한국사회에서 새로운 세대에 대한 논의가 본격화되고 또 이러한 담론이 세계 속의 한국이라는 감각과 연결되어 있음을 일깨우는 계기로 작용했다. 한국이라는 문화 지형에서 그 영화적 후신이 바로 〈맨발의 청춘〉 그리고 두수 역할을 맡은 신성일이다. 특히 한국판 〈에덴의 동쪽〉이라고 불린 〈성난 능금〉(김묵, 1963)에서 이복동생이자 반항아 역을 맡았던 신성일은 1960년대 내내 제임스 딘을 연상시킨다는 평가를 받으며 청춘스타로 등극했다.

하지만 〈맨발의 청춘〉이 태양족영화 〈미친 과실狂った果実〉(1956)로 호평 받은 나카히라 고中平康 감독의 〈진흙투성이의 순정泥だらけの純情〉(1963)을 모방했다는 사실에 이르면 구도는 복잡해진다. 〈성난 능

금〉이 서사적으로 〈에덴의 동쪽〉을, 제목은 〈미친 과실〉을 참고하며 청년세대의 부상이라는 글로벌한 현상에 뒤이어 동참한 것으로 이해할 수 있다면, 〈맨발의 청춘〉은 일본영화의 시나리오를 표절하는 방식으로 서구의 청년문화를 효율적으로 번역하는 길을 택했다. 깡패 세계에서 생존하기 위해 몸부림치는 두수 캐릭터, 그 짧은 머리와 재킷으로 상징되는 외모는 분명 제임스 딘을 연상시키는 것이었지만, 사실 그사이에는 〈진흙투성이의 순정〉에서 하마다 미쓰오浜田光夫가 분한 주인공 지로 캐릭터는 물론 동 시기 일본 청춘영화의 스타 이시하라 유지로石原裕次郎라는 레퍼런스가 괄호 쳐진 것이었다. 즉, 제임스 딘으로 상징되는 고독한 반항아 캐릭터와 청춘영화 속 화려한 공간은 한국 청춘 관객들의 가슴속에 자리한 서구문화에 대한 정신적 동경과 미국식 자본주의에 대한 세속적 욕망을 소구해 상호작용하는 것이었지만, 그것을 가능하게 한 실질적 방법론은 서구식 근대화를 더 일찍 받아들인 일본의 텍스트를 경유해 참조하고 그 핵심적인 요소들을 빌려 온 것이었음을 주목해야 한다. 사실 서구-일본-한국으로 이어지는 문화적 영향 관계의 구도는 단순하게 설명될 성질의 것은 아니다. 전후 한국 사회는 서구(좁게는 미국)를 열망하고 지향했지만, 일본 대중문화에 대한 향수와 선망 역시 과소하지 않았다. 또 각도를 달리해 보면, 1960년대 초중반 한국사회에 수용되고 유행한 일본문화는 단지 이웃 나라나 과거 식민지 종주국에 대한 향수적 문화로 받아들여졌다기보다 상징적인 의미에서 서구 근대의 일부로서 받아들여진 것일 수 있다.


## 일본영화라는 대상

1960년대 초중반 한국사회는 일본에 대한 민족적 저항감과 그 문화에 대한 호기심과 선망, 향수가 착종되어 일본문화 수용과 관련한 특별한 국면을 만들고 있었다. 무엇보다 이 시기 일본문화 수입과 유행은 한일 간의 정치적 변화상과 밀접하게 연결된다. 1960년 4·19 혁명으로 이승만 정권이 무너지고 등장한 제2공화국은 대일 통상을 적극적으로 추진했다. 1961년 5·16 쿠데타로 정권을 찬탈한 군사정부는 대국민적 반대 여론에도 불구하고 한일국교정상화를 밀어붙여, 1960년 4·19 혁명 이후 활발해졌던 일본문화 수입은 정점에 달하게 된다. 1962~1963년 이시자카 요지로의 소설 등 일본 대중문학의 번역 붐이 일어, 이 소설들이 라디오 전파를 타기도 했다. 1962년 7월 기독교방송HLKY에서 80회에 걸쳐 연속 낭독된 『가정교사』가 한국에서 방송된 첫 번째 일본 장편소설이었다. 그리고 이러한 흐름이 1960년대 중반 청춘영화의 유행으로 직결됐다. 특히 〈가정교사〉와 〈맨발의 청춘〉을 제작한 극동흥업은 일본 소설의 영화화에 앞장선 대표적인 제작사이다.

이때 해방 이후 처음으로 한국에서 일본영화가 상영되기도 했다. 바로 미국의 동아시아 문화냉전 전략으로 기획된 아시아영화제에서다. 1962년 5월 서울에서 개최된 제9회 아시아영화제는 한국 최초로 개최한 국제영화제이자 한국 사람들의 일본문화에 대한 강한 호기심을 수면 위로 공식화시킨 사건이기도 했다. 영화제 기간 중 일반 관객들도 일본영화를 볼 기회가 있을지 초미의 관심사가 되었고, 결과적으로 대중 시사가 불발되자 영화 팬들이 실망의 목소리를 내기도 했다. 결국 출품된 일본영화는 새벽 시간 공보부 시사실에서 극히 제한된 관계자만을 대상으로 상영됐다. 일본영화 공개가 그만큼 민감한 상황이었음을 보여 주는 단적인 사례다. 일본영화에 대한 대중적 관심은 연일 각 신문사의 지면을 통해 증폭됐다. 기모노를 입고 김포공항으로 내한한 일본의 여성 배우 10인은 영화제의 처음과 끝을 장식했다고 해도 과언이 아닐 정도로 언론과 대중의 주목을 받았다.

처음으로 서울에서 열린 아시아영화제라는 국가적 이벤트를 통해 한국 영화인들은 한국영화가 일본영화와 대등한 수준이라고 공인 받고, 그 수상 결과를 통해 자기만족을 얻고 싶었던 듯하다. 여러 국가의 출품작 중 특히 일본영화에만 관심이 높았고, 그 평가 역시 유독 기준을 높여 냉정하게 이뤄졌다. 결국 한일 영화인이 참가한 좌담회 자리에서 일본 영화인들의 입에서 직접, 한국영화가 우수하다는 평가가 나왔다. 신상옥이 감독한 〈사랑방 손님과 어머니〉(1961)가 마스무라 야스조 연출의 〈아내는 고백한다妻は告白する〉(1961)를 제치고 작품상을 받자, 소설가 박종화는 "한국영화는 일본영화를 제패해 버리고 말았다"[1]는 문장으로 화답했다. 이처럼

아시아영화제라는 장에서 획득한 한국영화에 대한 국제적 평가의 실체는 대부분 일본과 결부된 것이었다. 아시아영화제를 통해 서울에서 일본영화가 상영되는 동안 공식적 교류로서는 처음으로 일본의 6개 도시에서도 한국영화가 상영됐다. 비록 제한된 조건이었지만 아시아영화제는 해방 이후 처음으로 한일 간의 영화가 교류하는 공식적인 통로가 된 것이다. 하지만 그 영향력의 방향이 한쪽으로만 기울어져 있었던 것이 사실이다. 한국의 메이저 영화사들에게 아시아영화제는 흥행성 있는 일본영화를 탐색하는 비즈니스의 장과 다름없었기 때문이다. 1960년대 중반 한국영화계의 일본영화(정확히는 시나리오)에 대한 표절과 번안은 일본에 대한 열등감과 선망이, 그 혼재된 감각이 의식과 무의식 양면에서 여전히 현재진행형으로 존속하게 했다. 당시 한 기사에는 "우리 영화가 일본영화와 부자지간을 맺고 있는 것은 공공연한 비밀"[2]이라는 표현까지 등장할 정도였다.

## 한국영화는 왜 일본영화를 표절했을까

1960년대 초중반 영화산업의 외양이 급격히 넓어지면서 한국영화는 대량생산체제로 들어선다. 문제는 영화로 만들 수 있는 이야기였다. 영화제작 편수는 100편, 150편 계속해서 증가하고 있는데, 영화제작에 필요한 오리지널 시나리오는 턱없이 부족했다. 조금

과장한다면 일본 영화잡지에 실린 일본영화 시나리오 중 누가 먼저 흥행될 만한 이야기를 찾을지, 누가 먼저 번역에 착수해 투자받을 책(시나리오)으로 완성할지 경쟁하던 시절이었다. 적당한 일본 영화 시나리오를 찾아 번역하고 적절히 번안하는 데 필요한 비용이, 오리지널 시나리오를 창작하는 비용과는 비교도 할 수 없을 만큼 적게 든다는 것은 충분히 짐작할 수 있다. 게다가 당시 한국은 세계저작권협약에도 가입하지 않은 상태였다. 형식적인 규모에만 집착하는 방식으로 영화산업의 기업화를 강제한 당국의 정책도 주요한 배경이다.

물론 1960년대 초반 영화계가 전적으로 표절 시스템에만 의존한 것은 아니다. 흡족한 시나리오를 만날 수 없었던 감독들은 이미 예술성을 인정받은 원작 소설을 각색하는 방식을 택한다. 이는 1960년대 중후반 문예영화가 정책적으로 제도화되기 이전의 전사前史에 해당한다. 유현목 감독의 〈오발탄〉(이범선 원작, 1961), 신상옥 감독의 〈사랑방 손님과 어머니〉(주요섭 원작, 1961)를 비롯해, 김수용 감독의 〈김약국의 딸들〉(박경리 원작, 1963), 〈혈맥〉(김영수 희곡 원작, 1963) 등 문학을 영화화한 작품들이 관객과 평단으로부터 좋은 평가를 받았다. 사실 '문예영화'라는 말은 일제강점기 때부터 사용되었지만, 바로 이때부터 한국영화가 자력으로 특별해질 수 있는 가치를 부여받았음을 공포하는 것이었다.

하지만 많은 수의 대중영화들은 일본영화, 정확히는 일본영화 시나리오를 표절하는 (동시에 번안하는) 방식을 택했다. 1964년 12월 말 시점, 각 영화사가 공보부에 제작 신고한 작품 94편 중 표절로 간주된 44편의 영화를, 당국에 등록된 10개 영화제작사로 구성된 한국영화업자협회가 나서서 스스로 제작 신고를 취하했다는 기사[3]가 등장할 정도였다. 일본 표절 영화의 포문을 열고 그 주류를 차지했던 청춘영화 장르의 열기가 꺾이기 시작하는 시점도 바로 1965년이라는 것을 기억할 필요가 있다. 청춘영화가 등장한 지 겨우 2년이 안 된 시점이었다. 이때 영화계의 자정 노력은 1967년 정점에 이른 문예영화 붐으로 연결된다. 1966년부터 1968년까지 유현목, 김수용, 이만희, 이성구, 정진우 등의 감독들은 문예영화라는 제도이자 장르를 활용해 특유의 미학적 실험을 시도할 수 있었고, 어느 정도 창작의 자유를 누리며 국제영화제 진출도 노릴 수 있었다.

## 일본 시나리오는 어떻게 베꼈을까

당시 한국영화계에서 일본영화 시나리오를 입수하고 베끼는 일은 어떻게 진행되었을까? 서울의 명동 같은 번화가에서 일본 영화잡지를 사는 것이 어려운 일도 아니었지만, 이 작업은 생각보다 더 조직적으로 진행되었다. 영화화 기획이 용이할 뿐만 아니라, 일본 원작이 흥행에 성공할 확률이 오리지널 시나리오나 한국 소설의 영화화보다 점차 커지자, 제작자들은 말 그대로 베끼는 작업에 사활을 걸게 된다. 『신동아』 1964년 11월호의 특집 「한국 속의 일본

을 고발한다: 해적판」이라는 기사 속 "일본시나리오작가협회가 낸 『연감대표시나리오집』들이나 『일본시나리오작가전집』 또는 일본 영화잡지인 『시나리오』, 『영화평론』, 『영화예술』, 『키네마순보キネマ 旬報』 등에 실린 일본 시나리오들이 동이 나기 시작했다'라는 문장 은 당시의 상황을 적나라하게 보여 준다. 물론 여기서 언급된 문헌 자료들은 필자가 한국영화와 일본영화의 시나리오를 비교 분석할 때 근거한 결정적인 기반이기도 하다. 당시 일본 시나리오 한 편이 영화사 간의 과열 경쟁으로 서너 편의 한국영화로 만들어지는 일 까지 생기는 등 자료 공급이 한계에 달하자, "일본의 모모한 영화 사 제작부와 교섭하여 현재 촬영 중인 영화의 대본(영화지 상에 발 표되기 전의 것)을 구입하는 일이 있는가 하면, 일본을 드나드는 제 작자는 그 트렁크 속에 표지를 뗀 대본을 한 뭉텅이씩 들고 들어오 기 시작"했고, 김포공항에 "매달 한 트렁크씩 일본에서 보내 주는 대본을 찾으러 오는 국산영화업자"까지 생기게 된다. 당시 한국영 화계가 상상할 수 있는 수준 이상으로 일본영화 시나리오 확보에 열을 올렸음을 보여 주는 생생한 기록이다.

이렇게 일본영화의 시나리오를 확보한 제작자는 흥행이 될 시 나리오를 골라 일본어 역시 능숙했을 시나리오 작가를 호텔이나 여관에 투숙시켜 신속하게 '베끼는 작업'을 진행시켰다. 공개적으 로 일본 시나리오를 번역해서 쌓아 둔 작가들은 통상적인 시나리 오 비용의 5분의 1 수준에 시나리오를 넘겼기 때문에, 제작자 입 장에서는 원작료는 물론이고 각본료까지 절감한 셈이었다. 지금으로서는 믿기지 않지만 당시 한 기사[4]는 "한 작품만을 베끼는 것이 아니라 이 작품 저 작품에서 부분적으로 찢어 내어서 스카치테이프로 붙여 나가면 한 개의 훌륭한 시나리오가 탄생한다"는 '스카치테이프식 시나리오 작법'을 소개할 정도였다. 가장 극단적인 경우이겠지만, 일본영화 시나리오의 표절이 한 작품을 넘어 여러 작품의 요소를 짜깁기할 수도 있음을 제시하는 대목이다. 당대 한국영화들의 표절 대상이 된 일본영화들을 일일이 특정하기가 쉽지 않은 배경이다. 한국이 국제사회의 저작권 문제에서 벗어나 있던 당시 표절 붐은, 관점을 달리 해 보면 일본영화의 '비공식적 번안Unauthorized adaptation' 붐으로 규정할 수 있다. 같은 기사에서 "시추에이션은 그대로 바탕으로 하고는 무대와 생활을 한국으로 옮기고 등장인물의 이름을 바꾸고 옷을 갈아입힌다. 대사도 대개는 비슷하다"라는 분석은 단순한 내용의 문장처럼 보이지만, 시나리오 표절과 번안이 동시에 작동된 작업 방식을 여실히 보여 주는 역시 흥미로운 기록이다.

## 영화적 표절과 번안의 양식

이 책은 필자가 조사하고 연관성을 확인한 한일 영화의 각 시나리오와 영화 본편을 비교·분석해 1960년대 한국영화에서 '영화적 표절과 번안의 양식Mode of Cinematic Plagiarism and Adaptation'이 작동하였음을 밝힐 것이다. 이는 영화를 기획하고 제작하는 전반적인 과정에서 표절과 모방, 번안과 창작 행위가 동시에 작동하여 각 단계를 분리해 내기 힘들 정도로 복잡하게 진행되었음을 전제한다. 핵심은 시나리오 표절이지만, 시나리오 단계부터 일정한 번안 작업이 개입하고, 감독의 시청각적 연출 과정에서 다른 차원의 번안과 새로운 창작이 뒤섞이며 한국화된 결과물을 만들어 내는 것이다. 대표적인 예로 〈맨발의 청춘〉(김기덕, 1964)은 〈진흙투성이의 순정〉(나카히라 고, 1963)의 시나리오를 베꼈지만, 두 영화는 각각 다른 연출 방향으로 나아갔고 완성된 영화 역시 큰 차이가 있다. 이 책에서 각각의 한일 영화를 분석하는 관점인 표절과 번안의 양식은 다음과 같은 층위들에서 논의된다.

첫째, 당시 한국영화의 표절은 영화의 시청각적 차원이 아니라 시나리오 텍스트 단계에서 출발하고 이루어졌다. 청춘영화를 비롯하여 일본영화를 표절한 한국영화들은 영화 본편 자체가 아니라 일본어로 작성된 시나리오를 베꼈다. 이 '베꼈다'라는 표현은 시나리오를 만드는 단계에서 번역과 번안이 동시적으로 이루어져 모방했음을 말한다. 하지만 이 영화들을 부도덕한 모작으로만 단정할 수 없는 것이, 적지 않은 영화들이 형식적으로라도 영화화 권리를 해결하는 모양새를 취했다. 실제로는 일본영화 시나리오를 표절해 영화를 제작하면서, 소설 원작자의 영화화 승낙서를 받아 당국에 제출하는 식이었다. 대부분의 일본영화 표절작들은 그 시나리오를 그대로 한국어로 번역하되 일부 신이나 지문, 대사의 일부를 없애는 식으로 축약했고, 일본의 지명이나 인명을 한국의 것으로 바꾸는 번안 역시 진행했다. 물론 일부 신의 순서를 바꾸기도 하고, 영화 처음과 끝 신의 공간적 배경만 바꾸기도 한다. 당시 영화를 만드는 제작 과정에서 표절과 번안 사이의 스펙트럼을 상정해 본다면, 시나리오 단계는 분명 표절 쪽에 더 가깝다고 볼 수 있다.

둘째, 연출 현장에서 이뤄진 창작에 가까운 번안 과정이다. 표절작으로 거론되는 일련의 한국영화들은 일본영화 시나리오를 베낀 각본을 바탕으로 했지만, 배우의 연기를 포함한 미장센을 설계하고 적용하는 촬영 현장부터 영화음악과 성우의 목소리를 입히는 후반작업까지 전체 제작 과정은 감독의 연출을 중심으로 다르게 혹은 새롭게 창작되었다. 즉, 일본 시나리오의 이야기와 대사를 포함한 본질적 서사 요소는 거의 동일하지만, 시각적·청각적 요소가 한국의 것으로 창작되면서 같지만 다른 영화로 만들어진다. 특히 숏을 나누고 배치하는 작업인 데쿠파주découpage와 영화미술 같은 시각적 연출, 주제가와 영화음악 등의 청각적 연출이 그 다름을 만드는 지대한 역할을 맡는다.

정리하면, 1960년대 한국영화는 시나리오 차원의 '번안적 표절'과, 장면 촬영부터 영화음악에 이르는 연출 차원에서의 '번안적 창작'이 합쳐진 결과물이다. 이에 따라 대사와 지문, 스토리와 플롯, 등장인물의 구도는 거의 유사하게 가져오지만, 시청각적 연출을 거친 영화의 장면은 달라지고, 결과적으로 영화의 정서나 주제 의식, 더 나아가 장르의 결까지 달라진다. 이것이 1960년대 한국영화에서 작동된 표절과 번안의 양식이다.

## 이 책의 구성

1960년대 한국영화의 일본영화 시나리오에 대한 표절과 번안, 모방과 창작의 복합적 양상을 탐구하는 이 책은 다음과 같이 구성된다. 1부에서는 1950년대 후반부터 1960년대 중후반까지 한국영화계의 일본영화 표절에 대한 전반적인 흐름을 점검할 것이다. 시나리오 표절이 만연했던 정치사회적 맥락과 산업적 배경뿐만 아니라 이에 대한 당국과 영화인들의 대응 과정까지 다각도로 살펴, 시나리오의 표절과 영화화 번안이라는 방식이 당시 한국영화계가 양산量産을 감당하고, 특히 청춘영화 장르를 개발하고 유행시키는 결정적인 기반이 되었음을 밝힌다.

2부에서는 1963년부터 1967년까지 장르적 가치를 발휘한 청춘영화 장르의 형성과 유행이 표면적으로는 일본 대중작가의 번안소설에서 시작되었지만, 사실은 일본영화 시나리오의 표절과 모방에서 근원한 것임을 구체적으로 밝힌다. 당대 한국의 청년 관객을 집결시킨 청춘영화의 장르적 매력은 서구 청춘문화를 한국영화로 수용한 데에서 나왔는데, 이를 가능하게 한 것이 한국영화계의 현실적인 레퍼런스였던 일본영화 시나리오의 번안과 시청각적 영화

화 작업이었다. 이를 '번안 청춘영화'라는 장르로 규정하고 역사화한다. 여기서 모두 8편의 한일 영화를 집중적으로 분석한다. 〈햇빛 비치는 언덕길陽のあたる坂道〉(다사카 도모타카, 1958)과 〈가정교사〉(김기덕, 1963), 〈그 녀석과 나あいつと私〉(나카히라 고, 1961)와 〈청춘교실〉(김수용, 1963), 〈진흙투성이의 순정泥だらけの純情〉(나카히라 고, 1963)과 〈맨발의 청춘〉(김기덕, 1964) 그리고 〈폭풍우를 부르는 사나이嵐を呼ぶ男〉(이노우에 우메쓰구, 1957)와 〈폭풍의 사나이〉(박종호, 1967)가 당대 수행된 비공식적 리메이크의 스펙트럼을 입체적으로 보여 줄 것이다.

3부는 1960년대 일본영화를 모방한 영화제작을 '비공식적 리메이크Unauthorized remake'로 규정하고, 시나리오의 표절과 번안부터 본편 영화에서 감독의 미학적 연출까지 여러 텍스트들을 가로지르는 모방과 창작의 양상을 정교하게 살핀다. 특히 선행 연구들이 주목한, 1965년 한일국교정상화 전후 국면에서 당국과 창작자와 관객이 상호작용한 일본적 요소의 영화화 문제와, 한국사회가 일본영화를 공식적으로 접할 수 있는 유일한 통로였던 아시아영화제를 맥락적 환경으로 분석한다. 여기서는 6편의 한일 영화를 분석한다. 〈여자가 계단을 오를 때女が階段を上る時〉(나루세 미키오, 1960)와 〈명동에 밤이 오면〉(이형표, 1964), 〈아내는 고백한다妻は告白する〉(마스무라 야스조增村保造, 1961)와 동명의 〈아내는 고백한다〉(유현목, 1964) 그리고 〈백일몽白日夢〉(다케치 데쓰지武智鉄二, 1964)과 〈춘몽〉(유현목, 1965)의 사례를 통해 상업성부터 미학적 도전까지 당대 한국영화계의 다채로운 욕망을 들여다본다.

이 책은 모두 14편의 한국영화와 일본영화를 전면에 놓고 텍스트 간의 관계성을 고찰하고 영화사적 의미를 추출한다. 비교 분석 과정에서 그 외의 한일 영화들도 함께 논의한다. 물론 한국영화계의 일본영화 표절이나 모방을 학술적으로 고찰하는 작업이 필자의 연구 그리고 이 책이 처음은 아니다. 하지만 기존의 논문이나 저작은 본질적인 고찰에는 이르지 못했다고 생각하는데, 필자의 작업처럼 일본영화의 시나리오를 분석해 한국 버전과 비교한 것은 아니기 때문이다. 각 시나리오 버전의 분석을 통해 모방한 부분은 어디인지 또 창작 영역은 어디인지 구체적인 대목을 밝힐 수 있고, 이는 1960년대 한국영화의 제작 양식, 더 나아가 한국사회의 일본에 대한 양가적 태도와 근대화 논리로까지 연결된다. 필자가 설명하는 영화적 표절과 번안의 양식Mode of Cinematic Plagiarism and Adaptation은 한일 영화 본편뿐만 아니라 영화의 설계도인 각 시나리오까지 분석한 입체적 결과로 입증된다. 또한, 이 책은 1960년대를 중심으로 한국영화계의 비공식적 번안과 표절 과정이 기록되어 있는 공보부가 생산한 검열 서류를 함께 살펴본다. 산업과 당국이 부대끼고 협상하는 과정에 대한 기록이나 다름없는 이 심의서류들은, 한일 영화들을 연결시키는 결정적인 근거를 제시하는 동시에 일본영화에 대한 모호한 입장을 숨길 수 없었던 당시 한국사회의 축도이기도 하다.

정리하면, 이 책은 한일의 각 시나리오와 영화를 비교 분석함으로써 이시자카 요지로石坂洋次郎의 대중소설 붐이 일었던 1960년대 초반을 시작으로 일본 원작의 영화화가 엄격하게 제한되었지만 여전히 잔존했던 후반 상황까지, 영화적 표절과 번안의 양식이 작동하는 각 사례를 확인하고 이러한 시스템이 1960년대 한국영화 제작의 주요한 동력으로 가동됐음을 논증한다. 특히 책의 마지막에는 본 연구의 출발점이 된, 한국영화계에서 처음으로 일본영화 표절 논쟁을 촉발시킨 1959년 기사의 전문을 소개한다. 임영이 촉발시킨 담론 외에도 1962년 이후 최금동과 김종원의 비판문을 책에 실었다. 주로 『한국일보』와 『일요신문』 등 현재 온라인으로는 원문을 직접 확인하기 힘든 기사들인데, 독자들도 표절과 번안, 모방과 창작에 관한 논의에 각자의 기준으로 동참하길 바라는 마음에서 현대적 맞춤법에 맞게 수정하여 수록했다.

이 책의 논의는 1960년대 한국에서 만들어진 다수의 대중영화를 표절작으로 낙인찍기 위한 것이 아니다. 1960년대 한국 상업영화가 생산되고 그 산업을 지탱하는 나름의 동력으로 표절과 번안의 제작 시스템을 상정하고, 일본영화 시나리오의 문자들이 시청각적 창작이라는 번안 과정을 통해 한국영화의 것으로, 한국 대중문화의 한 경향으로 역동적으로 토착화되는 측면을 포착하기 위함이다.

1부

일본영화 시나리오 표절 문제와
한국영화계

1950년대 후반부터 1960년대 중반 한국영화가
산업의 기반을 다지고 제작 편수를 늘려간 시기,
표절과 모방이라는 방식이 주요한 제작 동력이었음을
밝히는 동시에 이러한 생산구조가 어떻게 형성되고
작동되었는지 역사적 맥락에서 고찰한다.
핵심은 이때 한국영화계가 일본영화 시나리오를
그대로 베끼거나 부분적으로 모방하는 방식으로
영화를 기획하고 제작에 착수했다는 사실이다.
이때 당국은 한일 관계를 감안한 규제와 산업 규모를
유지시켜야 한다는 묵인 사이에서 동요했다.

## 1장

# '시나리오 파동'과 한국영화

일본영화 시나리오의 표절 문제가 언론을 통해 처음 거론되기 시작한 것은 언제부터일까. 바로 1950년대 후반 한국영화 제작 편수가 증가한 시점부터이다. 청춘영화 붐이 일었던 1960년대 중반에는 표절 문제를 다루는 기사 역시 급증했고, 이후 빈도는 줄었지만 1960년대 후반까지 표절 행위가 근절되지 않았음을 폭로하는 기사가 이어졌다. 한국영화계뿐만 아니라 한국사회 차원에서 표절 이슈가 공식적으로 부각되고 집중적으로 논의된 흐름은 다음과 같이 세 가지 국면으로 구분해 볼 수 있다. ① 1958~1959년 표절의 부각과 공론화, ② 1962~1964년 청춘영화를 중심으로 한 표절의 성행, ③ 1965년 이후 당국의 규제 강화와 음성화 단계이다. 1부에서는 표절 이슈와 관련한 경과를 재구성하는 것과 동시에, ① 일본영화 시나리오의 표절이 진행된 산업적 배경, ② 표절과 모방의 실제 방법론과 사례, ③ 당국의 대응과 영화계의 자정 노력 같은 맥락들을 함께 검토하여 이 시기 한국영화계의 표절 행위를 구체화하고 역사화[1]할 것이다. 이를 통해 그동안 학계에서 본격적으로 천착되지 않고 원로 영화인들과 미묘한 관계 속에 놓여 있었던 일본영화 표절 문제가 당시 일본 시나리오를 기반으로 만연한 행위였으며, 산업기반이 약했던 상황에서 경제적인 제작 방법론으로 기능했음을 규명하고자 한다.

1960년대 전반기 또는 중반기를 대상으로 한국영화와 일본영화의 복잡다단한 관계 그리고 한국영화의 상업적 전략으로 일본적 요소를 활용한 것에 대한 연구는 대표적으로 오영숙(2010)[1]과 이화진(2017, 2020)[2]의 논문을 참고할 수 있다. 오영숙의 연구는 1965년 한일수교를 전후한 시기에 한국영화계에서 일어난 일본 붐과 일본 표상의 양의성을 검토한 후 '일본색'과 한국영화의 관계를 종합적으로 살핀다. 논의에서는 일본 로케이션 촬영 등의 방법으로 일본적인 것을 한국영화로 끌어오려는 시도들을 언급한 후, 1963~1964년 청춘영화의 대량 제작이 일본문화 표절의 정점이었음을 명기한다.

---

[1] 역사화historicization는 "철학적, 역사적, 미학적 등 어떤 진술이든 그 역사적 맥락에 위치시키는 것이며, 어떤 역사적 사업이 필연적으로 그것이 써진 시대의 이해관계와 편향을 어느 정도 반영하고 있는지를 탐구하는 것"이라는 폴 해밀턴의 '역사주의Historicism'에 기반해 논의를 진작한다. Paul Hamilton, *Historicism*, London: Routledge, 2003, p. 3.

특히 이승만 정권의 '왜색일소' 원칙부터 박정희 정권의 한일수교 시점까지 표절의 심각성과 당국의 대응 과정을 당시의 기사들을 통해 재구再構했다.

이화진의 두 연구는 1965년 한일수교 시점에 합작영화로 포장한 한국영화 〈총독의 딸〉(조긍하, 1965)의 제작과 미개봉 그리고 할리우드영화이지만 '왜색영화'로 규정된 〈8월 15야(夜)의 찻집〉(1956)의 수입과 검열 경과를 살피는 것으로, 박정희 정권이 일본문화에 대해 보인 역설을 구체화하고 있다. 한일국교정상화 국면에서 한일친선의 슬로건을 한일 배우를 출연시킨 로맨스로 만든 〈총독의 딸〉이 한일협정 반대 여론으로 개봉하지 못한 것과, 〈8월 15야(夜)의 찻집〉이 1960년 5월 이전부터 수입을 추진해 지난한 검열 과정 끝에 1963년 8월에 상영 허가를 받은 사실을 검토해, 공식적으로 일본영화의 수입이 금지된 시기에 일본적 요소를 포함한 영화들이 일종의 우회로가 되어 당대 한국사회와 길항하고 교섭했음을 제시한다.

1부에서는 학계의 선행 연구에서 부분적으로 다뤄진 일본영화 표절과 원작자 승인 같은 쟁점들을 좀 더 깊은 층위에서 구체화하고자 한다. 이는 당대 영화계 상황을 다각적으로 검토하는 동시에 실제 표절 텍스트를 확인하는 것으로 실천될 수 있다. 한국영화의 일본영화 시나리오 표절이 처음 언론에 거론된 1958년 10월 시점부터 접근 가능한 당대 신문과 잡지 기사들을 전면 검토해 역사적으로 재구성하여, 표절과 모방, 번역과 번안 사이 기획과 제작의 메커니즘이 한일관계 속에 놓인 정부의 입장뿐만 아니라 일본색을 상업화하려는 당대 영화계의 욕망과 연동해 복잡하게 작동된 것임을 밝힌다.

한국영화를 찾는 관객의 증가와 함께 한국영화가 성장기에서 중흥기로 이어지는 동안 영화계의 제작 수요는 급증했다. 이 시기 제작 편수는 1957년 37편에서 1958년 74편으로 정확히 두 배 증가한 이후, 1959년 111편, 1960년 92편, 1961년 86편, 1962년 113편, 1963년 144편, 1964년 147편, 1965년 189편을 기록했다.[3] 산업의 파이가 커지면서 가장 용이하고 경제적으로 영화를 기획하고 만들기 위해 필요했던 것이 바로 일본영화 시나리오였고, 이 같은 "시나리오 파동"[4]은 1960년대 중반까지 뚜렷하게 지속됐다. 또한, 1959년 이후 당국의 모호한 입장과 1965년 규제 조치가 등장하는 사이, 영화계가 표절 제작에 대한 자정의 목소리를 끊임없이 내고 해결책과 정상적인 제작 방식을 모색한 것도 주목해야 한다. 1960년대 한국영화 중흥기는 사실, 산업이라고 부르기에 영세하고 단기적 투기 수익이 앞서는 혼탁한 제작 현장이었지만 〈오발탄〉(유현목, 1961), 〈사랑방 손님과 어머니〉(신상옥, 1961)를 비롯한 한국영화사의 대표작들이 줄을 이었던 시기이기도 하다. 한국사회가 국제적 저작권 문제에서 자발적으로 유예된 시기[2] 일본영화 시나리오의 표절

---

2) "외국 작품을 베끼든 무단 번역하든 또는 번안하든 세계저작권조약에 가입하지 않고 있는 우리로서는 법적으로는 제재 받을 근거가 없기는 하다." 「일화 표절 작품의 상연」, 『조선일

과 번안을 통해 영화제작 방식이 어떻게 개발되고, 당국과 산업은
서로 어떻게 대응했는지 구체적으로 살펴보자.

---

보』, 1959. 3. 13. 한국은 1987년 세계저작권협약(UCC)에 가입했다.

**2장** ...................................................

# 일본영화 시나리오 표절의 경과

## 1958~1959년: 표절의 첫 공론화

### 〈잃어버린 청춘〉으로 드러난 일본영화 시나리오 표절

한국영화계에서 일본영화 시나리오를 표절해 영화를 만든다는 사실이 언론을 통해 처음 공론화된 것은 『한국일보』 1959년 3월 8일자에 실린 「몰염치한 각본가군」이라는 기사를 통해서다.[5] 『한국일보』 기자 임영이 당시 양심선언을 한 시나리오 작가이자 신진 감독인 이봉래, 유두연의 협조를 받아 필명 L.Y로 영화계의 표절 문제를 상세하게 보도하며 큰 파장을 일으켰다. 하지만 이를 검토하기에 앞서 그 전초에 해당하는 기사부터 주목할 필요가 있다.

한국영화계의 일본영화 시나리오 표절 의혹이 신문 기사에서 처음 문자화된 것은 바로 전해인 1958년 10월이다.[6] "영화 평론을 하는 H씨, 영화감독 P씨, 시나리오 작가 J씨와 함께 다방에서 영화계 종횡담"을 하던 중 "신예 감독 Y씨"에 관한 이야기가 나왔는데, 1957년 작품상을 탄 Y감독의 영화가 "알고 보니 일본 사람의 시나리오를 그대로 옮겨 놓은 표절 작품이었다"는 것이다. 이니셜로 도배한 기사의 마지막에 필자가 이름을 밝혔는데, 당시 '씨네팬' 회원이던 영화평론가 이영일이었다. 당시 상황을 추정해 보면 'Y감독의 영화'는 유현목 감독의 세 번째 연출작 〈잃어버린 청춘〉(1957)이다. 이 영화는 제1회 부일영화상 작품상과 감독상, 제1회 영화평론가협회상 감독상 등 1957년에 나온 한국영화 중 비평적으로 가장 높은 평가를 받은 작품이었다. 하지만 제5회 아시아영화제 출품작 심사 대상인 6편에 올랐으나, 이 영화 대신 유 감독의 다음 작품인 〈그대와 영원히〉(1958)가 출품됐다.[3] 당시 언론에서 이에 대한 공식적인 언급을 발견할 수는 없지만 표절 논쟁을 고려한 결정이었음을 짐작할 수 있다. 이후 살펴보겠지만, 이 영화가 일본영화 〈요루노오와리夜の終り〉(기쿠시마 류조菊島隆三 각본, 다니구치 센키치谷口千吉 감독, 1953) 시나리오의 부분적 표절임이 드러난 것은, 이후 「몰염치한 각본가군」

3) "같은 유현목 감독 작품으로 작년도 영화평론가협회상을 탄 〈잃어버린 청춘〉이 출품선에서 누락되었다는 사실은 묘한 동시에 섭섭한 노릇", 「트집잡힌 〈돈〉/난데없는 〈청춘쌍곡선〉/아세아영화제 출품작 선정에 이상」, 『한국일보』, 1958. 3. 7.

기사를 통해 양심선언한 유두연 본인의 각본이었기 때문이다.[4]

사실 1957년 9월 〈잃어버린 청춘〉 개봉 당시, 감독의 전작 〈유전의 애수〉(1956)에 비해 서구영화의 '모방'에서 한국영화의 '독창'의 단계로 진입했다는 언론 평가가 있었다.[7] 하지만 '모방'과 '독창' 사이에 실제로는 일본영화 시나리오라는 숨겨진 레퍼런스가 괄호 쳐져 있었던 것이다. 따라서 이 평가는 표절한 한국영화의 본질을 관통하는 상당히 문제적인 문장으로 보인다. 1960년대 한국 청춘영화 장르가 한국식의 대중영화를 만들어 내는 데에 성공했다면, 제작 규모는 물론 정서적으로도 채택하기 힘든 할리우드영화보다는 일본영화라는 좀 더 쉬운 참고서를 구한 것이기 때문이다. 영화에 서구적 모더니티를 번안한 새로움을 부여하기 위해 참조한 것이 바로 후자 모델이었다. 앞의 기사(1958년 10월)에서 이영일은 "팔십 본 내외를 오르내리는 국산영화의 제작본수 중에서 이러한 정상적인 대본 선택은 뜻밖에도 적은 편"이라며, 이를 "사생대본私生臺本"이라는 말로 일갈한다. 그 근본적인 책임은 대본료를 정상적으로 들이지 않고 일확천금을 노리는 제작자의 흥행 타산, 그리고 사생대본 각색을 전문으로 하는 시나리오 작가 자신에게 있다는 것이다.[8]

이어 중진 시나리오 작가인 오영진이 가세했다. 그는 『동아일

---

[4] 한일 각 영화는 우발적인 살인을 한 남자 주인공과 바 종업원 여주인공이라는 인물 설정이 동일하다. 〈요루노오와리〉의 줄거리는 다음 참조. www.kinejun.com/cinema/view/23697

보』1958년 12월 29일자 결산 기사[9]에서, "어떤 제작자의 말에 의하면 현재 계획 및 제작 중에 있는 작품의 50퍼센트가 불란서나 일본영화의 스토리 내지 시나리오를 그대로 도둑질해 온 것"이라고 썼다. '불란서'의 경우 "신상옥은 불란서 영화만 우려먹고"라며 신 감독을 직접 겨냥[5]한 것을 제외하면, 당시 정권의 구호였던 '왜색일소'에 반하는 한국영화계의 일본영화 대본 표절 행태를 비판한 것이다. 마지막으로, 「몰염치한 각본가군」의 기사 내용을 구체적으로 검토하기에 앞서 왜 유두연과 이봉래가 이 기사의 작성에 협조했을지 살펴봐야 한다. 이는 1959년 1월 시나리오작가협회가 결성되어 유두연과 이봉래가 각각 신임 회장과 부회장을 맡았던 것에서 맥락을 찾을 수 있다.[10] 새로 설립한 협회와 임원이 수행한 과제가 바로 "요즘 말썽 많은 왜색 표절 문제에 대해서 자가숙청을 단행"한 것이었다.[11] 이어진 기사는 "시나리오작가협회의 일부 신진들이 대책위원회까지 만들어 조상俎上에 오른 수 개 시나리오의 표절 여부를 조사 중"에 있다고 분위기를 전했다.[12]

---

5) 프랑스영화 〈배신Abus de Confiance〉(1937)의 이야기 구조를 그대로 빌려 온 〈어느 여대생의 고백〉을 말하는 것이다. 〈어느 여대생의 고백〉의 흥행 성공 후 신상옥은, 역시 프랑스영화 〈갈등Conflit〉(1938)을 원전으로 삼은 〈그 여자의 죄가 아니다〉(1959), 알렉상드르 뒤마의 〈동백꽃을 들고 있는 여인〉을 영화화한 〈춘희〉(1959)까지 연달아 내놓았다. 이를 신상옥의 '번안 3부작'이라고 명명할 수 있다. 하지만 오영진이 언급한 시점에 신상옥의 다른 영화가 프랑스영화를 번안 대상으로 삼은 것은 없다.

## '몰염치한 각본가군' 논쟁

그 결과가 한국일보 문화부 기자 임영(L.Y)이 작성한 1959년 3월 8일자 「몰염치한 각본가군」이다. 이 기사가 강한 파급력으로 표절 담론의 분명한 기점을 만든 것은, 전해 이영일의 기사와는 반대로, 필자 본인의 이름은 이니셜을 썼지만 표절 작품과 작가 이름은 대거 실명으로 거론했기 때문이다. 취재에 협조한 유두연이 각색하고 감독한 〈조춘〉으로 운을 떼면서도, 기사 제목에는 오영진이 각본을 쓴 〈인생차압〉(유현목, 1958)과 최금동과 김소동이 각본을 쓴 〈오! 내고향〉(김소동, 1959)을 내세우며 저격의 대상을 분명히 했다. 앞서 검토한 것처럼, 오영진은 표절 행태를 고발하는 기사를 직접 쓴 당사자였기 때문에 사안은 복잡하게 흘러갈 수밖에 없었다. 일본 시나리오를 그대로 번역한 것을 표절로 볼지, 부분적이지만 주요한 설정만 모방해도 표절로 볼지 그 기준에 대한 사회적 합의가 없는 상태에서, 「몰염치한 각본가군」 기사는 인신공격과 명예훼손 사건으로 번졌다. 표절 기준이 명확하지 않은 상황에서, 기사를 작성한 임영이 선택한 방도는 표절 비율 표기였다.

임영의 기사는 각 영화의 모방 정도를 퍼센티지로 표기했다. 조남사 각본, 유두연 각색의 〈조춘〉은 〈마고코로まごころ〉(기노시타 게이스케 木下惠介 각본, 고바야시 마사키小林正樹 감독, 1953)의 90퍼센트 번역,[6] 〈인생차압〉과

---

6) 유두연 본인이 쓴 각본에 대한 양심선언이므로 "90퍼센트"는 거의 정확한 비율일 것이다. 실제로 두 시나리오를 비교하면, 일본 버전의 지문과 대사를 축약해 가며 번안한 것을 확인할

〈오! 내고향〉은 각각 〈장군 새벽에 죽다〉,[7] 〈카르멘 고향에 돌아오다 カルメン故郷に帰る〉[기노시타 게이스케 각본·감독, 1951]의 20퍼센트 번안이라고 지적했다. 이후 살펴보겠지만, 표절 의심 정도를 비율뿐만 아니라 일본 시나리오의 '번역'과 '번안'으로 구분해 표기한 것이 주목할 부분이다. 여기서 '번역'은 거의 그대로 한글로 옮긴 가장 심한 표절에 해당한다. 특히 이영일이 이니셜로 언급한 유두연 각본의 〈잃어버린 청춘〉은 일본각본 〈요루노오와리〉의 40퍼센트 번역, 이봉래 각본의 〈오해마세요〉는 일본 작가 겐지 게이타源氏鶏太가 쓴 단편의 40퍼센트 번안 등 이 기사에서만 모두 12편이 거론됐다. 그런데 이 표절 비율이 취재를 통해 영화계의 의견을 기사화한 것일 뿐, 문제의 영화들을 일본 시나리오 원본과 일일이 대조한 결과가 아니었다는 점이 임영을 궁지에 빠뜨렸다.

며칠 후인 1959년 3월 12일자 『조선일보』 기사에서 확인되듯이, 당국의 대응도 혼선을 빚었다. 당시 영화행정 부처인 문교부가 영화 내용 검열에만 책임이 있다는 이유와 시나리오작가협회의 재

---

수 있다. 현재 〈마고코로〉의 시나리오는 『키네마준포キネマ旬報』 1953년 1월 하순호(55호)에서 확인할 수 있고, 〈조춘〉의 시나리오는 한국영상자료원에 보존되어 있다. 한편 『키네마준포』 등의 일본 영화잡지에 시나리오가 실렸다는 사실에서, 당시 한국영화계가 일본영화 시나리오를 참고하고 또 손쉽게 표절하거나 모방할 수 있었던 배경을 찾을 수 있다. 이는 신봉승의 다음 증언에서도 참조할 수 있다. 한국영상자료원 엮음, 『한국영화를 말한다: 한국영화의 르네상스 2』, 이채, 2006, 119쪽.

7) 기사가 지목한 영화의 원제는 〈오오카 정담: 장군은 밤에 춤춘다大岡政談 将軍は夜踊る〉[마루네 산타로丸根賛太郎 각본·감독, 1950].

발 방지 의견을 들어 일본 작품을 모작한 것으로 밝혀진 〈조춘〉의 12일 개봉을 허가하자,[8] 내무부 치안국은 2월 일본의 재일교포 강제 북송이 외교문제로 불거진 예민한 시국에 있어서는 안 될 일이라며 엄중 항의와 수사를 촉구한다.[13] 같은 날『한국일보』역시「사설」을 통해 "국제저작권협약에 가입이 되어 있다면 이는 저작권을 침해당한 쪽으로부터 고발이 있을 것이니 문교부가 관여할 바가 아닐 것이며 그런 구속력이 없는 이상 화면이 동일하지도 아닌 것이라면 단지 시나리오가 대동소이하다는 것으로 상영을 불허할 법적 근거는 문교부에는 없는 것"이라는 부처 입장을 전하며, "일본과의 사이에 개재한 미묘한 숙연宿緣과 현상現狀을 고려"하더라도 "표절인 경우에 일본 이외의 외국 작품은 그 도의적 배치背馳가 안 된다는 것을 은연중에 시인"하는 불합리한 상황이 되고 만다고 비판했다.[14] 이후 '몰염치한 각본가'라고 낙인찍힌 시나리오 작가들의 항의가『한국일보』에 연달아 실리며 지면 논쟁이 불붙었다.

---

8) 「상영을 허가/일 작품 모방했다는 〈조춘〉」,『조선일보』, 1959. 3. 12.
이때 문교부는 한국영화제작가협회에 16개 조항의 통고문을 보냈는데, 첫 번째 조항이 일본 작품 표절 건이었다.
1. 일본 작품을 모작 또는 표절함은 물론 민족정기를 앙양하기 위한 만부득이한 경우를 제외하고는 왜색의 영화화를 하지 말 것
   (1) 민족정기를 앙양하기 위한 경우에도 한 구절 이상의 일본어 사용을 금한다.
   (2) 일본의 의상과 풍속의 영화화는 극히 삼가야 한다.
   (3) 왜음 가곡의 효과 녹음을 금한다.
2. 구미 자유진영 국가 작품의 극히 부분적인 인용 또는 모작은 당분간 부득이하되 이를 우리나라의 사회 실정과 이탈된 묘사를 하지 말 것(이하 생략).
「문교부에서 한국영화제작가협회에 보낸 통고문」,『경향신문』, 1959. 3. 12.

1959년 3월 18일 오영진이 변호사를 통해 한국일보사에 항의했다는 기사,[15] 3월 21일에는 시나리오 작가 이청기의 항의문 게재,[16] 3월 27일에는 김소동 감독의 항의 기사[17]가 이어졌다.

　오영진의 입장[9]은 "〈장군 새벽에 죽다〉라는 영화는 일본에는 없는 것이며, 약 20년 전 미국영화에 게리 쿠퍼가 주연한 동명의 작품[10]이 있었는데" 본인의 작품과는 전혀 다르다는 주장이었다. 이청기는 기사에 20퍼센트 번안이라고 언급된 〈스바라시키 일요일素晴らしき日曜日〉(구로사와 아키라, 1947)의 시나리오를 구해 대조했지만 〈서울의 휴일〉 시나리오와 판이하게 다르다고 항변했다. 실제로 이 건은 제목의 유사성에서 비롯된 착오였음이 분명하다. 마지막으로, 이미 구정 개봉을 끝낸 〈오! 내고향〉의 공동 각본과 연출을 맡은 김소동은 "본인은 전화로 한국일보 사장에게 이 사실을 통고하고 즉시로 본인 등의 각본 〈오! 내고향〉과 〈카르멘 고향에 돌아오다〉의 두 책을 가지고 한국일보로 뛰어갔다"며, 개인 기자에게서 발단했더라도 신문사가 최종 책임을 져야 한다고 주장했다. 흥미로운 것은, 김소동이 각본을 들고 간 덕분에 후속 논쟁이 벌어질 수 있었다는 점이다.

---

9)　한편 1959년 『조선일보』의 신춘문예 시나리오 부문에서 가작으로 입선한 정승묵은 오영진의 입장에서 "L.Y 씨는 무모하게도 양민에게까지 구속영장을 발부"했다며 "시나리오 문단을 위하여 애오라지 20여 년간을 공헌해 온 한 작가에게 대하여 L.Y 씨의 당치 않은 추상적 소견은 너무나도 가혹한 포상 아닌 형벌"이라고 임영을 강하게 비판했다. 정승묵, 「창작과 표절의 한계/L.Y 씨의 소론을 읽고」, 『조선일보』, 1959. 3. 16.

10)　〈The General Died at Dawn〉(루이스 마일스톤, 1936)

오영진이 한국일보 사장을 상대로 일천만 환 위자료청구소송을 제기하자,[11] 결국 임영은 4월 30일자로 사표를 낸다.[12] "일개인이 모든 모작 외국 원본을 단시일에 입수하는 것도 용이한 일은 아니었기 때문에" 시나리오 작가인 유두연, 이봉래로부터 취재한 내용을 바탕으로 "외국 원본과의 축자대조逐字對照 없이 정보만으로 보도"한 것에 책임을 진 것이다. 하지만 임영은 실명으로 낸 마지막 기사에서 해명을 추가하며 일방적인 사과로만 끝내지 않았다.[13]

임영은 기사를 쓰는 시점까지도 원본인 "〈장군 새벽에 죽다(일설 '장군은 밤에 춤춘다')〉"의 시나리오를 입수하지 못했지만, 만약 원본 시나리오를 입수했다면 〈인생차압〉을 외국물의 20퍼센트 번안이라고 하지 않고 90퍼센트 번안이라고 단정했을 것이라고 적는다. 특히 두 명의 시나리오 작가에게 따로 확인했다는, 일본 원작에 등장하는 가사망假死亡과 가장례식 설정을 근거로 들었다. 하지만 정확한 제목도 특정하기 힘들었던 〈오오카 정담: 장군은 밤에 춤춘다大岡政談 将軍は夜踊る〉[마루네 산타로丸根賛太郎 각본·감독, 1950]의 경우,

---

11) 오영진은 서울지법에 접수한 소장에 "① 원고가 입은 명예훼손에 대한 위자료로서 1천만 환을 지불해야 되고, ② 〈인생차압〉은 독창적 작품이며 일본각본의 번안이 아니라는 '사과기사'를 문화면 머리에 실려야 한다"고 적었다. 「위자료 천만 환 청구 소송/지법에 제소된 '몰염치한 각본가군'/오영진 씨 본사 사장 걸어」, 『한국일보』, 1959. 3. 28.

12) 「신회장에 전창근 씨/시나리오작협 임원 개선」, 『동아일보』, 1959. 3. 25. 결국 유두연, 이봉래가 사표를 내고, 신임 회장에 전창근, 부회장에 이진섭이 선출됐다.

13) 이 기사에서는 주로 소송이 걸린 오영진의 각본 〈인생차압〉에 대한 입장을 밝혔고, 김소동의 항의에 대해서는 월간 『국제영화』 5·6월호에 답변 원고를 보낸 상태였다. 임영, 「모작과 모작적 창작과 우연 유사/오영진 씨에게 보내는 글, 취재기자 입장에서」, 『한국일보』, 1959. 5. 1.

현재 관련 기록을 살펴보면 임영의 기사 속 줄거리와는 다른 영화로 확인된다.[14] 그러나 임영도 쓰고 있듯이, 〈인생차압〉의 자살극과 가장례식 설정은 서구의 문학이나 희극 등에서도 찾아볼 수 있는 독창적인 아이디어는 아니므로 다른 일본영화가 원전일 가능성은 남아 있다.[15]

## 〈오! 내고향〉 모작 논쟁

한편, 일본각본이 확보된 〈오! 내고향〉의 경우는 임영의 주장이 설득력을 얻었다.[18] 이번에는 그와 작가 최금동이 『국제영화』 1959년 5·6월호의 특집 지면에서 논쟁을 벌였는데, 당시 잡지의 헤드라인은 "외국물을 복사모작하는 몰염치한들은 표절가지 시나리오 작가는 아니다. 언론계가 던진 시나리오 파동을 둘러싸고 시나리오 작가와 집필자가 대결하는 논박문"으로 심각성을 제시한다. 이 지면에는 〈오! 내고향〉의 최초 대본을 쓴 최금동이 먼저 나섰다.[19] 그는 "어느 작품의 일부분이 일본의 어느 작품과 비슷하다고 해서

---

14) 임영의 기사는 "패전 직후의 한 일본 장군이 전쟁범죄자로서 스가모巢鴨형무소에 들어가게 되자 왕년의 부하 군의관이었던 의사에게 사망진단서를 쓰게 하여 사망을 가장하고 가장례식을 지내고는 조의금을 가지고 북해도로 도망했다가 체포된다는 줄거리"라고 소개하지만, 일본영화 〈장군은 밤에 춤춘다〉는 오페레타(뮤지컬) 시대극으로 스모 선수가 수상한 종교에 연루되는 코미디다. 현재 키네마준포 웹 데이터베이스(www.kinejun.com) 등에도 이 영화의 줄거리 정보가 누락되어 있어 명징한 비교는 힘들다.

15) 같은 기사(『한국일보』, 1959. 5. 1.)에서 임영은 오영진이 오리지널 시나리오라고 발표한 〈10대의 반항〉 역시 여원사 간행의 수기 『생일없는 소년』과 소재가 같다며, 타국·타인의 작품과 유사성이 많은 오영진의 작품 활동 전반에 문제를 제기했다.

그것을 곧 20퍼센트니 30퍼센트니 하고 모작, 도작, 번안이라고 레테르를 공공연하게 붙일 수 있는 문제일까?"라며, 기사 말미에 〈오! 내고향〉과 이 영화가 20퍼센트를 가져왔다는 기노시타 게이스케木下惠介 극본의 〈카르멘 고향에 돌아오다〉의 스토리와 테마를 각각 소개한다. 최금동에 따르면, 〈오! 내고향〉은 황룡강을 사이에 두고 나눠진 동촌의 최고집 일가와 서촌의 김유들 일가를 배경으로, 비록 부모들끼리는 사이가 좋지 않지만 자식들은 사랑하는 사이였는데 서 주사네 집에 전쟁미망인으로 댄서가 된 딸 춘자가 낙향하면서 두 남녀 사이에 금이 가고 두 집안의 반목이 마을 간의 싸움으로 번진다는 이야기다. 반면에 일본영화 〈카르멘 고향에 돌아오다〉는 도쿄 아사쿠사의 스트립걸인 리리 카르멘이 고향에 돌아오면서 벌어지는 소동을 코미디 톤으로 그린 영화이다.

그런데 임영은 최금동과 달리 〈오! 내고향〉의 개요를 〈카르멘 고향에 돌아오다〉와 유사하게 제시한다. 전자가 농촌 풍속물이고, 후자가 농촌 풍속을 무대로 한 슬랩스틱 희소극임을 유의해도 "정묘하지 못한 반半복사식 모작"이라는 것이다. 임영이 정리한 〈오! 내고향〉의 줄거리는 이렇다. 서울에서 창무娼女(원문 그대로임) 같은 정체불명의 직업을 가진 딸이 보내 준 돈으로 도움을 받는 부부에게 그 딸이 휴양차 귀향하겠다는 편지가 온 후, "색안경에 보청기까지 매단 딸"이 버스에서 내리며 동리의 주목을 끈다. 현재 영화 필름이 남아 있지 않지만, 〈오! 내고향〉의 도입부는 분명 〈카르멘 고향에 돌아오다〉와 유사성이 있다. 뿐만 아니라, 〈오! 내고향〉

의 스틸과 영화 전단 속 배우 강효실의 외모는 〈카르멘 고향에 돌아오다〉의 주인공 다카미네 히데코高峰秀子의 영화 속 이미지를 참조한 것처럼 보인다. 이후 〈오! 내고향〉은 한국 농촌판 '로미오와 줄리엣' 설정으로 펼쳐진다. 임영은 〈카르멘 고향에 돌아오다〉의 개요를 정리하면서, 도쿄에서 창녀 같은 직업을 가지고 있는 딸을 부끄러워하는 부친에게 딸의 편지가 온 후 "색안경에 화려한 양장을 한 딸은 똑같이 화려 괴상한 차림을 한 동료 여자를 동반하고" 오는 설정을 강조한다. 임영은 두 영화가 20퍼센트 이상 유사한 근거로 "〈오! 내고향〉의 전반부는 〈카르멘 고향에 돌아오다〉와 같은 진행에 같은 분위기에, 같은 표현 양식을 취하고 있으니까 모작치고는 퍽 서툰 모작"이라고 규정한다. 〈카르멘 고향에 돌아오다〉는 코미디이고 〈오! 내고향〉는 농촌 풍속물이지만, 후자의 전반부는 전자와 유사하게 희극으로 진행되다가 후반부에 이르러 비非희극적으로 변형된다고 덧붙인다. 이 같은 장르의 불균질 혹은 톤의 변화는 이후 일본영화 시나리오를 표절해 만든 한국영화에서 공통되게 발견되는 텍스트적 특성이 된다.[16] 결론적으로 임영은 "신과 커트와 다이얼로그가 다르다 할지라도 작품의 구성이 같을 때는 더 중대한 모작이 되는 것"이라며 최금동의 각본을 각색한 김소동

---

[16] 일례로 청춘영화 〈맨발의 청춘〉(김기덕, 1964)의 후반부에서 당대 한국영화 특유의 멜로드라마성이 강화되는 것을 들 수 있다.

감독의 항의에 대꾸했다.[17]

　이 사건은 1959년 10월 16일 기사를 통해 한국일보사 사장 장기영의 명의로, 기자의 개인적 착오였다며 서울지방법원에 제기된 명예훼손 위자료청구소송이 원만하게 취하되었음을 알리는 것으로 일단락되었다.[20] 〈오! 내고향〉의 각본은 이후 살펴볼 1963년 이후 청춘영화처럼 일본영화 시나리오를 그대로 베끼는 식의 표절은 아니었지만, 임영은 모티프와 상황이 흡사한 것도 '모작', 즉 표절로 규정할 수 있음을 제시했다.


## 1962~1964년: 표절의 성행과 당국의 혼선

### 일본영화에 대한 관심 고조

1959년의 시나리오 파동이 사회적 문제가 된 이후 일본영화 시나리오의 표절 행위가 잠잠해지는 듯 했지만, 바로 다시 고개를 들었다. 작품의 실명까지 거론하기는 힘든 조심스러운 상황이었지만, 여전히 기사에서는 한국영화의 표절 정황에 대한 언급이 이어진다.[21] 영화계의 열악한 여건과 흥행에 대한 욕망 사이에서 표절을 근절하기 힘든 상황이었음을 알 수 있다. 1960년 4·19 혁명 이후

---

17) 『국제영화』 1959년 5·6월호에 함께 실린 최금동의 글에 대한 직접적인 대응은 아니지만, 이 글에 대해서도 임영의 입장은 유효하다.

집권한 민주당 정권이 대일통상을 적극적으로 추진해 일본문화의 유입이 활발해졌고, 이는 한국영화가 일본색을 담아내고 일본영화를 모방하는 기조에도 한몫했다.

1962년 신년 벽두, 이번에는 표절 의혹을 받았던 작가 최금동이 「영화계에의 공개장/표절 작가를 고발하라」라는 기사를 『한국일보』에 실어 표절 이슈를 재점화한다.[22] 1962년 5월 12일 제9회 아시아영화제의 서울 개최를 앞둔 상황에서 "현재 상영되었고 앞으로 개봉될 작품 가운데 일본 것을 표절한 것이 수두룩하다"며, 시나리오작가협회가 자율적으로 해결하지 못한다면 공보부가 각본 심의기관 같은 강력한 조치를 취해야 한다고 호소했다. 그는 이 같은 중대한 문제가 시급히 다뤄지지 않는다면 실증을 들고 고발하겠다며 기사를 끝냈다. 1962년 1월 26일, 영화 행정 당국이 된 공보부가 공식적으로 시나리오 표절 건에 대해서 언급하며 조치를 검토하겠다고 나섰다. "영화제작을 위한 각본의 표절 및 경작競作[18] 시비 등을 지양 방지하기 위해서 앞으로는 제작 신고 시에 철저히 각본 내용을 검토"할 것이며 구체적인 방안도 찾는 중이라고 밝혔다.[23] 이처럼 당국이 나선 것은 1962년 1월 20일 한국 최초의 영화법이 제정되고 시행되면서 영화산업에 대한 관리가 법제화되었기

---

18)  일본어에서 유래한 것으로 보이는 경작競作은 경쟁제작의 줄임말이다. 첫 번째 컬러시네마
    스코프영화로 앞다투어 제작된 〈춘향전〉[홍성기]과 〈성춘향〉[신상옥]이 1961년 1월에 연이어
    개봉한 것이 한국영화사의 대표적인 경작 사건이다. 경작 소동은 영화화 소재가 부족했던
    1960년대 한국영화계의 일면을 보여 준다.

때문이다. 당국의 강력한 추진으로 이해 연말에 대부분 군소 규모인 영화사 64개사가 17개로 통합되지만, 실질적인 영화제작은 여전히 군소 프로덕션의 비중이 높았다.[24]

1962년은 일본영화를 비롯해 일본 대중문화에 대한 한국 사람들의 호기심을 공식적으로 확인한 해였다. 먼저 5월 서울에서 개최된 아시아영화제를 위해 내한한 일본 여배우와 일본영화의 공개 상영이 초미의 관심사가 되었다. 결국 출품된 일본영화는 극히 제한된 관계자에게만 공개되어, 일반인들은 영화를 본 평론가들의 글을 통해 간접 체험할 수밖에 없었다.[25] 일본 대중소설이 번역되어 베스트셀러 목록에 오른 것도 이때다. 이시자카 요지로石坂洋次郎의『햇빛 비치는 언덕길陽のあたる坂道』이 '가정교사'라는 제목으로 번역되어 7월부터 베스트셀러 1위에 올라섰고, 이 작품은 7월 23일부터 기독교방송HLKY에서 동명으로 '연속 낭독'되어 해방 이후 처음으로 방송된 일본소설이 되었다.[26] 극동흥업주식회사의 차태진이『가정교사』의 영화화에 착수한 것도 이즈음이다. 극동흥업이 이시자카 요지로에게 1962년 8월 10일 영화화 승낙서를 받으면서,[27] 공식적으로 원작자의 승인을 받아 한국에서 영화화한 최초의 일본 장편소설로 화제가 되었다.[28] 그렇지만 "일본 스토리의 표절에서 한 걸음 전진한 일본 원작권 획득은 아직도 당국의 책상 위에서 보류된 상태"라는 기사의 문장에서, 4·19 이후 조성된 일본 붐과 일본문화 유입에 대한 비판 사이에서 고심했던 당국의 딜레마를 짐작할 수 있다.[29] 당국이 일본 로케이션 촬영을 허가해 주지 않

아 현지 도둑 촬영으로 일본 장면을 삽입한 영화들도 보류 상태였다. 이후 일본 로케이션을 정식으로 허가받아 개봉한 첫 번째 작품은 〈검은 장갑〉(김성민, 1963)이다.[30]

　일본문화에 대한 국민의 호기심이 높아진 데 비해 공보부가 갈피를 잡지 못하는 상황은 일본색 외국영화 상영 건에서도 드러난다. 〈콰이강의 다리〉(1957)를 비롯해 〈8월 15야(夜)의 찻집〉 같은 할리우드영화들이 "일본 색채가 지나치게 세다는 점"으로 상당 기간 상영 허가가 나지 않았다. 세기상사가 제작한 〈대지여 말해다오〉(정창화 각본·감독, 1962)의 경우 고미카와 준페이五味川純平의 대하소설 『인간의 조건』을 영화화하며 원작자 승인을 받았는데, 당국은 선전 간판에서 그 정보를 지우는 조건으로 개봉을 허가하기도 했다. 이를 두고 "정식 승인을 문제 삼는 당국의 검열 태도"에 "남의 것을 슬쩍 우려먹는 수치가 오히려 장려"된다는 기사까지 등장할 정도였다.[31] 한일 관계 정상화 추진과 국민의 반대 여론 그리고 일본문화에 대한 대중의 호기심 사이에서 당국이 보인 혼란스러운 입장은 1964년까지 지속된다.

　1962년 한국영화계 연말 결산 기사에 의하면, 11월 말까지 상영된 90편의 작품 중 현대물과 시대물이 각각 66편과 24편이었는데, 그중 오리지널 시나리오가 57편, 라디오 드라마가 20편, 소설 원작이 13편이었다. 현대물에서는 오리지널 작품이 우세했는데, "그것의 대부분이 일본영화의 표절 아니면 번안이라는" 분석이었다.[32] 즉, 1962년 공식 기록인 113편의 제작 편수(검열 기준) 중에서 절반이 표절작이거나 일본영화 시나리오를 참조했다는 말이 된다. 이를 반박하는 영화계의 입장을 반영한 후속 기사는 없었고, 1963년 부터는 제작 편수가 더 늘어나며 표절 논란 역시 확대됐다.

1963년 6월, 영화평론가 김종원은 '표절 영화에 방화한다'라는 도발적인 제목의 기사를 『일요신문』에 게재했다.[33] "한국영화 가운데 〈사랑방손님과 어머니〉, 〈오발탄〉, 〈10대의 반항〉, 〈열녀문〉과 같은 가작도 없진 않았으나 한국영화를 정상적으로 발육시키지 못하고 좀먹게 한 원인은 아무래도 이러한 표절 행위에 있었다"고 일갈한 그는, 기사 말미에 "조금도 주저하지" 않고 19편의 표절 영화 명단을 수록했다. 프랑스영화 〈테레즈의 비극〉과 〈정부〉(백호빈, 1961), 미국영화 〈애수〉와 〈슬픔은 나에게만〉(안현철, 1962)의 관계를 제외하면 모두 일본영화의 표절작으로 적시했다. 그는 이 목록 외에도 "재료 미비로 찾지 못한 것과 제작 중인 대본까지 가산하면 굉장한 수에 달한다. 특히 그 가운데서도 일본 작품이 압도적이라는 사실은 묵과할 수 없는 현상"이라며, "표절 작품을 방화하고 (그 위에) 새로운 작가정신의 씨앗을 뿌려야" 오리지널리티를 찾을 수 있다고 강조했다. 김종원의 과감한 문제 제기에도 불구하고, '오리지널' 시나리오이지만 독창성originality을 충족시키지 못하는 한국영화계의 모순적 상황은 한동안 지속됐다.

## 청춘영화 장르의 유행과 표절

국산영화 제작업과 외국영화 수입업을 일원화시킨 1963년 3월 12일

영화법 1차 개정과 5월 31일 시행령 공포에 따라 영화제작사는 연간 15편 이상의 극영화를 제작해야 했고, 그 실적에 따라 비교적 확실한 수익을 기대할 수 있는 외국영화수입쿼터를 받을 수 있었다. 법제화한 대량생산 능력을 기준으로 제작사도 다시 등록시켜, 연말까지 21개 영화사가 다시 7개사로 정리됐다. 〈로맨스그레이〉(신상옥), 〈고려장〉(김기영), 〈돌아오지 않는 해병〉(이만희), 〈김약국의 딸들〉(유현목), 〈혈맥〉(김수용) 등의 수작이 나온 이해 연말 기사에는 "사극물이나 원작물이 줄어들고 오리지널의 영화화가 많았다는 인상을 겉으로는 내주었지만 이 오리지널이라는 것이 대부분 표절 작품"[34]이라는 지적이 반복된다. 1963년 영화계는 ① 청춘영화의 장르적 생성과 흥행, ② 경작 시비, ③ 소재 빈곤을 극복하기 위해 시도한 소설 원작의 영화화(문예영화) 같은 키워드를 중심으로 살펴볼 수 있다. ③의 경우, 제9회 아시아영화제에서 작품상으로 인정받은 것은 물론 흥행까지 성공한 〈사랑방 손님과 어머니〉(1961)를 모델로 한국의 단편문학을 영화화하는 기획이 모색됐지만 곧바로 성과를 내기가 쉽지 않았다.[35] ①과 ②는 일본영화 시나리오의 표절과 직접적인 관련이 있었다.

청춘영화 장르를 개척한 〈가정교사〉(김기덕, 1963)는 이시자카 요지로의 소설을 정식으로 승인받아 영화화한 것으로 포장되었지만, 그 심부에는 다른 차원의 문제가 숨어 있었다. 극동흥업이 〈가정교사〉를 만들기 위해 실제로 참고한 것은 이시자카의 소설을 원작으로 한 동명의 일본영화 〈햇빛 비치는 언덕길陽のあたる坂道〉(다사

카 도모타카, 1958)의 시나리오[19]였기 때문이다. 즉, 일본영화 각본을 거의 그대로 베낀 시나리오로 연출됐다. 한일 각 시나리오를 대조하면 유한철의 시나리오는 일본 버전의 지문과 대사를 번역과 동시에 줄여 가며 적절히 한국을 배경으로 번안하고 있음이 확인된다.[36] 물론 신성일·엄앵란 콤비가 출연하고 김기덕의 연출 작업을 거쳐 영화의 스타일이 달라진 〈가정교사〉는 1963년 3월 7일 국도극장에서 개봉, 3주간 흥행에 성공하며 한국 청춘영화 장르의 출발점을 만들었다. 이듬해 청춘영화 흥행의 정점을 찍은 〈맨발의 청춘〉(김기덕, 1964)의 경우, 일본영화 각색자에게 원작자 승인을 받아 당국에 제출한 후 일본영화 버전의 시나리오를 카피하는 동일한 수법으로 만들어졌다. 하지만 형식적으로라도 원작자의 승인을 받지 않고 만들어지는 영화들이 대다수였고, 그 장르는 청춘영화 같은 현대물로만 한정되지 않았다. 일례로 구로사와 아키라 감독의 "〈요짐보用心棒〉를 그대로 가져온" 〈불한당〉(장일호, 1963)은 "번안의 재주조차 없었다"고 평가받았다.[37]

일본 원작에 기반한 경작 소동도 본질적으로는 영화계의 표절 문제와 직결된다. 당시의 메이저 영화사인 동아영화흥업과 신필림이 겐지 게이타源氏鷄太의 소설 『가정의 사정』을 동시에 경쟁적으로 제작한 사건이 대표적이다.[20] 동아영화흥업은 원작자에게 승인을 받지

---

19)  이케다 이치로池田一朗와 다사카 도모타카田坂具隆의 공동 각본이다.
20)  1960년에 초판이 발간된 소설로, 일본에서는 1962년 동명으로 신토 가네토 각본, 요시무라

않았지만 1962년 12월 4일 공보부에 제작 신고(원제는 〈애정산맥〉)를 접수해 승인받았고, 1963년 4월 말 〈오색무지개〉(조긍하, 1963)의 촬영을 완료한 상태였다. 신필림은 4월 1일 같은 원작인 〈아버지 결혼하세요〉의 제작 신고를 냈으나 내용이 동일하다는 이유로 반려당한다. 동아영화흥업이 2월 19일 진정서('경작 작품 경고 요청에 관한 건')를 미리 접수한 상태였다.[38] 결과적으로 동아영화흥업이 표절을 숨겼던 것임이 드러났다. 이에 신필림은 원작자와 정식계약을 맺어 표절 혐의에서 벗어나는 동시에 영화화 권리를 독점하며 〈아버지 결혼하세요〉(김용덕, 1963)의 촬영을 서둘렀다.[39] 결국 공보부는 5월 1일 〈아버지 결혼하세요〉의 제작 신고 역시 접수했고, 두 영화는 거의 동시에 관객들을 만난다. 〈오색무지개〉는 5월 23일 국제극장에서, 〈아버지 결혼하세요〉는 5월 24일 명보극장에서 개봉했다. 일본영화 원작과 관련한 경작 사건은 청춘영화 장르에서도 이어졌다.

"일본의 출판계·영화계를 휩쓴 최고의 명작. 드디어 석판양차랑 씨의 승인 얻어 영화화!"[40]라는 광고 문구를 당당히 내건 〈가정교사〉가 흥행에 성공하자, 이시자카 요지로의 소설은 한국 청춘영화 장르의 창작 기반이 되었다.[21] 1963년 5월에는 이시자카의 『그 녀

---

고자부로의 연출로 영화화했다. 한국영화 경작보다 조금 앞선 시기였으므로, 일본영화 〈가정의 사정家庭の事情〉 시나리오를 참조했을 가능성이 있다.

21) 1963년 6월 소설 부문 베스트셀러 1, 3, 5위가 이시자카 요지로의 『푸른 꿈은 빛나리』, 『청춘교실』, 『비속으로 사라지다』였다. 「소설부에 박경리 씨 대 석판양차랑 씨/이채로운 한·일 작가 대결」, 『동아일보』, 1963. 7. 11.

석과 나ぁぃっと私』를 두고는 극동흥업주식회사와 한양영화공사의
경작 소동이 벌어지기도 했다. 이 소설 역시 『가정교사』에 이어 이
시철 번역의 『청춘교실』로 발간되었는데, 번역서와 동일한 제목으
로 두 영화사가 영화화를 추진한 것이다. 극동흥업의 대표 차태진
이 원작자 승인을 추진하고 여배우들을 아예 조문자篠原文子, 윤정강
伊藤正江 등 일본에서 활동하는 재일교포 출신의 탤런트와 배우로 라
인업을 꾸리는 동안, 한양영화사가 5월 20일 김수용 감독의 연출로
크랭크인하며 선수를 쳤다.[41] 극동흥업 측이 동시에 추진했던 이시
자카 요지로의 『청춘산맥』을 원작으로 한 〈푸른 꿈은 빛나리〉(1963)
의 영화화로 방향을 틀며,[22] 〈청춘교실〉(김수용, 1963)은 한양영화사에
서 완성된다. 흥미로운 점은, 〈청춘교실〉이 극동흥업의 〈가정교사〉
처럼 일본영화 버전의 시나리오를 베낀 것이 아니라는 점이다. 즉,
일본영화 〈그 녀석과 나〉(나카히라 고中平康, 1961)의 시나리오를 배제하고,
이시자카 요지로의 원작 소설, 정확히 말하면 이시철의 번역본에 기
반해 영화를 만들었다. 시나리오는 이시철의 버전을 신봉승이 각색
했다. 경작으로 주목을 받은 상황에서 〈그 녀석과 나〉의 시나리오
를 입수했다고 한들 극동흥업의 사례처럼 그대로 번역해 진행하기
는 부담스러웠을 것으로 추정해 볼 수 있다. 〈청춘교실〉은 5년간 외
국영화 전용관이었다가 한국영화 개봉관으로 전환한 아카데미극

---

[22] 극동흥업의 〈푸른 꿈은 빛나리〉는 유현목의 연출로 재일교포 탤런트 조문자를 유수미애라
는 예명으로 출연시켰다.

장의 첫 작품으로 선택되어[42] 23일간 흥행을 이어 가며 신성일·엄
앵란 콤비의 청춘영화 붐이 촉발되는 기점을 만들었다.[23] 이후 한
양과 극동의 청춘영화는 아카데미극장에서 새롭게 형성된 청년층
관객들과 만났다.[24]

　표면적으로는 원작자 승인을 받고 1964년 2월 29일 아카데미극
장에서 개봉한 〈맨발의 청춘〉은 한 달 가까이 상영하며 개봉관에
서만 15만 관객을 동원하여 "청춘영화의 절정"을 기록했다.[43] 하지
만 이는 일본 시나리오 표절 영화의 절정이기도 했다.[44] "신성일·엄
앵란으로 시작된 이른바 청춘영화는 거개가 일본각본이나 원작을
표절한 치욕적인 해적판에 불과했다"[45]는 기사가 보여 주듯, 모작
은 흥행 장르인 청춘영화에 집중됐다. 1964년 연말 결산 기사에서
이해 상영작 136편 가운데 청춘물이 55편 정도로 가장 유행하는
장르로 등극했는데 "대부분이 바다 건너 섬나라의 표절 각본이라
는 혐의"가 있다고 지적했지만,[46] 영화계의 반박 기사는 없었다. "일
본 작품의 표절을 거부하면 원작료다, 각본료다 해서 코스트가 오
르고 시장 경쟁력이 약해지는 것" 때문에 일본 시나리오의 표절 작

23)　「스크린에 담긴 빌려 온 청춘상/우리의 현실을 외면한 왜곡된 제2의 현실/국적불명이 수두
　　룩/흥행 위주로 '3s' 대명사 취급」, 『조선일보』, 1964. 8. 28. 당시 광고를 살펴보면, 8월 22
　　일 전야제를 시작으로 23일 정식 개봉해 9월 13일까지 23일간 상영했다.

24)　"한양·극동이 외화관에서 방화관으로 전환, 비교적 하이브로우한 관객을 흡수하고 있는
　　아카데미극장이 악수하여 신파영화보다 발달한 청춘영화의 제작에 역점을 두고 그것의 흥
　　행성을 입증한 공로를 무시할 순 없다." 「'64 역점: 신·엄 콤비/관객연령을 젊게 해/청춘스
　　타서 연기파」, 『한국일보』, 1964. 2. 1.

업이 지속되는 가운데 "문화계의 저개발지대라서 그런지 우리 영화가 일본영화와 '부자지간父子之間'을 맺고 있는 것은 공공연한 비밀"이라는 표현까지 등장한다.[47]

1964년 11월, 당국은 공보부 공보국장이 직접 언론 인터뷰를 통해 표절 시나리오에 기반한 영화제작을 단호히 조치하겠다며 제작 신고 시 철저히 검토하고 제작 후라도 표절임이 드러나면 상영금지를 단행하겠다고 밝혔다.[48] 이러한 분위기가 반영되어 연말에 열린 제2회 청룡상은 심사 규정에서 외국 작품을 번안 또는 표절한 것이나 외국 시나리오를 일부 모방한 듯한 영화는 작품상이나 감독상 채점에서 제외했고, 배우 본인의 목소리가 아닌 성우의 후시녹음 역시 수상작에서 제외되었다. 청춘영화 붐의 절정을 기록한 〈맨발의 청춘〉이 이봉조가 받은 음악상으로 그친 결정적인 이유다.[49]

1964년 8월 『실버스크린』의 「특집: 한국청춘영화의 배경과 현실」에 실린 김수용 감독과 신봉승 작가의 대담에서, 둘은 다음과 같이 청춘영화 표절 건에 대해 발언한다.[50] 무엇보다 영화계 내부의 각성과 자정 노력이 필요한 시점이었음을 알 수 있다.

신: 사실 얘기지 우리나라 청춘물이 일본색이 짙다는 거 어떻게 생각하세요?

김: 그 얘기가 나오면 별로 말하고 싶지 않지만, 그런 버릇 좀 고쳐야 돼요.

신: 그런데 이젠 아주 고질화 됐거든 … 손님만 많이 들면 일본 시나리오를 베꼈는지 어쨌느니 해 가지고….

김: 그동안의 것은 일종의 과도기 현상 속에서 실수한 걸로 하고 이제부턴 서로들 자숙해야지….

## 1965년 이후: 당국의 표절 규제와 음성화

1965년 1월 공보부는 주요 영화정책을 발표하면서 표절에 대한 엄중한 단속을 예고했다. 검열 사무를 강화하여 표절 작품인 경우 제작 신고를 접수하지 않으며, 그 심사를 권위자에게 맡기겠다는 내용이다. 이때 표절의 기준을 밝히는데 "경개梗概가 반 이상이 외국 작품과 유사 내지 동일한 것을 한계"로 삼는다고 했다. 특히 일본 작품은 원작자의 승인을 얻었다고 해도 제작을 금지한다고 적시했다.[51] 1월 말 표절 각본에 대한 첫 번째 반려 사례가 나왔다. 1964년에 제작 신고서가 제출된 합동영화의 〈후회하지 않겠다〉(이상언, 1965), 〈반항〉(개봉명 〈누구를 위한 반항이냐〉(김대희, 1965))과 세기상사의 〈백일몽〉(개봉명 〈춘몽〉(유현목, 1965)) 3편이었다. 〈반항〉의 경우, 원작 〈순애물어純愛物語〉(이마이 다다시, 1957)의 각본가인 미즈키 요코水木洋子의 영화화 승인서를 첨부했으나, 공보부 방침대로 접수받지 않았다. 이에 덧붙여 공보부 영화과는 접수된 모든 국산영화 시나리오를 영화자문위원회에 상정해 표절이나 모방, 번안 여부를 가리겠다고 알렸다.[52] 전해 12월 말까지 공보부에 제작 신고를 마치고 1965년 2월 현재 제작 중인 94편의 영화 가운데 47편이 "일산 시나리오의 표절" 혐의를 받는다는 기사에서는, 추가로 세기상사의 〈사랑과 죽음이 남긴 것〉, 〈욕망의 종점〉, 한양영화공사의 〈폭력지대〉 같은 영화들이 표절작으로 거론됐다.[25] 같은 기사에서 공보부의 영화자문위원회 회장 이순근이 "신scene 수에 있어서 50퍼센트 이상이 비슷한 경우" 등 표절 기준에 관해 밝힌 방침도 명기됐다.[26]

공보부의 강경한 규제책이 실천되자 당국에 등록된 10개 영화제작사로 구성된 한국영화업자협회가 1965년 2월 25일 긴급 이사회를 열어 표절 영화 정화 대책을 논의했고, 공보부에 제작 신고한 작품 94편 중 표절 영화로 간주되는 44편의 영화를 자진 취소한다고 결의했다.[53] 사실 이 사건은 당국과 업계의 사전 조율에 기반했던 것으로 보인다. 전에 없던 강경한 기조였지만, 각 영화사당 1편

---

25) 「연예: 모호한 표절 작품의 한계/제작 중인 94편의 영화…거의 반수가 의심받아/새 규준 확립은 언제?/검열기관 일원화 여론도」, 『대한일보』, 1965. 2. 18. 이 중에서 〈폭력지대〉[김묵, 1965]만 최종 영화화되었다. 공보부 영화과가 일본영화 〈50만인의 유산五十万人の遺産〉[미후네 도시로三船敏郎, 1963]의 표절작으로 인정해 〈폭력지대〉의 제작 신고를 반려하자, 한양영화는 '극영화 〈폭력지대〉 원작 재심청구'를 공보부에 접수해 해명한다. 동 서류에서 제작자는 이미 신필림이 제작해 개봉한 〈황금벌판의 혈투〉[김용덕, 1964]가 〈50만인의 유산〉을 표절했다며 〈폭력지대〉는 관련이 없다고 밝힌다. 〈폭력지대〉 심의서류(한국영상자료원 관리번호: RK01210). 당시 심의 기록에 의하면, 최종적으로 〈폭력지대〉, 〈사랑과 죽음이 남긴 것〉, 〈반항〉만 표절로 규정되었고, 〈후회하지 않겠다〉는 표절이 아닌 것으로 판명됐다. 〈후회하지 않겠다〉 심의서류(한국영상자료원 관리번호: RK01134).

26) ① 내용의 흐름과 주제가 같거나 비슷한 경우, ② 주연자 한 사람의 모방이나 표절은 조연자 다섯 사람의 경우보다 더 심한 표절이다. ③ 한 작품의 중요한 장면이 그대로 표절되었을 경우, ④ 신 수에서 50퍼센트 이상이 비슷한 경우, ⑤ 중요한 신을 다섯 개 이상 표절한 경우.

씩의 표절작은 구제하기로 했다. '구제 케이스'의 이유는 "도둑질해 온 장물이긴 하지만 시간적으로 선착을 했다는 점, 또 도둑질하느라고 경비가 들었다는 이유"였다.[54] 영화산업의 규모를 유지해야 하는 당국과 제작사의 이해관계가 맞물렸음을 알 수 있다.

　업계 스스로도 일본 시나리오의 표절 제작을 벗어나 다른 방향을 모색해야겠다고 자각했던 것으로 보인다. 1965년 3월 열린, 1964년 제작 상영된 극영화와 문화영화를 대상으로 시상하는 제4회 대종상 심사에서는 "각본이 표절·변작·번안인 것"부터 제외됐다.[55] 한편 제3회 대종상에 이어 최우수작품상 외에도 제작상, 특별장려상 수상 작품은 외화수입쿼터를 받을 수 있도록 확대되어, 영화사가 예술성 높은 영화를 제작하는 데 일정한 자극이 되었다. 만연한 표절 제작 기조에 조금씩 균열이 생긴 셈이다. 1965년 공보부가 일본영화 시나리오의 표절 작품에 대해 전에 없는 강경 노선을 취한 것은 한일국교정상화를 목전에 두고 있었기 때문이다. 경제개발을 위한 외자 도입이 급선무였던 박정희 정권은 1965년 6월 22일 한일기본조약을 조인하고, 12월 28일 한일협정을 발효시키며, 1951년부터 14년간 지속된 국교정상화 논의를 완결시켰다. 협정 조인 뒤 한 기사는 "한국에 침투한 일본문화의 영향 중 가장 문제 되는 분야는 영화계"라고 적시하며, 이전부터 시나리오 표절, 합작영화 제작, 일본 로케이션 등이 문제를 일으켜 왔고, 향후 일본영화 수입과 일본 자본 도입이 끼칠 영향이 우려된다고 적었다.[56] 1965년 일본영화계를 탐방한 호현찬이 다음과 같이 쓴 것은 당시 한국영화계의 고민을 분명히 보여 준다. "일본의 영화평론가, 저널리스트, 프로듀서들을 만날 때마다 부끄러운 질문을 받았다. 즉, 한국영화의 거의가 일본 책이 아닌가? 하는 말이다. 심지어 도호東寶의 외국부 사람 한 분은 한국영화의 90퍼센트가 일본 시나리오의 번안, 또는 표절이라는 말을 들었다고 말하는 것이었다. 마치 치부를 보인 것 같아 화끈했다."[57]

영화계 내부의 자정 의식이 모색된 1965년에는 확실히 청춘영화 장르의 유행이 잦아들면서,[27] 영화계가 일본 시나리오 표절에서 방향을 돌려 새로운 원작을 찾는 경향이 선명해졌다.[58] 그 대안으로 떠오른 것이 문학 원작이다. 베스트셀러 수기를 영화화한 〈저 하늘에도 슬픔이〉(김수용, 1965)가 흥행과 비평 두 마리의 토끼를 잡자, 이해 논픽션 스토리의 영화화가 유행했다.[59] 예컨대 극동흥업의 〈이 땅에도 저 별빛을〉(김기덕, 1965) 같은 작품인데, 이 영화는 재한일본인 나가마쓰 가즈永松カズ의 수기를 원작으로 해서 여전히 일본적 요소가 활용됐음을 알 수 있다.[28] 제작 편수를 120편으로 한정하고, 외화수입쿼터를 부여하는 우수영화 보상제도가 시작된 1966년부터는 이미 예술성을 인정받은 원작 소설의 영화화 방식이 본격적

---

27) 물론 청춘영화의 장르적 가치는 표절과 번안 사이에서 유지됐다. 대표적으로 아세아필름의 〈위험한 청춘〉(정창화, 1966), 극동흥업의 〈불타는 청춘〉(김기덕, 1966), 〈흑발의 청춘〉(김기덕, 1966), 〈맨주먹 청춘〉(김기덕, 1967) 같은 작품들이 이어졌다.

28) 수기 원작의 일본영화 〈사랑과 죽음을 응시하며愛と死をみつめて〉(사이토 부이치, 1964)는 극동흥업의 〈난의 비가〉(정진우, 1965)로 만들어지며 수기 원작자 고노 마코토河野實의 승인을 받기도 했다.

인 궤도에 올랐다. 감독의 창작 의욕과 외화수입쿼터 이권과 연계된 산업의 동력이 결합한 문예영화 장르는 1968년까지 지속되어 영화계의 분위기를 바꾸는 데 일조했다. 이광수 원작의 〈유정〉(김수용, 1966)을 시작으로, 김승옥 원작의 〈안개〉(김수용, 1967), 이어령 원작의 〈장군의 수염〉(이성구, 1968) 등이 대표작이다.

하지만 1965년 연말 결산 기사에서 "공보부는 연초 표절 영화 근절 방침을 발표했으나 한일회담 반대 데모로 소란하던 서울 거리에 표절 영화가 버젓이 걸릴 정도였으니 완전 근절은 되지 못했다"며 양성적이던 표절 행위가 이제 음성적으로 잠입해 간다는 우려의 목소리가 나왔다.[60] 이해 극동흥업은 일본영화 〈뺑소니ひき逃げ〉(1966)의 시나리오를 표절해 〈파문〉이란 제목으로 만들다 공보부에 적발되어, 뒤늦게 각본가 마쓰야마 젠조松山善三로부터 원작자 승인을 받고 〈검은 무늬의 마후라〉(김기덕, 1966)로 완성하기도 했다. 그 과정에서 "우리나라에서 처음으로 만들어지는 일본인 시나리오의 영화"로 공식 기록된다.[61] 이처럼 한일협정 이후에는 일본 원작자의 승인만 받으면 영화를 제작하고 일본 원작임을 밝혀 개봉하는 것에 무리가 없었다.[29)]

1967년 9월에는 영화업자협회의 각본심의위원회[30)]가 서부극 〈마

---

29) 영화에 대한 한일 교류 정책이 난항을 겪었지만 우선 "① 일본에서의 로케이션, ② 일본 원작자의 작품 제작 승인을 얻었을 경우, ③ 학술적인 문화영화의 수입 추천"은 허가했다. 「일문화영화 상영 허가」, 『동아일보』, 1967. 8. 3.

30) 한국영화업자협회 산하 각본심의위원회가 4월 1일부터 발족해 표절이나 경작 방지 등을 목

적〉(신상옥, 1967)의 각본이 일본 시나리오 〈마적〉을 일부 표절했다며 행정 조치를 요청한다.[31] 하지만 당국은 "각본상의 유사점이 발견되었으나 영화로 변형되었을 경우 통과가 가능하다"며 상영 허가를 내줬다.[62] 당국이 특정 제작사의 편을 들어 준 "화면변형으로 가능하다"는 해석은[63] 결론적으로 일본영화 시나리오를 표절하거나 모방한 각본으로 영화화했다고 하더라도 감독의 연출 과정으로 새로운 창작물로 인정받고 또 표절을 벗어날 수 있음을 공인한 것이다. 즉, '화면변형'이라는 단어는 일본 시나리오 표절 사태의 핵심을 관통한다. 1960년대 초중반 한국영화업계가 저작권 문제를 신경 쓰지 않고 일본 시나리오를 표절해 영화를 제작한 정신적 기반을 압축적으로 제시하는 것이다. 표절을 문자의 차원으로 한정하는 것은 창작자도 영화사도 심리적 부담을 줄이는 논리의 근거가 되었고, 당국 역시 이에 동의한 것이다. 결국 업계의 자정 노력에도 불구하고, 1965년 연초 당국이 내놓은 엄격한 조치 이전의 혼돈으로 회귀한 것이다. 하지만 표절 제작 방식은 한일 관계 정상화 국면과 이를 반영한 영화정책 등의 환경 변화로 산업적 동력을 잃었다. 〈마적〉은 1960년대 신문 기사를 통해 드러난 일본영화 시나

---

표로 사전에 자율적으로 규제하기 위해서였다. 「이상적인 민간영륜은 언제?」, 『동아일보』, 1967. 4. 8.

[31] 야마다 노부오山田信夫가 쓴 시나리오 〈마적馬賊〉은 『시나리오シナリオ』 1966년 1월호에 게재되었는데, 이후 일본에서 영화화되지는 않았다. 이는 1960년대 한국영화계가 시나리오 단계에서 일본영화를 참조하고 표절했음을 알려 주는 대표적 사례다.

리오 표절의 마지막 사례였다.[32] 물론 1960년대 후반 이후에도 한국영화계에서 표절 행위가 근절된 것은 아니다. 당시 언론이 사용한 음성화라는 표현은 표절이 없어지지도 않았지만 성행하지도 않았다는 의미를 내포한다. 일본 시나리오의 표절과 모방 작업이 더 이상 활발하게 진행되지 않았다는 것은, 당국의 규제가 작용한 결과였다기보다 영화제작 규모와 산업의 활기가 급격히 축소됐음을 반증한다.

당시 한국영화와 일본영화의 관계성은 일본 시나리오의 표절 제작으로 비판할 수도, 비공식적 번안 제작으로 평가할 수도 있는 양면성을 지닌다. 1960년대 중반 청춘영화가 '오리지널'[33]이 아니라는 결정적 단점에도 한국영화사의 유의미한 장르로 기록되는 것은, 산업과 창작자와 관객이 함께 만들어 낸 문화현상이었기 때문이다. 독창적인 영화는 아니었지만 모방을 기반으로 새로운 창작의 여지를 만들었고, 이는 청년 관객들의 주목을 이끌어 냈다. 그 핵심은, 서구(영화)를 모방하고 싶어서 일본(영화 시나리오)을 모

---

32) 한편 1969년에는 일본 TV드라마 표절 건이 불거지기도 했다. 소설가 전병순이 신필름이 자신의 소설을 표절해 〈독신녀〉(이유섭, 1969)를 영화화했다고 시나리오작가협회에 진정서를 내자, 각본을 쓴 이형우가 그 소재를 일본의 TV드라마 〈사랑의 상처〉를 베꼈다고 밝힌 것이다. 기사는 신필름이라는 메이저영화사에서 왜색영화 표절 문제가 다시 드러난 것을 집중 비판했다. 「표절 작품을 근절하라/문화인의 양식과 긍지 지켜야」, 『영화TV예술』, 1969년 6월호(43호), 32쪽.

33) 한국영화계에서 '오리지널' 시나리오는 소설 원작이나 방송극의 영화화가 아닌 것을 의미하지만, 표절과 번안 제작이 만연한 상황에서는 일본영화 시나리오를 표절한 것이 아닌지 '오리지널리티'를 대조해 봐야 하는 텍스트를 의미하게 되었다.

방하는 방법을 택했다는 것이다. 그러나 정권 주도의 영화기업화 정책이 효력을 상실하고 불황과 쇠퇴의 국면으로 진입한 1970년대 한국영화계는 외부의 자극으로 만들어 낸 이 같은 생기마저 펼치지 못하게 된다.

# 일본영화 시나리오라는 레퍼런스

∙∙∙∙∙∙∙∙∙∙∙∙∙

∙∙∙∙∙∙∙∙∙∙∙∙∙∙∙∙∙∙∙∙

∙∙∙∙∙∙∙∙∙∙∙∙∙∙∙∙∙∙∙∙∙∙∙∙∙∙∙∙∙∙∙∙∙∙∙∙∙∙∙∙∙∙∙∙

∙∙∙∙∙∙∙∙∙∙∙∙∙∙∙∙∙∙∙∙∙∙∙∙∙∙∙

∙∙∙∙∙∙∙∙∙∙∙∙∙∙∙∙∙∙∙∙

1958년부터 영화산업의 외양이 급격히 확대되고 1962년 영화법 제정과 1963년 제1차 영화법 개정을 통해 국가가 직접 나서서 영화사를 정비하고 제작 실적을 강제한 시기, 한국영화계는 일본영화 시나리오를 표절하고 모방하는 것으로 양적팽창을 감당했다고 해도 과언이 아니다. 이때 영화사들이 일본 시나리오를 가지고 영화제작에 착수한 것은 무엇보다 용이한 기획과 경제적인 이유 때문이었다. 당시 『동아일보』에서 "일본 시나리오 표절이 자행되는 이유"를 관계자들에게 설문했을 때, 문학평론가 백철이 내놓은 답변은 이 상황을 명쾌하게 설명한다. ① 원작료가 절약된다는 제작자들의 약삭빠른 사고방식, ② 오리지널 시나리오 난, ③ 국민들

속에 숨어 있는 일본에 대한 호기심. 자본과 영화적 기술을 포함해 산업 자체의 기반이 미약한 상황에서 손쉽게 영화를 만들려는 제작자들의 태도가 일차적인 원인이지만, 제작자들의 표절 요구에 부응한 시나리오 작가들도 책임에서 자유롭지 않다.[64] 각본가들의 소재 빈곤과 제작자의 이윤 추구가 서로 꼬리를 물고 표절 일변도로 나아가게 만든 것이다.

한국영화계는 일본영화 시나리오 표절과 모방을 동력 삼아 영화를 양산했고, 이러한 제작 방식이 1958년부터 1965년까지 성행했다. 영화산업이 구축되던 1950년대 후반에는 〈잃어버린 청춘〉과 〈조춘〉의 사례처럼 일본영화 시나리오가 당대 멜로드라마의 지평을 넓히기 위해 참조[34]되었다면, 영화계 내외부의 동력으로 산업이 확장되기 시작한 1963년부터는 청춘영화 장르가 개발되는 특정한 레퍼런스로 기능했다. 그 본질은 일본영화 시나리오라는 프리즘을 통해 서구의 청춘문화를 한국식으로 번안하는 것이었고, 한국 관객은 감독의 시청각적 연출로 한국화된 버전을 열렬하게 수용했다. 이는 한양영화사와 극동흥업의 청춘영화가 아카데미극장을 거점으로 청년 관객들을 집결시키고, 1967년까지 흥행력을 유지한 것에서 확인된다.

---

34) 다음 기사에서 "일본국 쇼치쿠松竹 오후네大船조의 부드러운 연애물"이란 언급은 일본 현대극 스튜디오 영화를 참조한 1960년 전후 한국 멜로드라마의 변신과 관련해 후속 연구의 필요성을 알려 준다. 조사부, 「왜색에 뿌리박은 사이비 청춘상」, 『국제영화』, 1959년 7월호, 36쪽.

1960년대 중반 한국영화계에서 신성일·엄앵란 콤비의 청춘영화가 양산되는 기점을 만든 〈청춘교실〉과 그 후속작들은 "섹스, 스피드, 스릴"을 내세워 "현실과 동떨어진 빌려 온 청춘 내지는 국적 불명의 젊은이들이라는 비판"을 받았고,[65] 당시 영화평론가 김종원은 이를 "양물洋物이 든" "왜색 접목"으로 규정하기도 했다.[66] 그는 「한국청춘영화의 배경과 현실」이라는 1964년 8월 『실버스크린』 특집 지면에서, 한국영화계의 제작 방식이 뿌리 없이도 자랄 수 있는 특수 성장법이자 다량생산도 가능한 '접목'이라며 한국을 왜색 접목의 원산지라고 꼬집었다. 접목의 원료로 "① 신성일과 엄앵란, ② 스쿠터, ③ 트위스트, ④ 사장댁, ⑤ 삼각관계"라는 요소를 들었다. 그는 표절 시나리오를 직접 대조하지는 못했지만, 당시 청춘영화의 공간과 상황의 무국적성으로 왜색을 분별하는 탁월한 접근으로, 1960년대 중반 한국 청춘영화의 장르성과 텍스트의 본질을 추출해 낸다. 한양영화사의 〈청춘교실〉과 〈연애졸업반〉[이형표, 1964]의 공간 설정은 "국산품으로는 도저히 흉내조차 못할" 이국적 현실이라는 것이다.[67] 같은 특집기사에서 "일본 대학생의 생활을 우리의 것으로 오해하게 되고 일본의 노골적인 섹스나 폭력이 우리의 것인 줄 알게 되어 많은 사회적 부작용이 일어나고 있는 것"[68]이라는 문장은 당대의 비판적 관점을 넘어, 한국 관객과 만난 청춘영화의 장르적 효용을 인식하게 한다. 특히 청년들의 성도덕과 섹스 묘사가 문제였다.

이 시기 청춘영화 장르는 성적 표현을 포함해 할리우드영화가 재현하는 청년문화를 한국영화로 수용해 내는 역할을 맡은 것이기도 했고,[35] 이는 바로 일본영화 시나리오를 경유해서였다. "일본영화의 모작들은 그저 '베끼기'가 아니라 일종의 '문화번역'으로서 일본문화에 대한 대중의 욕구를 조절"[69]했다는 이화진의 문장을 확장해 보면, 서구영화 속 청년문화를 1960년대 중반 한국사회, 구체적으로는 한국영화의 스크린에서 용인할 수 있는 수준으로 번안해 낸 기반은 바로 일본영화 시나리오라는 괄호 쳐진 레퍼런스였다.

---

35) 다음 기사에서 차태진은 1960년대 중반 극동흥업의 청춘영화들이 할리우드의 섹스코미디에 청춘 관객들을 빼앗기지 않으려는 대응책이었음을 밝혔다. 「쇼맨십: 청춘영화 절정 이룬 〈맨발의 청춘〉/외화 흥행에도 대단한 솜씨/붐으로 한몫 본 차태진 씨」, 『신아일보』, 1965. 10. 12.

2부
충무로의 새로운 장르,
청춘영화

1963년부터 1967년까지 한국 청춘영화 장르의
형성과 유행은 일본영화 시나리오를 표절하고 모방한
제작 방식에 근원한다. 당대 청년 관객을 집결시킨
한국 청춘영화의 장르적 매력은 서구 청춘문화를
한국영화로 수용했다는 데에 있는데,
이는 사실 한국영화계의 현실적인 레퍼런스였던
일본영화 시나리오를 번안하고 이를 감독이
시청각적으로 영화화한 결과였다.
이를 '번안 청춘영화'라는 장르로 규정해 역사화한다.

# 1960년대 중후반
# 청춘영화 장르의 역사적 고찰 ............

영화사가 이영일은 『한국영화전사』에서 청춘영화 챕터를 기술하며 "청춘영화라고 부르는 경향은 확실히 1960년대의 특산물"이라는 문장으로 시작한다. 일본 작가 이시자카 요지로石坂洋次郎의 소설을 원작으로 한 〈가정교사〉(김기덕, 1963)와 〈청춘교실〉(김수용, 1963)의 흥행 성공이 1960년대 청춘영화 장르의 유행을 일으켰다고 기록한 그는, 챕터 말미에 "청춘영화가 '국적 불명'이라던가 '표절 작품'이라던가 하는 지적이" 언론에 오르내렸지만 "몇몇 작품이 외국 작품의 원작이나 시나리오를 영화화한 데서" 온 말이라며 청춘영화 경향 자체를 불투명하게 만든 것은 유감이라고 적는다.[1]

이 책이 출간된 1969년 시점에 이영일이 한국영화, 특히 청춘영화 장르가 대거 일본영화 시나리오를 표절하고 모방해 만들어졌으며 이러한 제작 방식이 성행했다는 사실을 몰랐을 리 없지만,[1] 이 같은 현상을 괄호 속에 넣고 축소해 서술한 것이다. 물론 이는 한국영화로 정착된 장르로서 청춘영화의 사회적 의미와 산업적 성과를 강조하기 위해서였다.

2000년대 이후 연구자들 역시 일본영화와의 관계라는 한국 청춘영화 장르의 본질적 근원을 직접 다루기보다는, 한국영화로 토착화된 영화적 결과물에 기반해 청춘영화의 장르성에 대한 논의를 진행했다. 정수완(2005)이 "한국의 청춘영화가 일본 청춘영화의 표절이나 영향을 받기는 했지만 청춘영화가 제작되고 소비되는 한국사회의 시대적 욕망의 생산물"이라고 규정한 것이 대표적이다.[2] 노지승(2007) 역시 초기 청춘영화들은 "현실성이 없고 일본영화를 모방했다는 이유로 주류 언론의 훈육적인 비판을" 받았지만, 1964년 이후의 청춘영화들은 "조금 더 안정된 구성을 갖게 됨과 동시에 내적으로도 강도 높은 저항의 요소들을 구축"했다고 적었다.[3]

당시 비현실적 무국적성에 대해 집중적으로 비판받았던 청춘영화는 바로 일본영화에서 모방한 판타지적 요소 때문에 청년 관객들의 지지를 받고 장르 사이클을 가동시킬 수 있었다. 이처럼 선행

---

[1] 일례로, 서울대의 시네마클럽이 개최한 '한국영화를 고발한다'는 주제의 심포지엄에서 청춘영화 붐과 일본 시나리오 표절 문제가 다뤄졌는데, 이영일이 발표자로 참석했다. 「스케치」, 『동아일보』, 1964. 11. 14.

연구들은 일본영화에 대한 표절과 모방을 언급하긴 해도, 서구 청춘문화의 재현을 한국 청춘영화 텍스트로 수용하는 과정에서 일본영화 시나리오라는 중역 과정이 존재했다는 사실을 구체화하지는 않았다. 1960년대 청춘영화를 견인한 스타, 배우 신성일의 이미지를 분석한 강성률(2017) 역시 "도시 공간을 배경으로 하면서 젊은 이들의 좌절과 분노를 새로운 영상 감각으로 담은 영화"로 청춘영화의 장르성을 규정한 후, 당대의 자료를 원용해 "신성일은 한국의 제임스 딘", "청춘의 우상", "고독한 인상의 반항아"였고, 이는 1960년대 대중의 욕망을 투영해 낸 것이라 적는다.[4] 하지만 신성일의 반항아 이미지는 닛카쓰日活 청춘영화의 스타 이시하라 유지로石原裕次郎의 캐릭터성과 연관이 있음을 검토할 필요가 있다.

2부에서는 선행 연구자들이 논의를 진작한 1960년대 중후반 한국 청춘영화가 일본영화 시나리오의 표절과 모방 작업으로 개발되었고,[2] 제작 현장에서 감독의 시청각적 영화화 과정을 거쳐 한국화된 장르로 구축되었음을 검토한다. 이전 연구의 주된 대상인 번안의 결과뿐만 아니라 일본영화 텍스트와 연동된 번안의 과정을 고찰해, 이를 '번안 청춘영화'라는 장르로 명명하고 역사화할 것이

---

[2] 1965년 한일국교정상화 이전 일본영화를 감상할 수 있는 통로는 1954년부터 개최된 아시아영화제 등 극히 제한적이었고, 설사 일본 현지에서 영화를 볼 수 있다고 하더라도 영화 본편의 장면을 분석해 표절하는 것은 상업영화 제작 현장에서 상당히 소모적인 과정임이 분명하다. 당시 한국영화계 입장에서는, 표절한 시나리오를 기반으로 제작 여건에 맞춰 감독의 스타일대로 영화를 만드는 것이 가장 효율적인 방법이었다.

다. 이를 통해 한국 청춘영화의 장르적 본질이 일본영화 텍스트와 강하게 밀착되어 있음을 논증함과 동시에, 당대 대중오락영화로 관객과 호흡할 수 있었던 전략을 추출하고자 한다.

## 일본영화 시나리오 표절과
## 한국식 청춘영화의 탄생

앞서 이영일의 문장에서 살펴본 것처럼, 한국 청춘영화 장르가 이시 자카 요지로의 소설에 기반해 시작된 것은 사실이다. 청춘영화 장르 의 출발점인 〈가정교사〉의 제작은 극동흥업의 대표 차태진이 이시자 카로부터 『햇빛 비치는 언덕길陽のあたる坂道』의 영화화 승낙을 받으 면서부터 시작되었기 때문이다. 이 소설이 한국에서 『가정교사』라 는 제목으로 번역되어 베스트셀러에 오른 시점이 1962년 8월이다.[5] 한국 최초로 일본 장편소설을 원작자의 승인을 받아 영화화한 것 으로 알려진[6] 〈가정교사〉(김기덕, 1963)는 사실 이시자카의 소설을 원 작으로 한 동명의 일본영화 〈햇빛 비치는 언덕길〉(다사카 도모타카田坂具隆, 1958)의 시나리오[3]를 거의 그대로 베낀 것이었다.[7] 원작 일본영화는 이시하라 유지로가 주연한 청춘영화의 결정판으로 기록되는 작품

---

3) 일본영화의 각본은 이케다 이치로池田一朗와 다사카 감독이 공동으로 담당했다.

이다.[8] 원작 소설을 영화의 플롯으로 각색하는 수고 없이, 일본영화 시나리오를 놓고 비공식적 번안[4]을 진행한 유한철의 각색 시나리오가 영화화 작업의 설계도가 되었다.

1963년 3월 개봉한 〈가정교사〉가 흥행에 성공하자, 4월 극동흥업은 이시자카로부터 『푸른 산맥靑い山脈』과 『비속으로 사라지다雨の中に消えて』의 영화화도 승낙받았다.[9] 결국 시골의 여자고등학교를 배경으로 풍기 문제를 다룬 전자만 한국영화로 완성되어 9월에 개봉했는데, 바로 번역판 소설 제목[5]과 같은 〈푸른 꿈은 빛나리〉(유현목, 1963)였다. 서윤성이 각색한 시나리오는 〈가정교사〉의 방식과 마찬가지로, 이데 도시로井手俊郎·니시카와 가쓰미西河克己 각본의 1963년판 〈푸른 산맥〉[6]의 시나리오를 표절했음을 확인할 수 있다.[10] 이때 언론에서는 "석판石坂 전문 극동영화사"[11]라고 놀림조로 부르기도 했지만, 정확히 말하면 영화화 승인은 소설 원작자인 이시자카에

---

4) '번안飜案'은 사전적 의미로, 원작의 내용이나 줄거리는 그대로 두고 풍속, 인명, 지명 따위를 시대나 풍토에 맞게 바꾸어 고치는 것이다. 이후 본문에서 살펴볼 일본영화 시나리오 표절 작업은, 일본어를 한국어로 번역하는 과정에서 일부 신 혹은 지문이나 대사를 없애거나 축약하고, 일본의 지명이나 인명을 한국의 것으로 바꾸는 식의 번안으로 진행됐다.

5) 1963년 6월 소설 부문 베스트셀러는 최금숙이 번역한 이시자카 요지로의 『푸른 꿈은 빛나리』와 『비속으로 사라지다』가 1위와 5위를 차지했다. 박경리의 『가을에 온 여인』, 『노을 진 들녘』, 『김약국의 딸들』이 각각 2, 4, 9위였다. 「소설부에 박경리 씨 대 석판양차랑 씨/이채로운 한·일 작가 대결」, 『동아일보』, 1963. 7. 11. 한편 고교 동창인 세 여성의 심리적 고민을 그린 『비속으로 사라지다』는 라디오방송 HLKY 등에서 약 80회에 걸쳐 연속 낭독되었으나 최종 영화화되지는 않았다.

6) 1949년 처음 제작된 일본영화 〈푸른 산맥〉(이마이 다다시今井正)은 한국영화 〈푸른 꿈은 빛나리〉가 만들어지기 전에 1957년, 1963년 두 차례 더 리메이크되었고, 그 이후 1975년, 1988년까지 모두 다섯 차례 영화화되었다.

게 받고 실제 영화화는 해당 일본영화의 시나리오를 베끼는 것이었다. 비공식적 리메이크였던 셈이다.

한편 『가정교사』에 이어 이시자카의 『그 녀석과 나ぁぃつと私』 역시 이시철의 번역본 『청춘교실』로 발간되었는데, 1963년 5월 번역서와 동일한 제목으로 극동흥업주식회사와 한양영화공사, 두 영화사가 동시에 영화화를 추진했다. 결국 한양영화사가 번역자 이시철이 직접 각색한 시나리오로 영화를 만들고, 극동흥업의 제작 수법을 따르지 않았다. 하지만 "원작자도 우리 정부에의 항의를 언명했다는 소식도 있는 만큼 이 두 개의 '청춘교실'에 얽힌 '경작교실'의 귀취가 궁금하다"[12]는 기사에서, 이시자카의 승낙을 받은 극동흥업과 달리 한양영화사는 원작자에게 영화화 승낙을 받지 않았음을 알 수 있다. 1958년 9월 말 외국영화 전용관으로 출발했던 아카데미극장이 1963년 8월 말 한국영화 개봉관으로 전환하며 선택한 첫 작품이 바로 〈청춘교실〉이다.[13] 이 영화는 23일간의 롱런으로 8만 8천 명의 관객을 모아 신성일·엄앵란 콤비의 청춘영화가 양산되는 기점을 만들었다.[14] 극동흥업의 제작 방식과 달리 번역소설에 기반한 각색 시나리오와 김수용 감독의 영화화 작업을 거쳐 청춘영화 장르를 본격적으로 궤도에 올린 것이다. 소설 원작자의 승낙은 받고 일본영화 시나리오를 표절했든, 원작자에게 영화화 허락을 받지 않았든, 당시 한국사회가 국제적 저작권 이슈에서

벗어나 있었기 때문에 가능한 상황이었다.[7]

청춘영화 장르 붐의 정점은 극동흥업 제작에 신성일 · 엄앵란 콤비 주연, 김기덕 연출의 〈맨발의 청춘〉(1964)이었다. 역시 아카데미 극장에서 개봉해 한 달 가까운 기간 동안 15만 명을 동원했다. 외국영화 팬을 흡수해 새롭게 형성된 청년층 관객이 결집한 결과였다.[8] 김기덕의 두 번째 청춘영화인 〈맨발의 청춘〉 역시 일본 작가에게 영화화 승인을 받아 낸 것은 맞지만 또 다른 상황이 벌어졌다. 이때 심의 자료를 살펴보면, 이 영화는 소설 『진흙투성이의 순정 泥だらけの純情』(1962)의 원작자인 후지와라 신지藤原審爾에게 영화화 허락을 받고 제작된 것이 아니라, 1963년 2월 개봉된 일본영화 〈진흙투성이의 순정〉의 각색자, 즉 시나리오 작가 바바 마사루馬場当의 승낙을 받았다. 〈맨발의 청춘〉 개봉 당시 언론 기사들은 "원전은 바다건너 작가 마장당馬場當의 멜로드라마 『진흙투성이의 순정』. 번안의 사전승인을 받았다"[15]고 했다. 그런데 얼마 지나지 않아 이 영화가 표절 작품의 대표적 사례로 거론된 이유는 무엇일까.[16]

제작사 극동은 바바 마사루가 각색자임을 인지하고 제작 신고서에도 '각색자 동의서'를 첨부했지만, 제작 신고서의 원작자 난에

---

7) 한국은 1987년 7월 1일 세계저작권협약(UCC: Universal Copyright Convention)에 가입했고, 동 협약은 10월 1일부터 발효됐다. 「세계저작권협약의 발효」, 『동아일보』, 1987. 10. 1.

8) "청춘물 관객은 종전의 방화 관객보다는 수준이 높다. 아카데미극장이란 외화관이 방화관으로 바뀌면서 그 극장의 단골 관객을 자연 흡수했다." 「특집: 한국청춘영화의 배경과 현실」, 『실버스크린』, 1964년 8월호, 93쪽.

도 바바 마사루의 이름을 적었다. 원래 씌어 있던 이름 서윤성을 두 줄을 그어 지운 채였다.[17] 사실 각색자의 동의는 원작의 리메이크 권한과 아무런 관련이 없지만, 원작자가 승인한 것처럼 포장해 영화의 표절 시비를 지운 것이다. 달리 보면 이 영화는 본인의 허락을 구했다는 의미에서 일본인 작가의 시나리오를 번안해[18] 영화화한 첫 번째 사례이다. 하지만 각색자를 시나리오 작가로 밝히지 못했기에 비공식적 번안으로 규정해야 할 것이다. 이때 한일국교 정상화를 목전에 두고 있었던 당국은 모호한 입장을 취했다. 원작자의 승인을 얻었다면서 영화의 제작과 상영을 허락했지만, 오프닝크레딧이나 포스터에 일본인 이름을 올리는 것은 허용하지 않았다. 원작자의 승인을 받을 것인지, 아니면 누구에게 받을 것인지, 번안 청춘영화가 일정한 체계 없이 기획 및 제작될 수밖에 없는 맥락이었다.


## '번안 청춘영화'라는 역사적 규정


1960년대 중반 영화계에서 일본영화 시나리오 표절은 실제로 어떻게 진행되었고, 그 제작 배경은 어떠했을까. 당시 기사에 의하면, 일반적인 시나리오 작가가 100만 환의 시나리오 고료를 받고 일류 작가가 200만 환을 받았다면, 공개적으로 일본 시나리오를 번역해서 쌓아 둔 작가들은 20만 환에도 시나리오를 제작사에 제

공했다.[19]

　제작사 입장에서는 원작료는 물론 각본료까지 절감한 셈이다. 지금으로서는 믿기지 않지만 "한 작품만을 베끼는 것이 아니라 이 작품 저 작품에서 부분적으로 찢어 내어서 스카치테이프로 붙여 나가면 한 개의 훌륭한 시나리오가 탄생한다"는 "스카치테이프식 시나리오 작법"이 지면에 소개될 정도였다.[20] 기사 내용이 다소 과장일 수 있지만, 일본영화 시나리오의 표절이 한 작품을 대상으로 할 수도, 여러 작품의 요소를 짜깁기할 수도 있음을 제시하는 대목이다.[9) 한국이 국제사회의 저작권 문제에서 유예된 시기에 표절 붐은, 관점을 달리 보면 비공식적 번안 붐으로 규정할 수 있다. "시추에이션은 그대로 바탕으로 하고는 무대와 생활을 한국으로 옮기고 등장인물의 이름을 바꾸고 옷을 갈아입힌다. 대사도 대개는 비슷하다"[21]라는 분석은 시나리오 표절과 번안이 동시에 작동된 당시 작업 방식을 명쾌하게 보여 준다.

　분명한 점은, 당시 청춘영화의 표절 행위가 영화의 시청각적 차원이 아니라 일본어 시나리오의 문자 차원에서 이루어졌다는 것이다. 앞서 인용한 것처럼, 일본어를 한국어로 번역하는 과정에서 부분적으로 신 혹은 지문이나 대사를 없애거나 축약했고, 동시에 일본의 지명이나 인명을 한국화하는 번안 작업을 진행했다. 신

---

9) 이런 이유로 당시 한국 청춘영화가 표절했던 일본영화들을 일일이 특정하기가 쉽지 않다.

의 순서를 바꾸거나 처음과 끝 신의 공간적 배경만 바꾸기도 했다. 사전적 의미로는 번안이지만, 표절 행위의 번역과 번안이 동시적으로 진행된 것이다. 번안은 문자 단계에서만 그치지 않고 한국영화로 만드는 연출 과정에서도 작동했다. 그래서 일본영화 시나리오의 대사와 서사적 요소는 거의 동일한데도 제작 현장에서 감독의 시청각적 연출로 영화의 스타일이 변화했다. 당대 한국에서 통용된 데쿠파주 방식과 미장센은 물론이고 영화음악이 일본영화를 한국영화로 변신시키는 일등 공신이 된다. 특히 영화의 후반부에서 당대 한국의 대중적 화법에서 벗어나지 못해 급격히 톤이 바뀌거나, 영화적 리듬이 느려지면서 비감의 정서가 강조되기도 했다. 대표적으로 전자는 〈가정교사〉와 〈청춘교실〉의 변형된 결말을, 후자는 〈맨발의 청춘〉의 말미 장례식 신을 떠올릴 수 있다.[22] 영화의 기술적 번안뿐만 아니라 문화적 번안이 동시에 작동했다는 점이, 당대 한국의 대중 관객들과 만난 청춘영화를 '번안 청춘영화'라고 명명할 수 있는 다층적 근거이다.

1964년 11월 공보부 공보국장이 직접 언론 인터뷰를 통해 표절 시나리오에 기반한 영화제작을 단호히 조치하겠다고 경고하고,[23] 1965년 1월 공보부가 영화정책 공포와 함께 표절 단속을 예고하면서[24] 1965년 상반기부터 청춘영화 장르의 유행이 잦아들기 시작한다.[25] 1965년 10월, 제작자 차태진을 다룬 한 기사는 청춘영화의 본질인 일본영화와의 밀접성 그리고 장르의 흥행적 가치가 약화된 상황을 보여 준다. 그 핵심적인 내용은 신성일·엄앵란 콤비의 청

춘영화를 히트시킨 극동흥업이 첫 번째 영화 〈가정교사〉를 시작으로 "마지막 열 번째 청춘작품" 〈불량소녀 장미〉(김기덕, 1965)[10]까지 대부분 일본 작품을 묘사했다는 것이다.[26] 이때부터 번안 청춘영화의 장르 주기는 하강 곡선을 그렸지만, 청춘영화의 장르적 가치는 좀더 잔존했다. 〈맨발의 청춘〉의 주조연 신성일과 트위스트김이 출연한 아세아필름의 〈위험한 청춘〉(정창화, 1966) 같은 작품이 이에 해당한다. 7월 아카데미극장에서 개봉한 이 영화는 "일본의 〈불효거리親不孝通り〉를 표절한 것"이라는 지적을 받았다.[11] 한편 극동흥업은 마지막 청춘물이라며 역시 신성일과 트위스트김을 출연시킨 〈불타는 청춘〉(김기덕, 1966)을 앞서 3월에 아카데미극장에서 개봉했는데,[27] 11월에 다시 〈흑발의 청춘〉(김기덕, 1966)을 추가해 역시 아카데미에서 개봉했다. 김기덕이 연출한 마지막 청춘영화는 아세아필름이 제작하고 신성일 대신 오영일이 주인공으로 나선 〈맨주먹 청춘〉(1967)이다. 이 '청춘'영화들은 직접적인 표절 작품으로 판단되지는 않았지만, 한국화된 청춘영화의 반복과 잔여들로 인식된다. 이처럼 '번안' 청춘영화에서 번안의 스펙트럼은 1963년 일본영화 시나리오의 직접적인 표절에서 출발해, 1967년 한국식 장르로 토착화된 청춘영

---

10) 현재로서는 일본영화 〈불량소녀不良少女〉(고바야시 쓰네오小林恒夫, 1960)가 한국영화와 제목은 가장 유사한데, 줄거리를 비교해 보면 뒷골목과 대중음악계라는 요소만 공유할 뿐이어서 이 영화로 단정할 수 없다.

11) 한편 기사는 이 영화가 당국이 내세운 표절 한계인 신 숫자의 50퍼센트 미만이라는 기준에 부합해 제작 신고가 수리됐다고 적었다. 「방화계의 고질적인 독소, 일본작품 표절의 난무/일본영화 〈뺑소니爀き逃げ〉가 한국판 〈파문〉으로 둔갑되고」, 『내외영화』, 1966년 9월호, 33쪽.

화까지 방법론적 변화의 양상을 담고 있다. 그사이에는 일본 시나리오에서 수용한 것뿐만 아니라, 한국영화가 창작해 낸 요소들이 기존의 멜로드라마적 화법에 응축되어 있다.

한국영화계는 양산의 주된 동력을 일본영화 각본의 표절과 모방에서 얻었고, 이것이 1963년부터 장르적 세를 획득한 청춘영화를 번안 청춘영화라는 관점에서 역사화해야 하는 이유이다. 그 본질은 일본영화 시나리오라는 프리즘을 통해 서구의 청춘문화를 한국식으로 번안하는 것이었고, 한국의 청년 관객들은 감독의 시청각적 연출로 한국화된 버전을 열광적으로 수용했다. 예를 들어, 일본 소설가 이시자카 요지로가 존 스타인벡의 소설 『에덴의 동쪽』에서 힌트를 얻어 『햇빛 비치는 언덕길』을 썼고,[28] 소설을 영화화한 동명의 일본영화 〈햇빛 비치는 언덕길〉 역시 일본에서도 대히트한 미국영화 〈에덴의 동쪽〉(엘리아 카잔, 1955)에서 힌트를 얻어[29] 이시하라 유지로가 분한 이복동생 역이 제임스 딘의 캐릭터를 참조했다면, 이를 모두 종합해 만들어진 것이 한국 청춘영화 〈가정교사〉 그리고 반항아 차남 역으로 청춘스타로 등극한 신성일인 것이다. 1960년대 번안 청춘영화에서 부각된 신성일의 반항적 청년 이미지가 이시하라 유지로의 캐릭터를 경유해 형성되었음을 확인할 수 있는 마지막 작품이 바로 〈폭풍의 사나이〉(1967)다.

## 5장

# 표절의 콘텍스트와 청춘영화의 작법
: 〈가정교사〉와 〈청춘교실〉의 제작 사례

## 두 가지 방향의 제작 과정

1959년 3월 임영이 제기한 「몰염치한 각본가군」 사건으로 한국 영화의 표절 행위가 잠잠해지는 듯했지만, 채 2년도 지나지 않은 1960년 12월 언론에서 다시 일본영화 시나리오 표절이 언급되기 시작한다.[30] 〈조춘〉의 사례처럼 일본영화 시나리오를 표절했음이 사실로 드러났음에도 불구하고 상영이 허가된 것은,[12] 영화계가 표

---

12) 〈조춘〉 심의서류(한국영상자료원 관리번호: RK004490)에 의하면, 1959년 3월 6일 상영허가 신청서가 접수되어, 12일 "국내 상영에 무방하다"는 판정으로 상영 허가되었다. 서류에는 일본영화 시나리오 표절 관련 언급이 없지만, '국내'라는 표현에서 당시 쟁점이 고려되었음을 짐작할 수 있다.

절 유혹을 떨쳐 내지 못한 결정적인 배경이 되었다. 문교부 당국이 일본 작품의 모작 표절 불가 방침을 발표하고도 이를 단속할 법적 근거는 없으니 허가하지 않을 수 없다는 입장을 보이자, "여론에 겁을 먹은 허둥지둥한 임기책"이라는 비판이 터져 나왔다.[13] '실효 있는 경고'가 성립되지 않은 근본적인 이유는, 당시 한국이 "외국 작품을 베끼든 무단 번역하든 또는 번안하든 세계저작권조약에 가입하지 않고"[31] 있었기 때문이다. 1957년 37편에서 1959년을 기점으로 100편 이상의 영화를 만들게 된 한국영화계가 소재 빈곤에 시달리자, 언론에서는 주로 오리지널 시나리오임을 내세워 제작된 작품들을 중심으로 표절 시비가 일기 시작했다.[32] 그리고 이시자카 요지로를 비롯한 일본문학 붐이 일었던 1962년, 일본영화 시나리오 표절은 한국영화계의 가장 뜨거운 쟁점이 된다.[14]

 1960년대 한국영화의 르네상스 시기, '청춘영화' 장르가 명명되고 붐을 일으키기 시작한 것은 1963년 〈가정교사〉와 〈청춘교실〉이 연달아 흥행에 성공하면서다. 그리고 1964년 〈맨발의 청춘〉의 대히트로[33] 청춘영화 유행이 정점을 찍었다. 이 3편을 통해 신성일 · 엄앵란

---

13) 「양식없는 발언」, 『동아일보』, 1959. 3. 18. 이 기사에서 문교부가 한국영화제작가협회에 공지한 16개 조항의 통고문(『조선일보』, 1959. 3. 12.)을 들어, 일본이 아닌 "미국이나 프랑스의 것은 모작해도 무방하다는 관용도"를 비판한 것은 흥미로운 대목이다. 하지만 일본영화 모작 건은 시나리오를 직접 표절하는 것으로 모방의 차원이 달랐다고 판단된다.

14) 당시 일본영화 시나리오 표절의 심각성은 1962년 5월 한국 서울에서 개최되는 아시아영화제를 앞두고 최금동이 쓴 기사에서 확인된다. 최금동, 「영화계에의 공개장/표절 작가를 고발하라」, 『한국일보』, 1962. 1. 19.

콤비가 부각되고 당대 최고의 스타가 된 것은 잘 알려진 사실이다. 그전에도 청춘영화로 불릴 만한 영화로 〈젊은 표정〉(이성구, 1960), 〈성난 능금〉(김묵, 1963)을 거론할 수 있지만, 이들 영화는 청춘영화 붐의 흐름 속에 위치하지는 못했다.[34] 사실 앞선 두 영화는 일본 태양족영화의 간접적 영향권 하에 있다고 해야 할 것이다. 이시하라 신타로石原慎太郎의 동명 단편소설을 각각 원작으로 하여 동생 이시하라 유지로石原裕次郎가 주연한 닛카쓰日活 제작사의 〈태양의 계절太陽の季節〉(후루카와 다쿠미古川卓己, 1956)과 〈미친 과실狂った果実〉(나카히라 고中平康, 1956)이 그것이다. 장르 계보로 따지면, 태양족영화는 1960년대 일본영화계를 장식한 닛카쓰의 가장 대표적인 장르인 액션영화의 서두에 포함시킬 수 있고, 닛카쓰 청춘영화의 카테고리에 넣을 수도 있다. 1950년대 중후반부터 이시하라 유지로가 주연한 〈폭풍우를 부르는 사나이嵐を呼ぶ男〉(이노우에 우메쓰구井上梅次, 1957), 〈햇빛 비치는 언덕길陽のあたる坂道〉(다사카 도모타카田坂具隆, 1958), 〈그 녀석과 나あいつと私〉(나카히라 고, 1961), 〈젊은 사람若い人〉(니시카와 가쓰미西河克己, 1962) 등이 태양족영화 이후에 등장한 청춘영화이다. 그리고 1960년대 초중반 '닛카쓰 그린 라인日活グリーンライン'으로 불린 요시나가 사유리吉永小百合와 하마다 미쓰오浜田光夫 콤비의 순애영화 노선이 청춘영화 장르로 이어진다. 〈큐폴라가 있는 거리キューポラのある街〉(우라야마 기리오浦山桐郎, 1962), 〈붉은 꽃봉오리와 흰 꽃赤い蕾と白い花〉(니시카와 가쓰미, 1962), 〈푸른 산맥青い山脈〉(니시카와 가쓰미, 1963), 〈진흙투성이의 순정泥だらけの純情〉(나카히라 고, 1963) 등이 그것이다. 이 중 〈햇빛 비치는 언덕길〉, 〈그 녀석과 나〉, 〈젊은 사람〉, 〈붉은 꽃봉오리와 흰

꽃〉, 〈푸른 산맥〉이 바로 일본의 인기 작가 이시자카 요지로石坂洋
次郎의 소설을 원작으로 하고 있다.

한국 청춘영화의 장르적 출발도 이시자카 요지로의 소설로 촉발
되었다. 1962년 『햇빛 비치는 언덕길』이 『가정교사』라는 제목으로
번역되어 여름부터 베스트셀러 1위에 올라섰고, 이 소설은 해방 이
후 처음으로 '온 에어'된 일본소설이 되기도 했다. 7월 23일부터 기
독교방송HLKY에서 약 80회에 걸쳐 동명으로 '연속 낭독'되었다.[35]

극동흥업의 차태진이 『가정교사』의 영화화에 착수한 것도 이 즈
음이다. 극동흥업이 이시자카 요지로에게 1962년 8월 10일 날짜의
영화화 승낙서를 받으면서, "원작자의 승낙을 얻어 공공연히 한국
서 영화화되는 최초의 일본 장편소설"[36]로 화제가 되었다. 영화 〈가
정교사〉의 심의서류 파일[37]을 살펴보면, 「영화제작신고서」는 1962
년 9월 19일자로 공보부에 접수되었다. 극동흥업은 언론을 통해
이시자카 요지로가 보낸 편지도 소개했는데, "원작료는 필요 없고
잘 만들어 주는 것만이 나의 유일한 조건입니다"라는 인상적인 내
용이 실렸다.[15] 당시 심의서류나 기사들을 종합하면 표면적으로 이

---

15) 「일본소설을 영화화/작가의 승낙을 얻어/석판(石坂) 씨의 『양지바른 비탈길』을 제작/한때
는 역출(譯出)도 안 되더니」, 『한국일보』, 1962. 9. 2. 〈가정교사〉 심의서류(한국영상자료원
관리번호: RK00839)에 의하면, 첨부된 원작자가 친필로 서명한 승낙서의 날짜는 1962년 8
월 10일이다. 1962년 10월 24일자 편지도 첨부되어 있는데, 9월 제국호텔에서 도쿄에 온 엄
앵란 씨를 만나고 선물을 받아 기뻤다는 내용과 함께 〈가정교사〉의 영화화가 잘 되기를 빈
다는 내용이다. 다음 기사에서 〈검은 장갑〉의 일본 로케이션 촬영을 위해 도일한 엄앵란이
9월 11일 제국호텔로 이시자카를 초대해 만나고 13일 귀국했음을 알 수 있다. 「연예: 엄앵란
양의 동경 로케기」, 『조선일보』, 1962. 9. 20. 이후 한 기사는 이시자카와 엄앵란이 '펜 프렌

영화의 제작 착수에는 아무런 문제가 없었다. 그리고 저작권 승인에 해당하는 '공연권취득증명서'는 시나리오를 담당한 각색자 유한철을 저작자로 그의 인감을 받았다.

〈가정교사〉는 "일본의 출판계 영화계를 휩쓴 최고의 명작 드디어 석판양차랑 씨의 승인 얻어 영화화!"라는 광고 문구[38]를 앞세워 3월 7일 국제극장에서 개봉했고, 서울 아카데미극장 단관 개봉에서만 5만 이상 관객을 동원하며 흥행에 성공한다.[16] 당시 영화평들은 이 영화가 유한철이 이시자카 요지로의 『햇빛 비치는 언덕길』을 "한국 풍토에 맞게 번안, 각색"한 것이라고 쓰고 있고,[39] 이시자카 역시 밝혔듯이, 일본 원작이 이복형제의 숙명을 다룬 존 스타인 벡의 『에덴의 동쪽』에서 힌트를 얻어 쓰여진 소설이란 정보도 알렸다.[40] 그리고 청춘영화라는 장르명이 아직 성립되지 않았던 시점이었기 때문에[17] 1960년대 초반 한국영화의 유행 장르였던 "일종의 홈드라마"[41] "교훈적인 홈드라마"[42]로 소개하고 있다. 후술하겠지만, 이 영화가 이시자카 소설의 번안판이라는 주장은 관객도

---

드'가 되었다고 전한다. 「스타와 원작자 펜 팔」, 『동아일보』, 1963. 2. 18.

16) 「절반이 표절 영화/상반기의 방화계/제작총수는 69편/양은 풍성했으나 질은 후퇴/한 물 가버린 사극영화」, 『경향신문』, 1963. 7. 6. 이 기사는 당시 서울 개봉관 기준으로 3만 명이 넘으면 수지가 맞았다고 기록한다. 한편, 신봉승은 구술사 인터뷰에서 9만 8천 정도의 흥행 성적이었다고 증언했다. 한국영상자료원 엮음, 『한국영화를 말한다: 한국영화의 르네상스 2』, 이채, 2006, 109쪽.

17) 언론에서 '청춘영화'라는 장르명을 본격적으로 사용한 것은, 김수용 감독의 〈청춘교실〉(1963)을 "흥미 본위의 통속적 청춘영화"로 부른 것이다. 「신영화: 국적 불명의 청춘 진경/김수용 감독 〈청춘교실〉」, 『한국일보』, 1963. 8. 31.

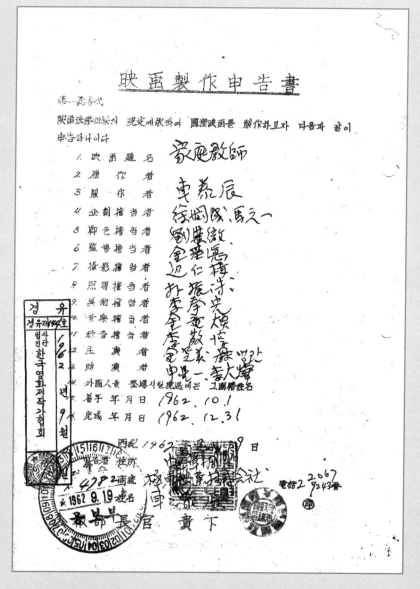

# 映画製作申告書

第一號書式

映画法第四條이 現定에依하여 國産映画를 製作하고자 다음과 같이
申告하나이다

1. 映画題名    家庭教師
2. 原作者     車泰辰
3. 脚作者     徐悧民, 馬え一
4. 企劃擔當者   劉華燉, 馬え一
5. 脚色擔當者   金仁洙
6. 監督擔當者   邊長浩
7. 撮影擔當者   朴承裕
8. 照明擔當者   李英燮
9. 美術擔當者   金芝養
10. 音樂擔當者   全晶根
11. 錄音擔當者   申兌一, 李大煥
12. 主演
13. 助演
14. 外國人을 登場시킬境遇에는  工劇階姓名
15. 着手年月日   1962. 10. 1
16. 完成年月日   1962. 12. 31

西紀 1962年 9 日

1962. 9. 19

電話 2 2067

文教部 長官 貴下

---

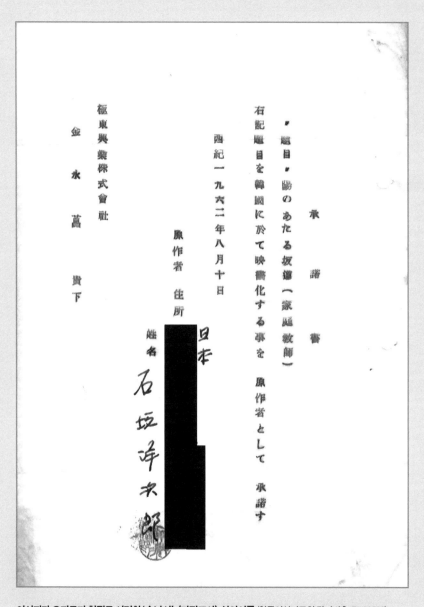

承　諾　書

『陽のあたる坂道』（家庭教師）

右記題目を韓國に於て映畫化する事を　原作者として　承諾す

西紀一九六二年八月十日

原作者　住所　日本

姓名　石坂洋次郎

極東興業株式會社

金　水　菖　貴下

이시자카 요지로가 친필로 서명한 '승낙서'. 〈가정교사〉 심의서류 (한국영상자료원 관리번호: RK00839).

평론가들도 속은 것이었다. 〈가정교사〉의 시나리오[43]는 닛카쓰의 1958년판 〈햇빛 비치는 언덕길〉의 시나리오[다사카 도모타카·이케다 이치로 각본][44]를 거의 그대로 베낀 것이었기 때문이다. 즉, 유한철은 일본 버전의 지문과 대사를 번역하는 동시에 내용을 줄여 가며 배경을 한국으로 적절히 번안해 시나리오를 만들었다.

1963년에도 이시자카 요지로의 붐은 계속되었다. 5월의 경우, 그의 소설 『비속으로 사라지다』, 『청춘교실』, 『푸른 꿈은 빛나리』(원제 푸른 산맥)가 각각 소설 부문 베스트셀러 1, 4, 6위를 차지할 정도로, 이시자카 요지로는 일본 번역소설 유행의 중심에 자리잡고 있었다.[45] 1960년대 전체로 상정하면 그의 소설은 한국에서 모두 12권이 20회에 걸쳐 번역되었다.[46] 물론 이 붐은 영화제작으로 이어졌다. 1963년 4월 15일부터 20일까지 제10회 아시아영화제가 일본 도쿄에서 열렸을 때 극동흥업의 차태진은 한국대표단에 소속되어 방일했다. 차태진은 영화제에서 "한국 영화사의 달러 복스" 이시자카 요지로를 직접 만나 『푸른 산맥』과 『비속으로 사라지다』의 영화화권을 따냈다.[47]

이는 〈푸른 꿈은 빛나리〉의 심의서류 파일에서, 1963년 4월 23일자 이시자카 요지로의 승낙서에서도 확인할 수 있다. 이후 『비속으로 사라지다』는 영화화되지 않았지만, 『푸른 산맥』은 한국어 번역소설 제목인 〈푸른 꿈은 빛나리〉로 1963년 5월 제작에 착수되었다. 역시 유한철이 각본을, 유현목이 연출을 맡아 6월 말에 크랭크인, 9월 14일 국제극장에서 개봉했다. 〈푸른 꿈은 빛나리〉의 제작

착수용 오리지널 시나리오[18]를 검토해 보면, 이마이 다다시가 연출한 1949년 버전의 〈푸른 산맥青い山脈〉 시나리오[이마이 다다시·이데 도시로 각본][48]가 아니라, 같은 해 1월에 먼저 개봉한 이데 도시로·니시카와 가쓰미가 작업한 1963년판 영화의 시나리오[49]를 표절했음을 확인할 수 있다. 유한철은 역시 〈가정교사〉와 동일한 수법으로 유현목이 연출할 시나리오[50]를 만들었다.

앞서 살펴본 것처럼, 극동흥업과 한양영화사는 이시자카 요지로의 소설 『그 녀석과 나』를 둘러싸고 경작 소동을 벌였다. 한양영화사가 1963년 5월 10일자로 공보부에 접수한 〈청춘교실〉의 심의서류 파일을 살펴보면, 원작자와 각색자에 번역자인 이시철의 이름을 넣었다. '공연권취득증명서'도 이시철의 이름으로 인감을 받았다.[51] 흥미로운 점은, 〈청춘교실〉의 경우 극동흥업의 〈가정교사〉 사례처럼 일본영화 버전의 시나리오를 베낀 것이 아니라, 즉 일본영

---

[18] 한국영상자료원은 보존 중인 시나리오를 '오리지널', '심의대본', '녹음대본'으로 구분하고 있지만, 엄밀하게 적용된 개념이 아님을 밝혀 둔다. '오리지널'은 제작사가 제작에 착수하고 당국에 제작을 신고하기 위해 가장 먼저 만든 시나리오 버전이라는 의미이고, 이것이 공보부의 시나리오 사전심의 단계에 제출되면 '심의대본'의 역할을 한다. 물론 '심의대본'은 심의를 거치는 과정에서 여러 버전이 있을 수 있다. '녹음대본'은 후시녹음 단계에 사용한 것으로 최종 영화와 가장 가까운 대본이다. 본편 검열 때 같이 제출되면 이 또한 '심의대본'으로 분류된다. 결론적으로 '심의대본'은 당국의 심의서류에 편철된 버전을 가리킨다. 예를 들어, 〈가정교사〉의 경우 한국영상자료원이 보존 중인 '오리지널' 시나리오와 '심의대본'은 동일한 버전이다. 한편 '오리지널'이라는 명명은 필자의 논의에서는 일본 원작 시나리오를 상정하면 오해의 소지가 발생하므로, 한국영상자료원이 보존 중인 시나리오를 분류하는 의미로 '오리지널'을 지칭할 때는 가장 앞선 버전의 의미로 '제작 착수(신고)용' 시나리오로 함께 표기한다. 또한 '녹음대본'은 '최종 영화화' 대본이라는 용어를 함께 쓸 것이다.

承　　諾　　書

「青い山脈」及び「雨の中に消えて」の作品を
韓国において映画化することを承諾す。

昭和３８年４月２３日

東京都 ████████████

石坂　洋次郎

極東興業株式会社

車　泰　辰　殿

『푸른 산맥』과 『비속으로 사라지다』의 영화화에 대한 이시자카 요지로의 '승낙서'. 〈푸른 꿈은 빛나리〉
**심의서류** (한국영상자료원 관리번호: RK00923).

화 〈그 녀석과 나〉의 시나리오를 배제하고, 이시자카 요지로의 원작 소설, 더 정확히 말하면 이시철의 번역본에 기반해 영화를 만들었다는 것이다. 경작으로 주목을 받은 상황에서 〈그 녀석과 나〉의 시나리오를 입수했다고 한들 극동흥업의 방식처럼 시나리오를 표절해 진행하기는 부담스러웠을 것으로 추정해 볼 수 있다. 바꿔 말하면, 만약 경작 이슈가 불거지지 않고 극동흥업이 〈청춘교실〉을 만들었더라면 그전처럼 일본영화의 시나리오 그대로 베껴서 손쉽게 영화에 착수했을 수도 있다. 〈청춘교실〉은 1963년 8월 23일부터, '양화관'에서 '방화관'으로 전향한 아카데미극장의 첫 번째 한국영화 프로그램으로 상영되었고, 23일간의 롱런으로[52] 개봉관에서만 9만 가까운 관객 동원에 성공한다.[53]

이제 명시적 장르로서 청춘영화의 출발점인 〈가정교사〉로 돌아가, 1960년대 초반 한국영화의 일본영화 시나리오 표절 행위를 구체적으로 검토하기로 한다.

## 일본영화 〈햇빛 비치는 언덕길〉 시나리오를 베낀 〈가정교사〉

현재 〈가정교사〉는 사운드필름이 유실되어 온전한 감상은 불가능한 상황이지만,[19] 제작 착수용 오리지널 시나리오와 심의대본을 통해 서사 요소를 검토할 수 있다. 주목할 부분은, 〈가정교사〉의 시나리오가 이시자카의 소설 원작을 기반으로 각색된 것이 아니라, 일본영화 〈햇빛 비치는 언덕길〉의 시나리오를 베꼈다는 점이다. 영화에서의 표절 행위를 인물 구도, 신 구성 방식 외에 등장인물의 대사까지 내러티브 전반을 모방한 것으로 규정할 수 있다면, 이 영화의 시나리오는 명백한 표절에 해당한다. 전체적인 내용과 플롯 구성 그리고 대사까지 거의 동일하다. 에피소드와 상황은 그대로 이고, 등장인물의 이름과 공간적 배경만 한국화되었을 뿐이다. 당시 언론이 지적한 대로 "번안이란 미명 아래" 실제로는 표절이 자행된 것이다.[54]

먼저 〈햇빛 비치는 언덕길〉의 시나리오/영화[55]와 〈가정교사〉의 시나리오/영화의 간략한 줄거리는 다음과 같다. 극 중 등장인물[20]의 이름도 한자음을 가져다 번안했음을 알 수 있다.

———— ◆ ————

여대생 구라모토 다카코倉本たか子/구혜련이 출판사 사장 다시로 다

---

[19] 현재 한국영상자료원에 보존되어 있는 〈가정교사〉 필름은, 네거티브필름 총 14권(릴) 중 하나가 결권이고, 사운드필름은 전체가 유실되었다. 즉, 한 권의 결손을 제외한 영상만 감상할 수 있다.

[20] '구'라모토 다카코倉本たか子/구혜련은 각각 기타하라 미에北原三枝와 엄앵란이, 다시로 신지'田'代信太/전영길은 각각 이시하라 유지로石原裕太郎와 신성일이 맡았다. 당시 한일 청춘영화의 대표적인 스타들이다.

마키치田代玉吉/전택보의 딸 구미코/영자의 가정교사로 처음 집을 방문한다. 차남 신지/영길이 그녀를 짓궂게 맞이하고, 장남 유키치/영호가 사과한다. 신지/영길은 그림을 그리고 유키치/영호는 의사인데, 둘 다 다카코/혜련을 좋아하게 된다.

한편 다카코/혜련이 사는 아파트의 옆 집은 젊은 시절 게이샤/기생이었던 다카키 도미코/고란옥과 재즈 음악을 하는 그의 아들 다미오/정구가 살고 있다. 사실 신지/영길은 다시로 다마키치/전택보와 도미코/난옥 사이에 낳은 아이다. 이를 알게 된 신지/영길은 배다른 동생 다미오/정구와 친해지려고 노력한다.

겉으로 보기엔 신지/영길이 불량스럽게 보이지만, 실제로는 겉으로 번듯한 유키치/영호 쪽이 여자 문제가 복잡하다. 어린 시절 형제와 놀던 구미코/영자가 다리를 다쳤을 때 유키치/영호는 신지/영길에게 죄를 뒤집어씌웠고 그 후 심리적 압박을 안고 살아왔다. 영화의 엔딩, 다카코/혜련은 장남 유키치/영호 대신에 차남 신지/영길을 연인으로 선택한다.

———— ◆ ————

일본영화 〈햇빛 비치는 언덕길〉의 시나리오는 모두 159신이고, 한국영화 〈가정교사〉의 시나리오는 모두 115신이다. 신의 개수가 크게 차이 나지만 플롯 구성, 즉 신의 흐름과 에피소드는 동일하다. 방대한 신 숫자에서 짐작할 수 있듯이, 영화로 완성된 〈햇빛 비치는 언덕길〉은 2부로 나뉘어 전체 러닝타임이 209분에 달한다.

감독 다사카 도모타카도 『키네마준포キネマ旬報』 200호에 실린 시나리오 지면에 단문을 남기며, 워낙 원작 소설의 분량이 방대한 탓에 시나리오를 완성하는 것이 쉽지 않았음을 기록하고 있다.[21]

반면 한국영화 〈가정교사〉는 심의서류상 모두 10권 분량인데, 현재 보존된 영상의 분량을 확인해 보면 러닝타임은 100분이다.[22] 159신이나 되는 일본판 시나리오를 베끼는 과정에서 당시 일반적인 상업영화 길이에 맞춰 신을 대폭 줄여야 할 필요가 있었을 것이다. 즉, 한국판 시나리오는 일본판 시나리오의 신 흐름이나 각 에피소드는 유지하면서 같은 공간(시퀀스)의 도입부 신 등을 생략하는 방식으로 신을 과감히 줄였다. 동시에 신 속의 지문 묘사와 대사의 양도 줄였다. 인물 또는 인물 간에 오간 세부적인 감정 묘사가 신을 설계하는 단계부터 압축된 것이다.

주목할 부분은, 한국 관객을 위한 한국영화로 만들기 위해 사용한 번안의 방법론이다. 앞서 요약된 줄거리에서 파악할 수 있듯이, 한국판 시나리오는 등장인물의 이름을 한국식으로 바꾸는 것은 물론이고, 공간 설정을 한국화시키는 번안 작업을 수행했다. 그 대표적인 예로, 여주인공 다카코의 고향은 일본 도호쿠 지역의 아

---

21) "이시하라 유지로 씨의 원작은, 매우 긴 이야기로, 베테랑 시나리오 작가로부터 영화적으로 짧게 만들어 받았는데, 도무지 잘 되지 않았다. 이케다 이치로 군이라는 젊은 작가가 작업한 것을 기반으로, 되도록 원작에 충실하게 정리해 본 것이 이 시나리오이다." 『키네마준포』 200호(1958년 3월호), 89쪽.

22) KMDb(한국영화데이터베이스)의 공식적인 기록이다.

오모리현 히로사키시(#5)이고, 혜련은 북한의 평양 출신(#5)이다.[23] 또, 다카코/혜련과 유키치/영호의 데이트 신에서 오차노미즈 부근의 길(#36)이 언덕길(#26)로, 스이도바시의 언덕(#37)이 남산공원(#26)으로 바뀌는 식이다. 즉, 한국 관객이 익숙하게 여길 공간으로 번안되었다. 한편, 최종 영화 버전인 〈햇빛 비치는 언덕길〉은 영화화를 거치며 군데군데 시나리오에서 수정된 부분이 확인된다. 부분적으로 대사를 생략하거나 추가하거나 했다. 흥미로운 점은, 일본판 시나리오에 있는 신이 한국판 시나리오로는 그대로 이어지지만, 정작 일본영화 〈햇빛 비치는 언덕길〉에는 생략되기도 한다는 것이다. 앞서 소개한 유키치/영호와 다카코/혜련의 데이트 장면이 그렇다. 그리고 신지/영길이 친어머니 도미코/난옥의 집으로 처음 찾아가 배다른 동생 다미오/정구를 만난 장면 이후, 일본 시나리오는 신지가 빠친코 가게에 들어가지만(#82), 일본영화 버전은 이를 생략한다. 한국판 시나리오는 한국에는 없는 빠친코 장면 대신에 영길이 깡패들과 싸우는 신(#60)을 넣어 당대 대중 관객을 소구하는 요소인 활극성을 강조한다. 이처럼 일본영화의 시나리오에는 있지만 영화에서는 빠진 장면들이 한국영화에 담겼다는 점이, 시나리오와 영화를 포함한 한국 텍스트가 일본영화가 아닌 일본 시나리오를 모방의 대상으로 삼았음을 실증하는 대목이다.

---

23)  이 책에서 한일 영화의 신 번호(#)는 각 시나리오를 기준으로 한 것이다.

한국판 시나리오의 결정적인 번안은 결말 처리다. 일본판 시나리오/영화는, 유키치의 연구실에서 다카코가 차남 신지를 선택하고(#157) 또 다른 커플이자 신지의 배다른 동생들인 구미코와 다미오가 팔장을 끼고 걸어가는 장면(#159)으로 끝난다. 이에 비해 한국 버전은 연구실에서 혜련이 영호가 아닌 차남 영길을 선택한 후, 혜련과 영길이 포옹하고 키스하는 장면(#115)으로 마무리한다. 한국영화는 극의 종료 후 예상되는 배다른 두 동생의 결합이 야기하는 복잡한 관계까지 나아가지 않는다.

지금까지 살펴본 한일 텍스트 비교 작업에서, 한국판의 경우에 최종 버전인 영화는 본격적으로 다루지 않고 시나리오에 한정했지만 영화 버전이 어떻게 만들어졌을지 짐작하기는 그리 어렵지 않다. 이후 분석할 김기덕의 두 번째 청춘영화 〈맨발의 청춘〉(1964)의 영화화 사례는 이에 대한 이해를 돕는다.

〈맨발의 청춘〉은 일본영화 〈진흙투성이의 순정〉(나카히라 고, 1963)의 시나리오를 분명히 표절했다. 다만, 영화의 첫 장면에서 신주쿠의 주차장을 명동의 주차장으로 바꾼 것처럼, 전작 〈가정교사〉와 같이 일본의 공간을 한국의 공간으로 적절히 바꾸는 번안 작업을 거쳤을 뿐, 전체 122신(일본판은 126신) 중 100신까지는 신의 에피소드나 흐름이 거의 동일하다. 하지만 영화는 김기덕의 연출을 거치며 전혀 다른 스타일로 만들어졌다. 특히 남녀 주인공이 정사情死에 이르는 영화의 후반부는, 〈맨발의 청춘〉의 경우 당대 한국영화 특유의 신파가 기능하면서 전혀 다른 분위기의 영화가 되었다. 〈진흙투성이의 순정〉이 영화화 과정을 거치며 시나리오에서 수정한 부분들을, 〈맨발의 청춘〉은 일본 버전을 베낀 시나리오 그대로 촬영해 영화화한 부분도 있다.

결론적으로 김기덕은 〈맨발의 청춘〉을 만들면서, 직접 영화를 보고 만든 것은 아니었지만, 그가 적극적으로 인지했든 아니었든 표절한 시나리오를 바탕으로 연출한 것은 분명하다. 하지만 숏의 구성이나 미장센 등 전반적인 영화 스타일은 나카히라 고의 스타일과 전혀 다르다. 이처럼 〈맨발의 청춘〉의 사례로 볼 때, 김기덕의 첫 번째 청춘영화 〈가정교사〉가 어떤 식으로 영화화되었을지 상정해 볼 수 있다. 김기덕은 표절한 시나리오를 바탕으로 연출에 착수했지만, 당시 한국영화계에서 통용된 영화문법과 그만의 시각적 연출이 결합해 다른 그림을 만들어 냈을 것이기 때문이다.[24]

이것이 1960년대 한국 청춘영화에서 동시적으로 작동된 표절과 번안의 모드이다. 각 신에서 일본영화 시나리오를 번역한 동일한 대사가 들린다 하더라도, 영화의 미장센은 완전히 달라진 것을 확인할 수 있다.

---

[24]  현재 보존되어 있는 〈가정교사〉의 영상을 보면 〈햇빛 비치는 언덕길〉과 전혀 다른 스타일임을 확인할 수 있다.

## 〈청춘교실〉과 〈그 녀석과 나〉의 차이

앞서 〈가정교사〉의 사례에서 확인한 것처럼, 1960년대 초중반 한국영화계는 일본영화 시나리오를 표절하는 작업으로 제작에 착수했다. 하지만 청춘영화 〈청춘교실〉의 제작 사례는 이와는 다른 방향을 보여 준다. 〈청춘교실〉은 일본영화 〈그 녀석과 나〉의 시나리오를 참조한 것이 아니라,[56] 이시자카 요지로의 소설 『그 녀석과 나』를 이시철이 번역한 버전인 『청춘교실』을 각색해 만들었기 때문이다. 오프닝크레딧의 가장 첫 머리에 '石坂洋次郎의 『あいつと私』에서'라고 알리고, 각본 크레딧은 이시철·신봉승으로 되어 있다. 신봉승은 구술사 인터뷰에서 번역서 발간을 앞둔 이시철의 『청춘교실』 교정지를 기반으로 본인이 각색해 시나리오를 만들었다고 증언한 바 있다.[57] 하지만 각색 작업은 이시철이 먼저 시작한 것으로 추정된다. 심의서류 파일에서 「영화제작신고서」(1963. 5. 10.)에 의하면 원작자뿐만 아니라 각색자 크레딧에도 이시철의 이름만 기록되어 있고, 제작 착수용 오리지널 시나리오 역시 이시철만 이름이 올라 있기 때문이다. 심의대본에서는 각본 크레딧으로 이시철·신봉승의 두 명을 기록하고 있다.[58] 1963년 5월 초순 『청춘교실』이 출간되었고,[59] 심의서류 파일에 저작권자 자격으로 이시철이 직인한 '공연권취득증명서'의 날짜가 1963년 5월 8일인 것으로 보아, 발간과 거의 동시에 영화화에 착수했음을 확인할 수 있다.

사실 이시자카 요지로의 소설은, 소설 분량을 감안하지 않고 말한다면, 우선 영화화하기에 대단히 적합한 형태이다. 지문과 등장인물의 대사로 명확히 구분된 구성이 그렇다. 특히 『그 녀석과 나』의 경우, 1인칭 주인공 시점으로 서술되는 지문은 일본영화 버전의 서두를 비롯해 곳곳에서 여주인공의 내레이션으로 직접 활용된다. 일본영화는 물론이고 한국영화 버전도 이시자카 원작의 대사를 그대로 사용할 정도이다. 여기서 주목해야 할 부분은, 나카히라 고의 〈그 녀석과 나〉와 김수용의 〈청춘교실〉은 각각 원작 소설 『그 녀석과 나』의 방대한 내용에서 취사선택 과정을 거쳐 각각 다른 방식의 각색으로 영화화되었다는 점이다.

그렇다면 이사자카의 소설은 일본영화 〈그 녀석과 나〉와 한국영화 〈청춘교실〉로 다시 태어나며, 각각 어떠한 차이를 보이고 있을까. 이 차이의 발생에 주목하는 것은 원작의 각색 과정이라는, 최종 영화화된 텍스트를 분석하는 차원에 그치지 않고, 각 텍스트에 반영된 당시 한일 사회의 콘텍스트를 엿볼 수 있게 만든다. 즉, 『그 녀석과 나』에서 〈청춘교실〉로의 번안은 단순히 고유명사와 배경을 한국어와 한국적 상황으로 바꾸는 차원에 그치지 않는다. 이시자카 요지로의 원작이 묘사하는 일본 대학생들의 라이프스타일, 특히 성에 대한 문제의식을 한국 버전이 어떻게 번안해 내는가를 고찰하는 것은, 당시 한국사회에서, 좁게는 한국 스크린에서 영화적으로 통용 가능한 것과 가능하지 않은 것을 취사선택하는 과정 그 자체를 드러내는 것인 동시에 청춘영화의 주된 관객이었던 당시 한국 젊은이들의 욕망을 파악하는 것이기도 하다.

지금부터 한일 각 영화의 권당 줄거리와 이에 해당하는 원작 소설의 내용을 비교해 볼 것이다. 〈그 녀석과 나〉와 〈청춘교실〉은 각각 9권과 10권으로 구성되어 있다.[60] 일반적으로 권(릴)당 분 수는 대략 10분 내외인데, 〈그 녀석과 나〉와 〈청춘교실〉의 러닝타임이 104분, 110분임을 감안하면, 권 단위를 통해 두 영화의 내러티브 흐름과 플롯 전략을 파악하는 것은 유용한 방법론이 될 것이다. 참고로 최종 시나리오의 각 신 수는 〈그 녀석과 나〉가 101신, 〈청춘교실〉이 93신[25]으로, 대체로 한국영화 쪽이 숏과 신의 지속시간이 길고 상대적으로 설명적 화법임을 밝혀 둔다.

　　일본영화 〈그 녀석과 나〉(이하 〈그 녀석〉)와 한국영화 〈청춘교실〉(이하 〈청춘〉)의 1권에서 볼 수 있듯이, 〈그 녀석〉은 게이코와 구로카와의 대학 생활을, 〈청춘〉은 덕자의 가족을 묘사하는 것으로 영화를 시작한다. 도입부로 판단하면 〈청춘〉 쪽이 원작에 가깝다. 즉, 〈그 녀석〉은 원작에서 게이코의 가족 묘사를 담은 에피소드를 생략하고, 〈청춘〉은 덕자의 가족을 소개하기 위해 원작의 할머니와 어머니의 두 에피소드를 한 공간으로 합치고 있다.

　　1권(#1~6)에서 여대생들에 의해 수영장에 빠진 구로카와의 여장 에피소드를 다룬 〈그 녀석〉은 2권(#7~20)과 3권(#20~31)에서

---

[25]　한편 이시철이 각색한 〈청춘교실〉의 제작 착수용(오리지널) 시나리오는 124신으로 구성되어 있다. 심의서류 파일의 「영화상영허가신청서」(1963. 8. 17.)에 첨부된 '신고내용 변경 보고'를 보면 심의 과정에서 131신까지 있는 버전이 있었음을 확인할 수 있다. 〈청춘교실〉 심의서류(한국영상자료원 관리번호: RK00909).

**[표 1] 한일 영화의 구성 비교**

| 권수 | 일본영화 〈그 녀석과 나〉 | 한국영화 〈청춘교실〉 |
|---|---|---|
| 1 | 오프닝 타이틀. #1~6 대학 심리학 강의실에서 용돈으로 밤의 여자를 샀다는 구로카와의 발언. 여학생들의 복수와 구로카와의 여장. | #1~2 아버지를 제외하고는 모두 여성인 덕자의 집 소개. 오프닝 타이틀. #3~9 대학의 소설특강 강의실에서 용돈으로 밤의 여자를 산다는 찬식의 발언. |
| 2 | #7~20 여장을 한 구로카와가 게이코의 집 방문. 이어 게이코가 구로카와 집 방문. | #9~22 여학생들의 복수와 찬식의 여장. 여장을 한 찬식이 덕자의 집 방문. |
| 3 | #20~31 밤비(사토코)의 결혼 발표. 결혼식 후 구로카와와 게이코가 안보법 반대 데모에 감. | #23~41 **윤사라가 덕자 아버지의 전파사 방문.** 덕자가 찬식 집 방문(사라의 조수 춘아가 극 중 일찍 소개). |
| 4 | #32~51 데모 현장의 에피소드와 아야코의 강간 사건 | #42~51 댄스홀에 간 찬식과 덕자. 규화(밤비)의 결혼 발표. **덕자와 둘째 형자는 사라가 제안한 모델이 되기 위해 경쟁.** |
| 5 | #52~64 방학을 앞둔 오락회. 구로카와와 게이코 일행의 여행. | #52~59 어머니가 아버지의 얼굴을 할퀸 에피소드(플래시백). 규화(밤비)의 결혼식. |
| 6 | #65~72 별장에서 모토코의 조수 마쓰모토와의 과거 관계에 대한 구로카와의 고백과 게이코의 절규, 둘의 키스. | #59~64 **결혼식의 트위스트 댄스 파티. 형자가 출연하는 사라의 헤어 패션쇼.** |
| 7 | #73~85 모토코의 점심 초대. 방학이 끝나고, 구로카와의 집에 찾아온 신사. | #65~70 **형자가 덕자와 찬식의 사이를 질투하지만 화해.** |
| 8 | #86~96 신사가 구로카와를 유학시키겠다고 말하고, 구로카와는 그가 친아버지임을 알게 됨. | #71~80 방학을 앞둔 오락회. 찬식과 덕자 무리의 여행. **사라도 남편을 속이고 순석, 초아와 함께 여행을 떠남.** |
| 9 | #97~101 구로카와는 게이코와 결혼하겠다고 말함. | #81~88 별장에서 찬식의 고백과 덕자의 절규, 둘의 키스. 사라의 점심 초대. |
| 10 | - | #88~93 **찬식을 유학 보내겠다는 사라. 사라에 대한 복수로 보트를 타고 사라진 찬식과 덕자. 엔딩에서 스포츠카를 타고 달리는 찬식과 덕자.** |

※ 볼드체는 소설 원작과 달리 추가된 부분임. 신 번호는 각 시나리오를 기준으로 함.

게이코의 집과 구로카와의 집을 연달아 소개한 후, 밤비의 결혼 발표에 이어 결혼식 시퀀스까지 바로 다루고, 4권(#32~51)에서 게이코가 친구 구로카와, 가나자와와 안보법 반대 데모에 구경 가는 에피소드, 이어서 사다코의 집으로 갔다가 강간당한 아야코가 돌아와 겪는 소동까지 묘사된다. 이에 비해 〈청춘〉은 1권(#1~9)의 #5부터 2권(#9~22)까지 강의실에서의 찬식의 불순한 발언과 여학생들이 찬식을 연못에 빠트려 혼내는 장면들이 그려지고, 3권 (#23~41)에서 찬식과 덕자가 방문한 각자의 집이 묘사된다.

원작에서는 게이코가 구로카와의 집에서 돌아와 가족과 대화하는 장면 등이 묘사되지만, 〈그 녀석〉은 이를 생략했고, 〈청춘〉은 덕자와 찬식이 댄스홀에 가는 장면(#42)을 새롭게 넣었는데, 댄스홀은 이후 한국 청춘영화에서 즐겨 활용되는 공간이다. 〈청춘〉은 원작에서 생략한 내용을 다른 장면에서 활용하는데, 게이코와 유키코의 가슴에 대한 대화는 〈청춘〉에서 덕자와 형자가 모델이 되기 위해 경쟁하는 4권(#42~51)의 에피소드(#45)에 삽입된다. 또, 과거 어머니가 아버지의 얼굴을 할퀸 에피소드(#55~57)도 5권에 자리를 만들어 활용한다. 원작에서 밤비의 결혼 발표와 결혼식 사이, 구로카와의 모친인 모토코 여사가 게이코의 집을 방문하는 에피소드도 〈청춘〉은 그대로 활용한다. 사실 〈청춘〉은 모토코의 한국 버전 인물인 윤사라의 바람기 대상을 덕자의 아버지로까지 확장시킨다. 원작에서 모토코가 돌아간 후 게이코와 유키코가 스모를 하는 장면도 〈청춘〉은 그대로(씨름으로 번안해) 이어진다(#53). 이처럼 〈청춘〉은 4권과 5권에서 덕자의 가족을 묘사하는 에피소드를 충분히 배치한다.

〈그 녀석〉은 5권(#52~64)에서 사다코의 집을 나온 새벽, 게이코와 구로카와, 가나자와가 남녀의 섹스에 대해 얘기하는 장면이 있고, 방학을 앞둔 대학생들이 '처녀 총각인 채로 9월에 다시 만나자'라는 현수막을 내건 야외 파티를 한 후, 구로카와, 게이코 일행의 여행을 다룬다. 반면에 〈청춘〉은 6권(#59~64)에서 결혼식 후 원작과 〈그 녀석〉의 설정인 데모와 강간 에피소드를 모두 생략한다. 하지만 원작에서 집에 돌아온 구로카와가 유미코와 섹스에 대한 얘기를 하다 셋째가 대화에 끼는 에피소드는, 〈그 녀석〉은 생략하지만 〈청춘〉은 #63에서 막내 미자가 느닷없이 권총 강도로 분장해 둘을 놀라게 하는 장면으로 바꿔 활용한다. 그리고 젊은 노동자들이 차로 이동 중인 게이코 일행을 괴롭히는, 원작의 여행 중 에피소드를 〈그 녀석〉은 유지하지만, 〈청춘〉은 생략하고 바로 별장으로 도착한다.

6권(#65~72)에서 〈그 녀석〉은 별장에서 구로카와의 고백과 게이코와의 키스를 다룬 후, 7권(#73~85)에서 모토코 여사가 주최한 식사 에피소드와 방학이 끝난 어느 날 한 신사가 구로카와의 집에 찾아온 것까지 다룬다. 〈청춘〉은 6권에서 원작에 없는 형자의 패션 쇼를 관객의 볼거리 장면으로 삽입한 후, 7권(#65~70)에서 역시 원작에 없는 천식을 사이에 둔 덕자와 형자의 다툼과 화해를 그린다.

한일 두 영화의 결말부는 각각 원작과 다른 길을 간다. 원작에는 여행이 끝나고 돌아온 게이코가 다시 피서지로 가 어머니의 과거를 듣는 에피소드가 등장한다. 이어 개학을 한 후 게이코가 모토코 여사를 만나 구로카와를 미국에 유학 보내려고 하며 이것은 미국에 있는 친아버지의 계획이라는 말을 듣는다. 그리고 나이트클럽에서 게이코와 구로카와가 키스하는 에피소드로 끝을 맺는다. 〈그 녀석〉은 구로카와의 아버지가 등장하는 7권의 #82부터 원작과 다른 길을 가는데, 8권(#86~96)에서 미국에서 온 신사가 구로카와의 친아버지임이 밝혀지고, 9권(#97~101)에서 구로카와가 가족들에게 게이코와의 혼약을 알리는 것으로 끝을 맺는다. 한편 〈청춘〉은 8권(#71~80)에서 방학을 앞둔 오락회 후 찬식 일행과 사라 일행이 각각 여행을 떠나는 장면을 다룬다. 9권(#81~88)에서 원작/〈그 녀석〉과 동일하게 찬식의 고백과 덕자가 절규하는 장면을 묘사하지만, 원작/〈그 녀석〉과 다르게 찬식과 덕자가 같이 하룻밤을 보내는 것으로 그린다. 10권(#88~93)은 급박하게 상황이 전개되고 개연성 없이 마무리된다. 여행지에서 사라가 직접 찬식을 유학 보내겠다고 말하고, 찬식과 덕자가 보트를 타고 사라지고, 병원에서 입원 치료 받는 장면은 삭제한 후, 아무 설명 없이 나타난 둘이 오픈카를 타고 가는 신에서 2학기 시험을 걱정하는 대사로 끝을 맺는다.

살펴본 것처럼, 두 버전은 각색에서 상당한 차이를 보인다. 〈그 녀석〉은 여자주인공인 아사다 게이코의 내레이션으로 영화를 이끌어 나가는 것에서 알 수 있듯 여대생 게이코의 성장담을 그린다. 그녀는 구로카와의 어머니 모토코 여사를 통해 전통적인 가부

장적 가족 모델과 다른 인간관계의 새로운 모습들을 알게 되고, 밤비의 결혼식 후 아야코의 강간 에피소드, 여행길에서 젊은 노동자들에게 곤욕을 치른 일 등을 통해 남녀의 성적 본능에 대해서도 인식해 간다. 감독 나카히라 고는 섹스 문제를 다루지 않으면 젊은이들의 전체적인 면을 다루지 못하는 것이 된다며, 정면으로 건강한 성의 모습을 그리고 싶었다고 증언한 바 있다.[61] 원작에 등장하는 1960년 일본의 안보반대투쟁이라는 시대적 배경을 영화 속에서 더 적극적으로 다루는 것도 〈그 녀석〉만의 특징이다. 게이코를 비롯한 디제시스diegesis(영화 속 시공간) 대학생들은 안보투쟁의 구경꾼에 머무는 수준이지만, 나카히라 감독은 데모 현장 에피소드뿐만 아니라 영화 곳곳에서 안보반대투쟁을 시대적 배경으로 묘사한다. 여장을 한 구로카와를 둘러싸고 여대생 무리가 주차장까지 같이 뛰어 갈 때도 "안보安保! 반대反対!"를 외치고, 여행지에서 마주친 젊은 노동자들도 구로카와 일행에게 대학생들의 안보반대투쟁에 대해 묻는다. 원작에서 전자는 그냥 걸어가는 것으로 묘사되고, 후자는 영화에서 추가한 것이다. 반면 〈청춘〉에서는 전자의 경우 '하나둘'이라는 구호에 맞춰 뛰어가는데, 구호에 맞춰 뛰어간다는 설정은 원작에 등장하지 않으므로 일본 시나리오를 참조했다고도 볼 수 있는 부분이다.

이제 〈청춘〉만의 각색으로 비롯된 특징적인 부분들을 살펴보자. 먼저 한국영화에서의 장르적 기반을 살펴볼 필요가 있다. 이 영화는 〈로맨스 빠빠〉(신상옥, 1960) 등 1960년대 초중반 한국영화의 유행 장르였던 가족드라마(당대의 표현으로는 홈드라마)적 요소들을 놓치지 않고 있다. 〈그 녀석〉이 특히 결말부에 구로카와 가족에 집중하는 것에 비해, 〈청춘〉은 아버지의 플래시백 에피소드, 모델과 찬식을 두고 경쟁하는 덕자와 형자의 에피소드 등 영화 내내 덕자 가족에 대한 묘사를 놓치지 않는다. 물론 〈청춘〉의 코미디적 요소는 김수용 감독의 초창기 연출작인 1959년의 청춘코미디 3부작 〈청춘배달〉, 〈구혼결사대〉, 〈3인의 신부〉의 감각과 동떨어진 것이 아닐 것이다. 한편 원작에서 게이코와 여고생 동생 유미코가 둘이서 성에 대해 나누는 대화를 〈그 녀석〉은 생략하고, 〈청춘〉은 여대생 자매인 덕자와 형자의 대화로 고스란히 살린다. 두 영화가 각기 다른 방식으로 젊은 여성들의 성에 대한 관심과 의식을 보여 주고 있는 것은 명백한 사실이다.

분명한 것은 두 영화의 플롯상 절정부 사건은 동일하다는 점이다. 바로 여름방학 별장에서 구로카와/춘식이 사춘기 시절 어머니의 지시로 어머니의 조수 마쓰모토/초아를 상대로 성적 욕구를 해결한 것을 고백하고, 이를 들은 게이코/덕자가 비바람이 치는 뒤뜰에서 절규하다 구로카와/춘식과 처음 키스하는 장면이다. 하지만 〈그 녀석〉의 게이코는 다음 날 아침 친구들 앞에서 키스는 없었던 일로 하겠다며 한 발 물러나는 데 비해, 〈청춘〉의 춘식과 덕자는 첫날밤을 보내는 것으로 암시하며 신을 마무리한다. 춘식이 덕자를 안고 침대로 가는 〈청춘〉의 묘사를 보면, 당시 한국 관객들을 위한 신파, 즉 대중적 멜로드라마 취향을 만족시키려 하고 있음을 알 수 있다.

결말부에서 〈그 녀석〉은 구로카와의 친아버지가 등장해 전통적인 가부장제가 아닌 어머니 모토코 여사를 중심으로 한 구로카와의 가족관계에 집중하는 데 비해, 〈청춘〉의 결말은 특이한 방향으로 치닫는다. 찬식이 덕자와 보트를 타고 떠난 후 사라지는데, 이는 모친 사라가 둘이 죽은 것으로 알게 하려는 일종의 복수극이었다. 사실 한국 버전인 제작 착수용 오리지널 시나리오에 의하면, 산장 안에서 "우리는 결국 자라서 뭐가 될까"라며 얘기하는 덕자와 경자 등의 신(#114)에 이어 덕자와 찬식이 보트를 타고 떠나 바다에 표류하다(#115~120) 경비정에 구조되고(#121) 입원한 장면(#122)까지 묘사된다. 바다에서 표류하는 신까지로 한정하면 일본 태양족영화의 장면들과 상당히 유사함을 알 수 있다. 하지만 심의서류 파일에 의하면, 개봉 직전 상영허가신청을 접수하며, 사라가 탄 경비정이 보트를 발견했을 때 찬식과 덕자의 모습은 보이지 않은 것으로 내용을 변경하고, 둘의 입원 장면을 없앤 후, 다음 장면에서 "오픈카로 2학기 시험을 걱정하며 서울로 간다"라고 제작사가 자진 수정해서 서류를 제출했다. 일본 원작에서 빌린 "한국 현실과 너무 거리가 먼"[62] 대학생들의 생활 묘사가 영화 내내 그려지다가, 급작스럽게 건전한 결말로 마무리되는 것이다.

정리하면, 일본영화 〈그 녀석〉이 여대생 게이코의, 성에 대한 성찰을 포함한 자아 찾기를 그리는 것에 주력한다면, 한국영화 〈청춘〉은 당시 한국영화의 유행 장르인 가족드라마에, 이후에 도착하

劇映畵「청춘교실」의 上映許可 申請을 함에 있어 申告內容이 다음과 같이 變更 되었음을 報告합니다.

製作者 한양영화공사 백완 (인)

| 番號 | S# NO. | 申告冊의 內容 | 變更된 內容 |
|---|---|---|---|
| 1. | 129 | 표죽원 찬식 과 덕자가 구조대 에 의하여 구출 된다. | 배를 받전 했을때 찬식 과 덕자의 모습은 보이지 않는다. |
| 2. | 130 | 병원에 입원 치료한 다. | 없음 |
| 3. | 131 | 갈대 밭을 통하여 모진 사회를 의식하여 스스로의 길을 택한다. | 오든 가로 그작기 시험을 걱정하며 서울로 간다. |

〈공보부 영화과〉

「영화상영허가신청서」(1963. 8. 17.)에 첨부된 '신고내용 변경 보고' 관련, 〈청춘교실〉 심의서류 (한국영상자료원 관리번호: RK00909).

게 될 청춘영화와 섹스코미디라는 장르적 요소를 선취적으로 녹여낸 오락영화로서 당대 대중 관객의 취향과 만난다. 〈청춘〉은 게이코가 정신적으로 어머니의 품을 벗어나게 되는 계기가 되는 일본 대학생들의 데모 장면도, 여행지에서 젊은 노동자들을 맞닥뜨린 에피소드를 통한 성과 계급에 대한 문제의식도 보여 주지 않는다. 또한, 유명 헤어디자이너인 모토코 여사가 보여 주는 전통적인 가부장제에 대한 거부 혹은 가족에 대한 새로운 관점도, 한국사회를 배경으로 하는 〈청춘〉에서는 그저 사라 여사의 바람기 정도로 묘사되고, 영화 말미에 아들 찬식이 죽은 것으로 오인하면서 어머니 사라는 서사적으로 처벌받는다. 즉, 〈청춘〉은 원작 소설에서 일본 대학생들의 라이프스타일을 보여 주는 에피소드들을 빌려 와 한국적 상황으로 바꾸어 청춘 관객을 겨냥한 영화적 볼거리 수준으로 나열할 뿐이다. 그래서 청춘의 일상과 거기서 비롯되는 고민을 표면적으로 묘사하는 데 그친다. 당시 언론에서도 "에피소드의 연결일 뿐 주제 의식이 희박"한 "허위대만 멀쑥하고 멋진 영화"라고 평가받은 이유다.[63]

## '빌려 온 현실'의 역할과 한계

지금까지 1960년대 중반 한국 청춘영화 장르를 발화시킨 〈가정교사〉와 〈청춘교실〉이 각각 일본의 텍스트와 어떻게 관계 맺고 있는

지 살펴보았다. 〈가정교사〉는 표면적으로는 이시자카 요지로에게 『햇빛 비치는 언덕길』의 영화화를 허락 받고, 실제로는 동명의 영화 〈햇빛 비치는 언덕길〉의 시나리오를 표절해 만들었다. 한국을 배경으로 시나리오를 수정하는 과정에서 기본적인 번안이 이뤄졌고, 실제 영화화하는 과정에서 시청각적 차원의 번안 작업이 추가되었음을 알 수 있다. 〈청춘교실〉은 이시자카 요지로의 소설 『그 녀석과 나』, 정확히 말하면 이시철의 번역본 『청춘교실』을 직접 각색해 영화를 만들었다. 번역소설의 원작자인 이사자카와 전혀 접촉하지 않은 것은, 당시 저작권 개념이 엄밀하지 않았던 한국사회의 인식을 잘 보여 주는 대목이다.

이시자카의 원작을 각색한 한국영화 〈청춘교실〉이 원작 소설 및 일본 버전 영화 〈그 녀석과 나〉와 달라지는 지점을 분석한 결과, 두 가지 사항을 읽어 낼 수 있다. 첫째, 〈청춘교실〉의 각색은 당시 한국영화의 장르적 특징과 흐름을 보여 준다. 제작 단계에서 이 영화는 가정과 더불어 대학을 배경으로 한 청춘들의 이야기로 정리됐다. 〈가정교사〉도 앞서 유행한 장르인 '가족드라마'로 규정되었듯이, 〈청춘교실〉의 외양은 기본적으로 가족드라마의 관습을 강하게 취하고 있다. 공보부가 수리한 『극영화 〈청춘교실〉 제작 신고』 (1963. 5. 13.)에 의하면, "주인 없는 자기들의 젊음을 통감하고 스스로 자기를 찾아간다는 내용의 캠퍼스 드라마"로 기록됐고, 『국산영화 〈청춘교실〉 상영 허가』(1963. 8. 22.) 단계에는 "가정교육에 불만을 품은 대학생들의 생리 상태를 묘사하면서⋯ 젊음에 넘친 애정

행각을 중심으로 기성세대에 대한 반항을 그린 내용의 영화"로 정의된다.

〈청춘교실〉 개봉 당시 광고 문구는 "방화 최초로 공개되는 성영화!", "우정과 사랑, 사회와 가족의 직선 상에서 몸부림치는 젊은이들의 군상이 여기에 있다!!",[64] "이 젊은이들의 성교제를 보라! 단연 기성인들을 흥분의 도가니로 몰아넣는 성영화의 압권"[65] 등으로 '성영화'라는 명칭을 내세우고 있다. 이는 '청춘영화'라는 장르명이 막 확정되는 단계에서, 제작사가 '청춘'과 '성'을 전면에 내세우기 위해 발명한 명명법이었다. 결과적으로 〈청춘교실〉은 '청춘영화'라는 장르명을 촉발시켰다. 영화 개봉 시점의 기사들은 이 영화를 "젊은이들이 폭발하는 에너지와 미묘한 성문제를 주제로 한 것"[66]으로 묘사한 후, "일언이 폐지하여 흥미 본위의 통속적 청춘영화"[67]라며 처음으로 '청춘영화'로 명명한다.[26]

한편 이 영화의 성공 이후 한양영화사 전속 시나리오 작가가 된 신봉승이 〈청춘교실〉의 감각을 이어 청춘영화이자 섹스코미디 장르인 〈말띠여대생〉(이형표, 1963)의 오리지널 시나리오를 쓴 것도 주목할 부분이다. 〈청춘교실〉에서 그가 일본 텍스트를 번안하며 개척한 여대생들의 섹스코미디적 요소가 〈말띠여대생〉, 〈연애졸업반〉(이형표 각본·감독, 1964) 같은 코미디 영화로 이어진 것이다.

---

26) 이후 〈맨발의 청춘〉을 소개하는 기사는 '청춘영화'라는 장르명을 기본적으로 사용한다.

둘째, 〈청춘교실〉의 각색은 결과적으로 당시 한국사회에서 영화 매체를 통해 통용된 것과 통용되지 않은 것을 보여 준다. 이 영화는 한국 청춘의 삶을 묘사할 모델을 일본 소설에서 빌려 왔다. 그리고 조금 앞선 시기부터 동 시기에 걸쳐 닛카쓰 청춘영화 장르가 유행했던 일본영화계의 영향권 아래서 영화를 제작했다. 즉, 요시자카의 소설 혹은 이 원작을 각색한 닛카쓰 청춘영화에서 일본 청춘들의 생활과 욕망의 묘사를 빌려 오면서 시나리오, 연출 등 영화 창작자들은 자발적으로 한국 관객에게 수용될 것과 수용되지 않을 것을 취사선택하였다. 당시 기사에서 "우리는 우리대로 현실이 있는데 섹스, 또는 여대생들의 노골적인 감정 표현까지 일본에서 따올 필요는 없지 않은가?"[68]라는 우려가 이를 반증한다.

원작 소설/〈그 녀석과 나〉에서 전문직 여성 모토코가 보여 주는 새로운 가족관계, 아야코의 강간 사건과 구로카와의 과거 등을 통해 성을 인식해 가는 여대생 게이코에 대한 묘사는 전혀 어둡지 않고, 건강하고 때로는 밝게 묘사된다. 이를 〈청춘교실〉의 덕자는 여대생으로서뿐만 아니라 한 가정의 첫째 딸의 위치에서 성을 인식해 가는 것으로 처리한다. 하지만 〈청춘교실〉은 가족드라마의 장르적 관습을 내세울 뿐, 일본 텍스트에서 보이는 한 가족의 딸(특히 모녀 관계) 그리고 여성 주체로서의 게이코의 심리적 성장을 정교하게 그려 내지 못한다. 이는 원작에 존재하고 〈그 녀석과 나〉에서 강조되어 묘사된 대학생들의 데모, 여행 중에 젊은 노동자들로부터 겪는 곤욕 등의 에피소드를 〈청춘교실〉은 아예 생략한 것에서 엿볼 수 있다. 그렇게 〈청춘교실〉은 당시 한국 청춘들이 진지하게 자신들을 돌아볼 기회와 방법을 축소하고 지웠다.

**6장**

# 일본영화 〈진흙투성이의 순정〉과
# 한국영화 〈맨발의 청춘〉의 관계성

## 일본영화의 표절과 번안 사이

1960년대 중후반 청춘영화 장르를 대표하는 〈맨발의 청춘〉(김기덕, 1964)은 한국영화의 일본영화 표절과 번안 문제를 다루고자 할 때 반드시 검토해야 할 텍스트이다. 이 영화는 영화사 연구자나 영화 애호가뿐만 아니라 일반인에게도 친숙한, 즉 한국 사람에게 널리 알려진 고전영화 중 한 편임이 분명하고, 한국영화 100편 목록 선정시 포함되는 작품이기도 하다.[27] 반면 이 영화의 명성은 부정적

---

[27]  일례로 〈맨발의 청춘〉은 영화계 전문가들이 선정하고 한국영상자료원이 발표한 2006년과 2014년 한국영화 100편에 포함된 작품이다.

의미에서도 잘 알려져 있다. 언론이 한국사회의 일본문화 표절과 모방에 대해 다룰 때 영화 매체의 대표적인 사례로 거론하는 작품이기 때문이다.[28] 한편 이 영화가 만들어지고 개봉한 1964년은 이듬해 한일협정 조인을 앞두고 한국사회의 일본문화 수용이 정점에 달한 시기였다.[69] 이는 〈맨발의 청춘〉과 표절이라는 문제의식이 한일 영화 텍스트를 비교하는 차원에만 한정될 수 없음을 말해 준다.

그동안 〈맨발의 청춘〉이 일본영화 〈진흙투성이의 순정泥だらけの純情〉(나카히라 고中平康, 1963)을 표절했다는 것은 적지 않게 거론되었지만, 실제로 어떻게 모방했는지는 정교하게 설명되지 않았다. 즉, 원작 소설, 시나리오, 최종 영화 각 단계에서 어떤 텍스트가 표절 대상이 되었는지, 어느 정도 수준에서 표절했는지 등에 대한 구체적인 논의가 진행되지 못했다. 영화 개봉 이후 나온 언론 기사들도 마찬가지였다. 영화학계 역시 〈맨발의 청춘〉과 표절 대상작인 〈진흙투성이의 순정〉을 본격적으로 비교 고찰한 연구는 없었다. 1960년대 청춘영화 텍스트와 콘텍스트에 대한 연구,[70] 그리고 한일 청춘영화에 대한 비교 텍스트 연구가 어느 정도 진행되었지만, 표절 문제에 관해서는 심도 깊게 점검되지 못한 것이다. 그간의 연구는 청

---

[28] 물론 다른 표절작들과 달리 이 영화가 시대를 풍미한 덕분이기도 하다. 〈맨발의 청춘〉이 흥행한 다음 해부터 이 영화를 표절작으로 규정하는 기사가 등장하는데, 대표적으로 다음과 같다. 「한국을 넘보는 일영화/합작영화 미끼/수입 앞선 전초전」, 『경향신문』, 1965. 7. 10. 방송으로는 1999년 3월 4일 MBC에서 방영된 〈논픽션11: '맨발의 청춘'에서 '접속'까지〉라는 프로그램이 대표적이다.

춘영화와 이를 둘러싼 청춘 관객들의 문화를 설명하기 위해 다음 과 같은 주제들에 집중해 왔다. 1964년 실제 결혼까지 이어진 신성 일 · 엄앵란 콤비라는 스타시스템, 당대 한국의 사회문화를 담아낸 '청춘영화'라는 장르 틀, 서구 누벨바그의 영향과 새로운 영상 스 타일의 표현, 외화 전용관에서 출발해 청춘영화 장르의 출발과 끝 을 함께한 아카데미극장(1958~1968)이라는 공간이다.

기존 연구들도 주장하듯이, 청춘영화는 1960년대 중반 한국사회 가 품었던 서구 근대에 대한 (무)의식적 욕망을 드러내는 것이었다. 이는 특히 한국 사람들의 미국문화에 대한 경도를 반영한 것이었고, 일본을 통해 중역된 환상이기도 했다. 〈맨발의 청춘〉을 쉽게 표절작 으로 치부하고 만다면, 즉 한국 청춘영화 장르에서 표절의 메커니즘 과 정황을 정교하게 고찰하지 않는다면, 당대 한국사회의 욕망을 피 상적으로 파악하는 수준에 그치고 말 것이다. 1960년대 한국 대중 (관객)의 욕망은 1960년대 한국의 사회문화사라는 콘텍스트와 일본 영화로부터 수입된 '청춘영화'라는 텍스트가 교직한 결과였다.

3장에서 주목할 주제는, 표절과 번안 사이의 스펙트럼에서 요동 치는 1960년대 한국 청춘영화와 그 대상이 되었던 일본영화와의 영향 관계[29]이다. 이 시기 언론에서 지적한 한국영화의 "일본색",[71]

---

[29] 한국 청춘영화의 일본영화 모방은 표면적으로는 교류라기보다 일방향적 영향이라고 판단 할 수 있지만, 반드시 그렇지만은 않다는 점을 밝혀 둔다. 예를 들어, 청춘영화라는 장르명 이 부여되기 전이지만 〈미친 과실狂った果実〉(나카히라 고, 1956)로 촉발된 일본 청춘영화(태양 족영화)의 영향을 받아 이성구 감독이 데뷔작 〈젊은 표정〉(1960)을 연출했다. 이 제작 과정

즉 당시 한국사회가 이중적 민족주의 감정을 드러내며 일본을 비하했던 표현을 그대로 빌리면, '왜색'에 대한 표절 시비는 바로 한국 청춘영화의 실체를 드러내는 것이었다. 이에 대한 검토에서는 1964년작 〈맨발의 청춘〉과 1963년작[72]뿐만 아니라 영화화 설계도, 즉 한일 각 영화의 시나리오[73]가 중요한 실마리를 제공할 것이다. 물론 1962년작 후지와라 신지藤原審爾의 원작 소설 『진흙투성이의 순정泥だらけの純情』도 함께 고찰한다.

## 표절과 번안 혹은 똑같은 것과 달라진 것

1960년대 한국에서 청춘영화 장르를 개척한 〈가정교사〉가 "한국 영화 처음으로 일본 작가의 영화화권을 얻어" 극동흥업과 김기덕의 협업으로 제작된 것처럼, 김기덕의 두 번째 청춘영화 〈맨발의 청춘〉 역시 일본으로부터 영화화 승인을 받았다. 하지만 세부적인 진행 과정은 다르다. 당시 심의서류를 보면, 소설 『진흙투성이의 순정』(1962)의 원작자인 소설가 후지와라 신지에게 영화화 허락을

<hr />

에 대해 시나리오 작가 김지헌은 그들의 작업이 동시대의 오시마 나기사大島渚 감독과 교감하며 이루어진 것임을 밝힌 바 있다. 「김지헌 편」, 한국영상자료원 엮음, 『한국영화를 말한다: 1950년대의 한국영화』, 이채, 2004, 75쪽. 이후 본격적인 청춘영화의 시작인 〈가정교사〉의 제작 역시, 배우 엄앵란과 원작 소설가 이시자카 요지로의 교류에 기반했다. 「연예: 엄앵란 양의 동경 로케기」, 『조선일보』, 1962. 9. 20.

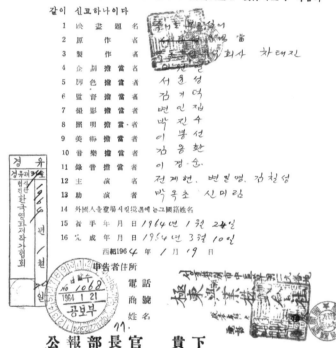

# 映畫製作申告書

第一號書式

映畫法第四條의 規定에 依하여 國產映畫를 製作하고자 다음과
같이 신고하나이다

1 映畫題名 죽어도 보고 싶어
2 原作者
3 製作擔當者 회사 차태진
4 企劃擔當者
5 脚色擔當者 서윤성
6 監督擔當者 김기덕
7 撮影擔當者 변인집
8 照明擔當者 박진수
9 美術擔當者 이봉선
10 音樂擔當者 김용환
11 錄音擔當者 이경순
12 主演者 전계현, 변일명, 김칠성
13 助演者 박옥초, 신미림
14 外國人을 登場시킬境遇에 는그國籍姓名
15 着手年月日 1964년 1월 24일
16 完成年月日 1964년 3월 10일

　　　　　　　　西紀1964年 1月 19日

申告者住所
電話
商號
姓名

# 公報部長官 貴下

「영화제작신고서」(1964. 1. 21.)를 보면 가제Workingtitle가 〈죽어도 보고 싶어〉였고, '원작자' 란에서 서윤성을 지우고 일본영화의 각색자인 '馬場当'로 고쳤다. 〈맨발의 청춘〉 심의서류 (한국영상자료원 관리번호: RK00984).

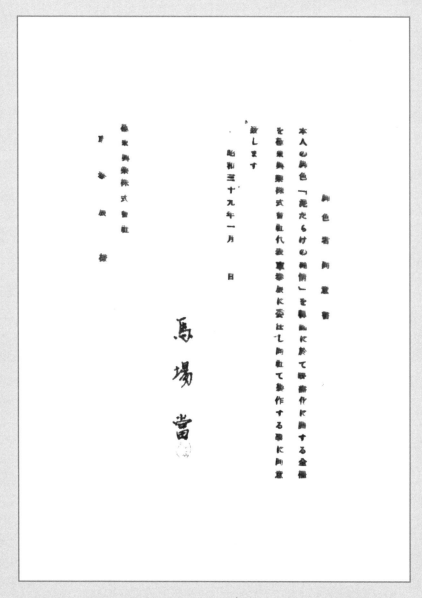

**각색자 바바 마사루가 직인해 차태진 앞으로 보낸 '각색자 동의서'. 〈맨발의 청춘〉 심의서류** (한국영상자료원 관리번호: RK00984).

받고 제작된 것이 아니라, 1963년 2월 개봉된 일본영화의 각색자 바바 마사루馬場当의 승인을 받았다.[30]

당시 기사들은 '원작자'인 바바 마사루에게 승인을 받았다고 전하고 있지만, 이는 제작사 극동흥업이 제공한 그릇된 정보대로 기사를 쓴 것으로 보인다.[74] 심의서류 중 바바가 보낸 것으로 첨부되어 있는 '각색자 동의서'로 보아, 제작자는 그가 각색자라는 사실을 분명히 인식하고 있었음을 볼 수 있기 때문이다. 하지만 제작사는 「영화제작신고서」의 '원작자'란에 서윤성의 이름을 지우고 일본영화의 각색자인 바바 마사루를 명기했다. 그러면서도 저작권자의 인장이 필요한 '공연권취득증명서'에는 '각색 담당자'인 서윤성이 사인했다.

바바 마사루를 각색자가 아닌 원작자로 알린 혹은 알려지게 된 이유는 무엇일까. 사실 각색자 동의서는 저작권, 정확히 말하면 리메이크 권한과 전혀 관계가 없다. 그러나 제작사 입장에서는 원작자의 승인을 받은 것으로 포장하는 것이 표절 시비를 최초 단계에서 잠재우는 가장 좋은 방편이었을 것이다. 실제로 당시의 기사들을 보면 개봉 당시 〈맨발의 청춘〉은 표절 낙인을 비켜 가는 데 성

---

[30] 〈맨발의 청춘〉 심의서류(한국영상자료원 관리번호: RK00984) 중에서 '각색자 동의서'라는 제목으로 첨부된 일본어 서류 내용을 옮기면 다음과 같다. "본인의 각색 〈진흙투성이의 순정〉을 한국에서 영화화하는 전권을 극동흥업 차태진에 위임해 동사가 제작하는 것에 동의한다." 활자는 타이핑되어 있고, "쇼와昭和 39년(1964) 1월 (미기록)일"이란 날짜 밑에 한자 이름이 손글씨로 쓰여 있고 옆에 인장이 찍혀 있다.

공했다. 표면적으로는 한국 관객들을 대놓고 속인 표절작이 아닌 것이다. 그런데 왜 같은 해 기사들은, 〈맨발의 청춘〉을 직접적으로 지목하지는 않았지만, "특히 신성일·엄앵란으로 시작된 이른바 청춘영화는 거개가 일본각본이나 원작을 표절한 치욕적인 해적판에 불과했다"[75]고 끊임없이 문제를 제기하고, 이듬해부터는 직접적으로 호명하며 표절작으로 다루었을까.[31] 이는 두 영화의 시나리오를 대조해 보면 그 답을 찾을 수 있다. 두 영화의 시나리오가 거의 같다는 사실은 가장 흥미롭게 검토될 지점이다.

## 시나리오: 베낀 것 그리고 바꾼 것

먼저 이해를 돕기 위해 〈진흙투성이의 순정〉(이하 〈진흙〉), 〈맨발의 청춘〉(이하 〈맨발〉) 두 영화의 줄거리를 간단하게 소개한다. 이어서 두 영화의 시나리오를 비교하면 파악할 수 있는 몇 가지 핵심적인 사항을 중심으로 언급할 것이다.

──── ◆ ────

건달인 지로(하마다 미쓰오)/두수(신성일)는 그가 속한 조직 두목의 지시로 밀수한 마약/시계를 운반하다, 대학생 불량배들로부터 곤란을 겪고 있

---

31) "지난해에는 40편의 일본영화 표절 작품이 범람, 현재까지 70~80여 편을 헤아리고 있다. 〈맨발의 청춘〉(일본영화 원명=흙투성이의 순정), 〈만가〉(挽歌), 〈가정교사〉(청춘산맥), 〈춘몽〉(백일몽) 등은 모두 표절 작품의 예…", 「한국을 넘보는 일(日) 영화/합작영화 미끼/수입 앞선 전초전」, 『경향신문』, 1965. 7. 10.

는 두 여고생/여대생을 구해 준다. 차에서 칼을 들고 내린 우두머리 불량배가 지로/두수와 격투 끝에 자기 칼에 찔려 죽어 지로/두수는 형사들에게 취조를 당하는데, 그가 구해 준 대사의 딸 마미(요시나가 사유리)/요안나(엄앵란)의 증언으로 풀려난다. 지로/두수와 마미/요안나는 서로의 생활(정확하게 말하면 계급)을 알아 가고 사랑에 빠지지만, 신분 차이로 더 이상 관계를 지속하기 힘들어진다. 사건 현장에 흘린 마약/시계로 지로/두수의 배후에 대해 수사망이 좁혀 오자, 두목은 그에게 형무소에 2~3년 다녀오라고 말한다. 한편 마미/요안나는 어머니가 이란/태국으로 보내려 하자 두수를 찾아오고, 결국 둘은 도피 행각을 벌인다. 둘은 셋방/시골 방앗간에서 슬프지만 즐거운 시간을 보낸다. 다음 날 아침, 정사情死한 두 사람이 발견된다. 둘은 순결한 채였다. 마미/요안나의 호화로운 장례식과 지로/두수의 장례식이 대비되며 영화는 마무리된다. 〈맨발〉에서는 라스트신을 늘여, 아가리(트위스트김)가 두수를 수레에 실어 가다 그의 맨발에 자신의 구두를 신겨 준다.

──── ◆ ────

줄거리 소개에서 파악할 수 있듯이 두 영화의 이야기는 거의 동일하다. 언어만 다른 거의 같은 시나리오에서 출발했기 때문이다. 먼저 〈맨발〉이 본편 영화가 아닌 〈진흙〉의 시나리오를 그대로 베낀 부분부터 검토해 보자. 〈진흙〉 시나리오의 도입부 신(#)은 신주쿠 오후, 어느 뒷골목 주차장이다. #1, #2에 해당한다. 한편 〈맨발〉 시나리오는 명동 주차장이다. 이처럼 〈진흙〉에서 일본이라는 공간의 특징과 설정, 예를 들어 전차 타기, 그리고 전차 내부와 시부야 역, 고라쿠엔 복싱센터, 공회당, 우메노 미술관 등은 〈맨발〉에서 택시 타기, 그 내부와 택시 정차장, 실내 체육관 레슬링 경기, 시청 광장, 드라마 센터 등으로 한국의 상황에 맞게 번안된다. 그런데 영화 속 청년들의 주요 공간인 '바 미시시피', 마미가 불어를 배우는 선생 '뷰카니치' 같은 특이한 고유명사가 〈맨발〉 시나리오에도 그대로 남아 있는 것을 보면, 일본 시나리오가 원본임을 알 수 있다. '뷰카니치'는 단편소설 원작에서 〈진흙〉 시나리오로 그대로 가지고 온 것이지만, '바 미시시피'는 일본영화의 각색 과정에서 설정된 것이다. 한편 영화 〈맨발〉에서는 전자는 그대로, 후자는 바 이름을 활용하지 않는다. 〈진흙〉의 에피소드들도 〈맨발〉로 그대로 복사되거나 적절히 번안되는 과정을 거치는데, 특히 지로/두수가 데이트 비용을 만드는 두 신을 들 수 있다. 지로와 신지가 오징어로 구두창을 가는 #57은 〈맨발〉에서 두수와 아가리의 동일한 에피소드(#56)로 복사된다. #64에서 지로가 매춘 호객 행위를 하는 것은, 〈맨발〉의 #63에서 두수가 술 취한 행인에게 트랜지스터라디오 사기를 치는 것으로 번안된다.

다음으로, 일본 시나리오를 그대로 옮기다 보니 〈진흙〉이 영화화하며 바꾼 장면들을 〈맨발〉은 시나리오/영화에서 그대로 유지하는 부분도 흥미롭다. 예를 들어, 쓰쿠다 파/권달이權達伊 사무소에서 지로/두수가 마미/요안나를 구한 사례금을 받지 않겠다고 말해 보스에게 혼나는 #24(진흙)/#22(맨발)이다. 〈진흙〉 영화에서는 시나리오와 달리 중간보스 하나이가 등장하는 것으로 장면이 바뀌었고, 〈맨발〉 영화/시나리오는 〈진흙〉 시나리오 그대로이다. 앞선 장면인 지로/두수가 경찰청 앞(#20)/중부서 앞(#18)에서 석방되어 나오는 신에서도, 〈맨발〉 영화는 시나리오에 준해 중간보스 덕태가 직접 운전한다. 즉, 한국영화 〈맨발〉은 〈진흙〉의 영화 본편이 아닌 시나리오에 기반해 연출됐다.

〈진흙〉은 전체 126신, 〈맨발〉은 122신이다. 신을 차례대로 비교해 보면, 대체로 비슷하게 신이 진행되다가, 후반부인 100신 이후부터 급격하게 흐름이 달라지는 것을 알 수 있다. 시나리오상 지로·마미는 월세방을 빌려 하룻밤을 보내다가 다음 날 스키장으로 가서 자살하지만, 두수·요안나는 시골 방앗간에서 자살한 후 발견되는 것으로 간단히 처리된다. 그리고 〈진흙〉은 한 기자의 취재 과정과 둘의 장례식을 대비하는 묘사에 공을 들인다. 영화화된 〈진흙〉의 엔딩 역시 시나리오를 충실하게 재현한다. 후술하겠지만, 〈맨발〉은 시나리오상 간단히 처리된 후반부가 마치 중요한 장면을 일부러 시나리오에 포함시키지 않았다고 말하기라도 하듯이 분량을 늘린다. 이후 살펴보겠지만 생전의 구술사 인터뷰에서 김기덕 감독은 엔딩 장면은 촬영 마지막 날까지 고민했다고 증언한 바 있다. 시나리오에 없는 방앗간 장면이 9분가량 추가되고, 영화의 엔딩, 고아인 두수를 혼자서 장례 치르는 아가리의 장면과 그의 내레이션도 3분 이상 추가되어 극적 효과를 만든다. 이른바 한국영화의 대중 소구 양식인 '신파'가 기능하는 순간이다. 후반부 덕분에 〈진

〈흙〉의 러닝타임 91분은, 〈맨발〉의 117분으로 확장된다.

　　마지막으로, 시나리오 단계에서 표절 행위가 진행되는 가운데 〈맨발〉의 번안 작업이 두드러진 부분은 다음과 같다. 두수의 아파트에 사는 양공주의 딸 재키를 극 중 아역으로 등장시켜(#33) 한국 사회의 현실적 부분을 반영하는 것, 요안나가 두수의 일자리를 부탁한 오여사 집에서 양식을 먹는 장면(#86)을 추가해 신분 차이를 확실히 강조하는 것 그리고 어트랙션attraction, 즉 영화적 볼거리로서 트위스트 명수 아가리를 활용하는 장면(#44) 등이다. 특히 〈맨발〉 시나리오는 원작보다 주인공 두수의 남성성과 활극성을 강조한다. 두수를 취조하던 형사가 상사에게 "사나이다운 데가 있어 동정이 갑니다만…"이라는 대사를 추가하여 두수의 남자다운 매력을 강조하거나(#16), 중간보스 덕태와 두수의 격투 장면이 서사의 효율성을 넘어 잉여적으로 삽입된 액션신(#76) 등은 최종 영화 〈맨발〉에서도 중요하게 묘사된다. 또한, 〈맨발〉은 〈진흙〉에서 자기 칼에 찔려 죽은 불량배가 실업계 거물의 아들이라는 것, 그 장례식 장면, 그리고 지로가 숙모를 만나 모친 얘기를 듣는 신 등을 삭제해 초반부의 극 전개는 후반부에 비해 훨씬 빠른 편이다.

## 영화화: 달라진 것들

2005년 진행된 구술사 인터뷰에서 김기덕 감독은 〈맨발〉이 크랭크인에서 개봉까지 채 한 달이 걸리지 않았다고 증언한 바 있다.[76] 공보부 심의서류에 의하면, 1964년 1월 24일 제작에 착수하여 2월

20일자로 최초 제목 〈죽어도 보고 싶어〉에서 〈맨발의 청춘〉으로 제명변경 승인을 받았고, 2월 27일자로 상영허가 신청을 받았다. 28일 전야제가 있었고, 29일 정식 개봉했으니 당시 한국의 상업영화가 얼마나 신속하게 제작되었는지 엿볼 수 있다. 실제 촬영은 18일 정도 걸렸고, 나머지 기간은 성우의 후시녹음, 영화음악 등 후반작업에 할애되었다. 김기덕이 "〈맨발의 청춘〉은 라스트를 끝까지 어떻게 할 거냐를 결정 못해 가지고 맨 마지막 날 찍었어요. 대충 머릿속에 놓고 '이렇게 가자'. 그거를 새벽까지 새로 써 가지고 현장에 나가서 촬영을 했다고"[77]라고 증언한 것에서 왜 개봉 직전에 제목이 변경되었는지 짐작할 수 있다. 또, 시나리오는 거의 그대로 베꼈지만 감독이 영화화하는 과정에서 실질적인 번안이 이루어졌음을 짐작하게 하는 대목이다.

한편 김기덕은 구술사 인터뷰에서 〈맨발의 청춘〉을 일본영화의 표절로 치부하는 것에 대해 오랜 기간 축적된 피로감을 피력한 바 있다. "그 당시에는 외국에 나갈 수도 없었고, 그걸 볼 수가 없어. 어떻게 그걸 봐?"[78]라고 그가 항변하듯이, 당시 일본영화는 한국에 수입되지 않았고, 영화를 보러 일본에 간다는 것은 결코 만만한 일이 아니었다.[32]

---

[32] 1963년 4월 15일부터 20일까지 도쿄에서 열렸던 제10회 아시아영화제에 방일한 한국대표단에 극동흥업 대표 차태진이 포함되어 있었다. 현지에서 그가 〈진흙투성이의 순정〉을 봤거나, 관련 정보를 입수해 영화화를 결심한 것으로 추정해 볼 수는 있다. 「일진 24명 출발/아세아영화제 참가」, 『동아일보』, 1963. 4. 13.

한국에서 해외여행자유화 조치가 30세 이상에 한정해 이루어진 것은 1989년 일이다. 영화화된 두 결과물을 비교해 보면, 당시 김기덕이 〈진흙〉 영화 자체를 베낀 것은 아님을 확신할 수 있다. 같은 대사가 나오지만 두 영화는 전혀 다른 방식으로 연출되고 촬영되었다. 다시 말해, 두 감독의 데쿠파주(숏 나누기)와 미장센(화면 구성)은 확연히 다르다. 나카히라 고 감독은 고정된 카메라로 심도 깊게 응시하는 예의 일본영화의 스타일에 가깝다고 할 수 있다. 숏 하나하나는 미학적으로 정돈되어 있는 반면, 그 숏을 붙여 나가는 방식은 역동적이고 과감하다. 반면에 김기덕 감독은 화면 전경에 칸막이 같은 사물을 걸어 놓고 중경에 인물을 배치하는 것을 즐기고, 인물 동선과 이에 조응하는 카메라 무브먼트에 공을 들인다. "그렇다고 그 영화문법을 벗어난 것 없지만, 이건(〈맨발의 청춘〉은-필자 주) 카메라워크도 무지하게 많다고."[79] 그의 증언대로 트랙인, 트랙아웃 같은 역동적인 촬영 방식은 〈맨발〉에 한정된 특징이다. 또한, 〈진흙〉이 클로즈업 같은 한정된 정보를 보여 주는 숏으로 호기심을 자극하며 신을 시작하는 것에 비해, 〈맨발〉은 등장인물 전체를 설정하는 숏으로 신을 시작하는 등 더 설명적인 스타일이라고 규정할 수 있다. 대중 관객과 원활하게 소통하려는 당대 한국영화의 문법인 것이다. 최종 영화화된 〈맨발〉에서 달라진 몇 가지 특징들을 검토하면 다음과 같다.

앞서 시나리오 분석에서 언급한 영화의 결말부부터 거론하는 것이 좋겠다. 〈진흙〉이 마미와 지로의 동반자살을 약병 하나만 보여 주면서 암시한다면, 두수와 요안나의 〈맨발〉은 당시 한국 대중 관객을 위한 '신파'적 정조를 묘사하는 데 치중한다. 시나리오에는 등장하지 않았던 9분가량 지속되는 자살 전의 방앗간 신은 1960년대 한국 멜로드라마의 전형적인 장면으로, 두수와 요안나의 키스 장면까지 포함하고 있다. 바로 창틀을 십자가처럼 전경에 배치하고 실제 키스 순간은 가리는 연출이다. 그리고 영화의 마지막에서 아가리는 두수의 맨발에 자기 신을 신겨 주면서 긴 내레이션까지 덧붙여 관객의 눈물샘을 자극한다. 벤 싱어Ben Singer의 멜로드라마 논의[33]에 기반해 한국식 멜로드라마, 즉 신파 양식을 비극성뿐만 아니라 활극적 요소까지 포함하는 것으로 확장해 본다면, 앞서 언급한 두수의 액션신도 〈맨발〉만의 것이다. 특히 두수가 요안나에 대해 일부러 거짓말을 한 덕태에 덤벼들다 맞는 장면(#77), 영업이 끝난 바 안에서 두수가 아가리를 때리는 장면(#88A)은 당시 한국 영화 특유의 액션을 신파적으로 활용하는 방식이다.

〈맨발〉이 〈진흙〉의 인물 구성과 결정적으로 달라지는 지점은, 지로의 부하보다 극 중 역할이 커진 두수의 부하 아가리다. 김기덕의 증언에 의하면, "그때 젊은이들이 보지도 못했든 춤"인 트위스트에

---

[33] 벤 싱어는 『멜로드라마와 모더니티Melodrama and Modernity: Early Sensational Cinema and Its Contexts』에서, 멜로드라마를 일종의 '개념군'으로 분석하며, ① 강렬한 파토스 Strong Pathos, ② 과잉된 감정Overwrought Emotion, ③ 도덕적 양극화Moral Polarization, ④ 비고전적 내러티브 역학Nonclassical Narrative Structure, ⑤ 스펙터클한 선정주의 Spectacular Sensationalism라는 다섯 가지 핵심 요소를 제시했다. 벤 싱어 지음, 이위정 옮김, 『멜로드라마와 모더니티』, 문학동네, 2009, 427쪽.

능숙한 트위스트김을 충분히 활용하기 위해 고민을 많이 했고, "그 캐릭터를 돋보이게 할 수 있는 신을 만들어 넣기도" 했다.[80] 곰곰이 생각해 보면 김기덕은 일본영화의 큰 흐름은 살리되 에피소드를 새롭게 만들어 넣음으로써 원작을 극복하려고 했을 듯하다.

〈맨발〉에서 의상, 미술, 음악도 시나리오에서는 드러나지 않았던 한국영화만의 요소이다. 지로의 짧은 머리, 하얀 점퍼는 원작소설부터의 설정이고 두 영화 모두 공유하지만, 이후 장면에서 지로와 두수의 스타일은 다르다. 마미와 요안나의 의상 역시 시나리오상에 자세한 지문이 없어 다를 수밖에 없었을 것이다. 특히 음악회 장면에서 두수, 요안나의 의상은 〈맨발〉 시나리오에서는 원작과 다르게 예복과 드레스로 지정되어 영화로까지 연결된다. 1960년대 한국영화를 대표하는 미술감독인 노인택의 아이디어도 곳곳에서 활용된다. 벽 속으로 접히는 침대를 비롯해 두수의 원룸 방 벽을 활용한 소품들(#32), 숏을 합치는 효과까지 낳는, 복도를 엿볼 수 있는 작은 창이 있는 권달이 조직 사무실(#22, #96) 등 말 그대로 당대 '청춘'들이 좋아할 만한 '새롭게' 보이는 요소들을 고민한 흔적들이 감지된다. 영화 전편을 재즈 선율로 장식한 작곡가 이봉조의 영화음악도 신선한 것이었다.[34] 오프닝크레딧부터 등장하는 주제가[35] 역시 영화와 함께 당대 한국사회에서 크게 유행했다. 표

---

34) 〈맨발의 청춘〉이 국내 영화제에서 유일하게 수상한 분야가 1964년 제2회 청룡상 음악상이다.
35) 「맨발의 청춘」. 유호 작사, 이봉조 작곡으로 가수 최희준이 불렀다.

절과 번안을 거친 〈맨발〉이 토착화해 낸 부분들이다.


## 〈맨발의 청춘〉이 만든 효과

지금까지 일본영화 〈진흙투성이의 순정〉의 시나리오를 바탕으로 표절과 번안이 동시에 작동한 결과물로서 〈맨발의 청춘〉 텍스트가 생산되었음을 살펴보았다. 1959년 기자 임영이 한국영화계의 표절 행위를 용기 있게 고발할 때 "일본각본으로부터 완전 번역 혹은 번안적 번역이라는 현상"[81]이라고 표현했던 것을 확장해 보면, 표절과 번안 사이의 스펙트럼에는 그대로 복사하는 수준의 번역부터 공간 등을 한국화하는 필수적인 번안은 물론, 새로운 것을 만들어 넣는 창작적 번안까지 펼쳐져 있음을 상정할 수 있다. 이를 〈맨발의 청춘〉의 제작 과정에 대입하면, 착수는 시나리오의 표절에서 시작됐지만, 즉 같은 이야기에서 출발했지만, 감독과 제작진의 시청각적 영화화라는 번안 과정을 통해 한국영화만의 것으로 토착화되는 측면을 파악할 수 있다. 특히 김기덕의 경우, 연출 문법이 달라진 것은 물론이고 한국적 상황을 반영한 새로운 에피소드를 추가하거나 코미디에서 액션, 신파-멜로까지 장르적 톤을 변주했다.

한국의 청춘영화를 같지만 '다르게' 만든 이런 요소들이 바로 당대 한국 젊은이들의 욕망을 투영시킨 대목이었고, 청춘 관객들의 취향에 접속하고 극장으로 불러 모을 수 있었던 이유였다. 이영일이 기술하듯이, 청춘영화는 기존 한국 멜로드라마의 템포를 바꾸었고, 화면 감각도 젊게 만들었다. 무엇보다 청춘영화 속 주인공들은 신파적 스토리텔링 관습을 깨트리면서 "싱싱하게 노출된 감정으로 인생, 윤리, 사회 등에 부딪혀서 적나라한 자신을 보여 줄 수가 있었던 것"이다.[82] 비록 영화의 엔딩은 기성 사회의 논리에 패배하고 마는 결말일지라도, 당대 청춘 관객들은 영화 속 젊은이들의 모습과 감정에 자신의 그것을 겹쳐 보고 영화를 통해서나마 해방감과 저항감을 표출할 수 있었다.

"새롭게, 뭐든지 새롭게 가자"가 감독과 제작진의 모토였던 〈맨발의 청춘〉은 당대 한국영화계의 새로운 흥행 판도를 개척했다. 청춘영화 장르는 1960년대 중반 한국영화가 청년 관객을 두고 외국영화와 경쟁해 볼 수 있는 새로운 전략을 고민하고 찾아낸 해답이었다. 이 영화로 일약 스타로 등극한 신성일·엄앵란 콤비는 관객의 세대교체를 이룬 주역이었다. 청춘영화 이전의 주류 영화 관객은 멜로드라마와 배우 최은희의 팬인 "고무신짝이라 불리는 40대의 중년 여성층"이었다면, 신성일·엄앵란이라는 두 청춘스타가 20대 여성층의 절대적 지지를 받으며 관객 연령까지 젊어진 것이다.[83]

하지만 불과 2년 사이에 신·엄 콤비의 청춘영화가 무려 50여 편이 반복되자, 젊은 관객들이 "국산영화를 비판하는 눈을 가지고 다시 외화 팬으로 전향"했다는 진단이 나왔다.[84] 한국 개봉명이 〈혼자는 못 살아〉인 토니 커티스·나탈리 우드·헨리 폰다·로렌 바콜 등이 출연한 〈Sex and the Single Girl〉(리차드 퀸, 1964) 같은 할리우드 코미디가 흥행에 성공하자,[85] 극동흥업의 제작자 차태진은 "이제는 한국 영화가 10년 후퇴할 판국입니다. 당분간 다시 고무신 관객들을 상대로 신파가정극으로 돌아갈 수밖에 없어요. 청춘 관객들은 할리우드의 '섹스코미디'로 모두 뺏겨 버렸으니까요"라고 이야기한다.

그럼에도 한국의 청춘영화는 1967년까지 장르적 가치를 유지했고, 코미디와 결합하는 것으로 새로운 방향을 찾았다. 이영일이 청춘코미디라고 규정하는 〈말띠여대생〉(이형표, 1963), 〈오인의 건달〉(이성구, 1966) 같은 작품들은 기존 청춘영화가 품었던 욕구불만의 침통한 분위기를 밝게 바꾸고, 젊은 에너지와 유머의 정서를 강조했다.[86] 바꿔 말하면, 코미디 장르가 청춘 주인공을 흡수해 새로운 경향을 만들었다고 볼 수도 있다. 극동흥업의 〈청색아파트〉(이형표, 1963), 한양영화공사의 〈말띠여대생〉은 물론, 〈신사는 새것을 좋아한다〉(박성호, 1963), 〈연애졸업반〉(이형표, 1964) 같은 영화들이 대표적인데, 청춘과 코미디 장르성의 결합으로 대학생 관객을 소구했고, 역시 아카데미극장에서 상영됐다. 앞서 언급한 할리우드영화처럼 섹스 문제를 다룬 청춘코미디 역시 만들어졌다. 바로 극동흥업 제작으로 김기덕이 연출하고 신성일, 엄앵란이 세 쌍의 부부 중 한 커플로 출연한 코미디영화 〈말띠 신부〉(1966)였다.[87] 청춘영화 속 자유롭지만 불행했던 커플은 이제 성욕 문제로 다투는 신혼부부가 되어 젊은 관객들과 만났다.

**7장**

# 한일 영화 〈폭풍의 사나이〉와
# 〈폭풍우를 부르는 사나이〉의 장르성 비교

1963년부터 1967년까지 한국영화 흥행을 압도한 장르인 청춘영화는 그것이 생성되고 진화한 맥락을 따져 본다면 '번안 청춘영화'라는 새로운 이름으로 거론해야 한다. 처음에는 일본 청춘영화 시나리오를 표절하고 번안하는 방식에 기반해 장르성이 개발됐지만, 그렇게 형성된 한국 청춘영화는 번안의 성분을 무한반복하고 변주해 토착화된 청춘물을 양산하는 것으로 이어졌다. 청춘영화 장르의 쇠퇴기까지 이어진 극동흥업 제작의 〈불타는 청춘〉(김기덕, 1966), 〈흑발의 청춘〉(김기덕, 1966), 〈맨주먹 청춘〉(김기덕, 1967) 등은 청춘영화가 개척한 새로움과 잔존해 온 신파적 퇴행성이 결국은 다시 만나 한국화된 번안의 막다른 길이 되었다. 한편, 번안 청춘영화라는 제작 논리와 흥행 경향에서 미학적이고 정신적 가치의 정점을 보여 준 작품들도 있다. 이문희의 소설을 영화화한 〈흑맥〉(이만희, 1965), 오리지널 시나리오[36]에서 출발한 〈초우〉(정진우, 1966) 등은 1960년대 중반에 펼쳐진 청춘영화라는 장르 지평에서 그 정수를 길어 올린 작품으로 평가할 수 있다. 한편 1967년에는 비공식적 번안으로 제작해 온 청춘영화 장르에 공식적인 번안작까지 등장했다.

번안 청춘영화 장르 사이클의 마지막 단계에 위치하는 영화 〈폭풍의 사나이〉(박종호, 1967)는 일본영화 〈폭풍우를 부르는 사나이嵐を呼ぶ男〉(이노우에 우메쓰구井上梅次, 1957)를 원작으로 리메이크한 것이다. 이 영화는 일본영화의 번안을 통한 장르의 다성적 수용이라는 측면에서, 한국 번안 청춘영화라는 개념을 역사적으로 규정하는 데 가장 적합한 텍스트로 상정된다. 이 장에서는 〈폭풍의 사나이〉와 그 원작 영화인 닛카쓰가 1957년에 제작한 〈폭풍우를 부르는 사나이〉의 한일 시나리오와 본편 영화를 비교 분석한다. 이를 통해 한국 청춘영화의 장르적 본질이 일본영화 텍스트와 강하게 밀착되어 있음을 논증함과 동시에, 한국 청춘영화가 오락영화의 자리에서 대중과 호흡할 수 있었던 전략을 추출한다.

---

36) 여기서 '오리지널 시나리오'는 문학 등 원작에 기반하지 않고 영화화를 위해 쓴 독창적인 시나리오를 의미한다.

## 〈폭풍의 사나이〉의 기획과 제작 과정

1960년대 중반부터 일본 원작 소설, 실제로는 일본영화 시나리오를 번안해 영화로 만드는 경향이 급격히 줄어들었지만, 한국영화가 수용하기에 용이한 대중영화의 현실적인 모델로서 일본영화라는 원천을 완전히 외면하기는 힘들었다. 1967년 10월 제작에 착수한 〈폭풍의 사나이〉가 대표적 사례다. 흥미롭게도 이 영화는 원작 일본영화를 연출한 이노우에 우메쓰구 감독에게 직접 영화화 승인을 받았는데, 그는 바로 소설의 원작자이자 공동 시나리오 작가이기도 했다. 〈폭풍의 사나이〉의 심의서류 파일[88]을 보면 다음과 같다. 연방영화주식회사는 가장 먼저 당국에 일반적인 제출 양식이 아닌 자체 서신으로 「외국저작물국내제작허가신청서」(1967. 10. 27.)를 제출했다. 그 서류에 원제명은 〈嵐を呼ぶ男〉, 번역제명은 〈폭풍의 사나이〉로 기록했고, 원작자 및 국적에 '井上梅次(日本國)'이라고 적었다. 서류상으로도 공식적인 번안영화를 제작한다고 신고한 것이다. '영화화 승낙서'도 같이 첨부했다. 원작자 이노우에 우메쓰구가 자신의 '저작품著作品'인 〈폭풍우를 부르는 사나이嵐を呼ぶ男〉의 영화제작을 승낙한다는 내용이다. 날짜는 월일 정보 없이 쇼와昭和 42년(1967)이라고만 적혀 있지만, 그 뒷면에는 주일공보관장 이성철이 1967년 10월 25일 서류를 확인했다는 서명을 남겼다. 우선 일본영화계에서 〈폭풍우를 부르는 사나이〉를 제작한 배경부터 살펴보자.

처음 이노우에 감독은 소설 『폭풍우를 부르는 사나이』를 『소설 살롱』에 게재했고, 각본가 니시지마 다이西島大와 함께 시나리오로 각색하고 직접 연출했다.[89] 주연은 닛카쓰 청춘영화 스타 이시하라 유지로石原裕次郎와 기타하라 미에北原三枝 콤비였다. 둘은 이노우에 감독의 〈승리자勝利者〉(1957)뿐만 아니라, 〈폭풍우를 부르는 사나이〉가 개봉되기 바로 직전에 대히트한 〈나는 기다리고 있어俺は待ってる ぜ〉(구라하라 고레요시蔵原惟繕, 1957)에 함께 출연했다. 주연 이시하라는 닛카쓰 '태양족영화' 〈태양의 계절太陽の季節〉(후루카와 다쿠미古川卓巳, 1956)과 〈미친 과실狂った果実〉(나카히라 고中平康, 1956)로 스타에 등극한 후, 이시자카 요지로의 동명 소설을 원작으로 한 〈유모차乳母車〉(다사카 도모타카, 1956)에서 솔직한 매력의 청년 역을 맡으며 닛카쓰 청춘영화 장르를 개화시켰다.[37] 1957년 10월에 개봉한 청춘영화 〈나는 기다리고 있어〉에서 이시하라는 액션신을 어필해 폭발적 인기를 얻었고,[90] 동명의 주제가까지 직접 불러 히트시켰다. 이 같은 흥행 요소를 이어받은 〈폭풍우를 부르는 사나이〉는 그를 대스타로 등극시킨 대표작이 되었다. 1957년 12월 28일 신정 프로그램으로 개봉해 모두 594만의 관객을 동원한 대형 히트작이었다.[38]

---

37) 다야마 리키야田山力哉, 「닛카쓰 청춘영화의 계보日活青春映画の系譜」, 『키네마준포』 1982년 10월 상순호(845호), 55쪽. 사토 다다오는 〈유모차〉에서 이시하라가 불평 없이 착한(こだわりのな い善意) 청년을 연기한 것은 태양족영화의 비난에 대한 닛카쓰의 변명이라고 적는다. 사토 다다오佐藤忠男, 『증보판 일본영화사2: 1941~1959 増補版 日本映画史2 1941-1959』, 324쪽.

38) 1957년 닛카쓰의 평균 제작비가 2,400만 엔, 평균 배급 수입이 6,500만 엔이었는데, 이 영화는 3억 4,800만 엔의 수익을 거뒀다. 다카하시 에이이치高橋英一, 「실록 닛카쓰 전후사実録日活

〈폭풍우를 부르는 사나이〉는 일본에서도 1966년, 1983년 두 차례나 리메이크되었고, 특히 1983년작은 이노우에 감독이 다시 각본과 연출을 맡았다. 이노우에는 이 영화를 1967년 쇼브라더스 제작의 홍콩영화 〈청춘고왕靑春鼓王(King Drummer)〉으로도 리메이크했다. 결론적으로 〈폭풍우를 부르는 사나이〉는 청춘과 음악이라는 매력적인 요소를 결합시킨, 1960년대 중반 한국영화계가 탐낼 제작 프로젝트였고, 일본영화 시나리오를 기반으로 한국 감독의 영화화라는 번안 작업을 거쳐 1967년 〈폭풍의 사나이〉로 완성됐다. 연출은 박종호가 맡았는데, 1960년대 한국영화를 대표하는 감독인 그는 여러 장르를 오가며 자신만의 색깔을 인정받고 있었다.[39] 이후 살펴보겠지만, 여러 장르적 성분이 결합된 오락영화인 원작 일본영화처럼 청춘영화 장르의 쇠퇴기에 등장한 한국영화 〈폭풍의 사나이〉 역시 복합적인 장르로 구성됐다.

한국영화 〈폭풍의 사나이〉를 1957년작 일본영화 〈폭풍우를 부르는 사나이〉와 비교하면 플롯과 등장인물, 대사 등이 거의 동일하므로, 해당 시나리오를 번안한 작업이 선행되었음을 확신할 수 있다.[91]

---

戰後史」, 『키네마준포』 1982년 10월 상순호(845호), 52쪽.

39) 시나리오 작가에서 감독으로 전향한 박종호는 〈애수〉(머빈 르로이, 1940)를 연상시키는 데뷔작 〈비오는 날의 오후 3시〉(1959)를 시작으로 서구 멜로드라마의 영향을 받은 작품을 내놓았다. 특히 〈예기치 못한 사랑〉(1965)은 이탈리아와 프랑스가 제작한 〈부베의 연인〉(루이지 코멘치니, 1963)의 무드를 이식한 것으로 평가받기도 했다. 「이주일의 영화: 한꺼번에 불어온 값싼 대륙바람/차분한 애정물 〈예기치 못한 사랑〉」, 『경향신문』, 1965. 11. 17.

여기서 흥미로운 대목은, 1957년 시나리오 및 영화의 첫 신만 한국영화와 공간적 설정이 다르고 이후 진행은 동일한 점이다. 텔레비전 스튜디오에서 찰리가 소속된 밴드의 연주로 시작하는 한국영화의 초반 설정은 바로 1966년판 일본영화의 첫 번째 시퀀스와 동일하다.[40] 하지만 1966년 버전 영화의 경우 이후 서사 진행이 상당 부분 각색되어 등장인물 설정과 플롯의 차이가 크다.[92] 연방영화 제작진은 인트로를 수정하는 정도에서 1957년판에 전적으로 의존하지 않았다는 표시를 남기고 싶었던 것으로 보인다.

물론 제작 신고 때 첨부한 '영화화 승낙서'에는 시나리오를 거의 그대로 번역해 영화화하겠다는 내용은 없지만, 각본까지 공동으로 담당했던 이노우에 감독을 상대로 포괄적으로 판권을 해결했다고 볼 수 있을 것이다. 도의적 차원에서도, 그때까지 세계저작권협약에 가입하지 않았던 한국에서 최소한 국내 제작 규정을 지켰다는 점에서 특별한 문제를 찾기는 힘들다.[41] 특히 당국은 제작 신고서를 제출받을 때 연방영화의 대표 주동진에게 "극영화 〈폭풍의 사나이〉는 표절 및 명의 대명한 작품"일 시 전적인 책임을 지겠다는 각서까지 받았다. 영화의 오프닝크레딧 화면에도 각본 김강윤이

---

[40] 현재 공식적으로 시중에 발간된 도서로는 확인하기 힘들지만, 1967년 한국영화 제작진이 1966년 버전의 일본영화 시나리오를 입수해 참고했을 가능성이 크다. 참고로 1966년 버전의 각본은 이케미야 쇼이치로池上金男 각색에, 감독은 마스다 도시오舛田利雄였다.

[41] 영화의 한일교류 정책은 발표되지 않았으나, "일본원작자의 작품제작 승인을 얻었을 경우"에는 문제가 없었다. 「일문화영화 상영 허가」, 『동아일보』, 1967. 8. 3.

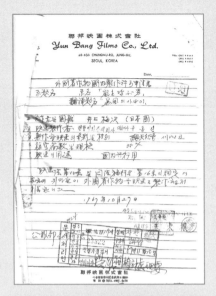

연방영화주식회사가 직접 서류를 만들어 공보부 영화과에 접수한 「외국저작물국내제작허가신청서」. 〈폭풍의 사나이〉 심의서류 (한국영상자료원 관리번호: RK01620).

「외국저작물국내제작허가신청서」에 첨부된 이노우에 우메쓰구 감독의 '영화화 승낙서'. 〈폭풍의 사나이〉 심의서류 (한국영상자료원 관리번호: RK01620).

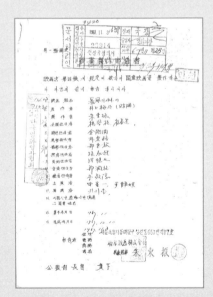

「영화제작신고서」를 보면 원작자란에 「井上梅次 (日本國)」으로 명기했다. 〈폭풍의 사나이〉 심의서류 (한국영상자료원 관리번호: RK01620).

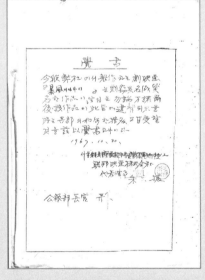

연방영화는 "표절 및 명의 대명"한 작품이 아니라는 '각서'를 「영화제작신고서」에 첨부했다. 〈폭풍의 사나이〉 심의서류 (한국영상자료원 관리번호: RK01620).

라는 자막 바로 앞에 '原作 井上梅次'라고 이름을 밝혔다. 〈맨발의 청춘〉이 오프닝크레딧에서 일본영화 시나리오 작가 바바 마사루에 대한 정보는 누락한 채 각본가로 서윤성 이름을 올린 것에 비해, 1965년 한일수교 이후에는 일본 원작자의 정보를 노출시키는 것이 문제가 되지 않았다. 〈폭풍의 사나이〉의 검열 합격을 통보할 당시, 당국은 2곳의 화면 삭제와 타이틀에 원작자 명기를 추가 조건으로 명기했다.[42] 결론적으로 공식적인 번안영화로 판단할 수 있다.

현재 한국영화 〈폭풍의 사나이〉와 관련해서는 두 종의 시나리오를 검토할 수 있는데, 이 또한 표절과 번안의 제작 흐름을 파악할 수 있는 근거가 된다. 바로 제작 착수용 시나리오[93]와 최종 영화화 대본[94]의 두 가지 버전이다. 먼저 만들어진 전자는 첫 신만 바꾼 후 일본영화 시나리오를 거의 그대로 베낀(번역한) 버전이며, 최종 영화화 결과물과 거의 동일한 후자는 대사와 플롯은 그대로이지만 일부 신을 없애거나 합치고 지문 등을 어느 정도 각색한(번안한) 버전이다. 이처럼 시나리오 버전을 비교해 봐도 일본 원본에서 점차 변화해 가는 영화적 번안의 심도를 상정해 볼 수 있다. 이 책에서 중점적으로 비교 분석할 시나리오 텍스트는 공식적으로 발간된 1957년 버전의 일본영화 시나리오와 한국 제작진의 각색이 반

---

[42] 「국산영화 〈폭풍의 사나이〉 검열합격」, 〈폭풍의 사나이〉 심의서류(한국영상자료원 관리번호: RK01620). 화면 삭제 두 군데는 댄서 유미가 춤출 때 신체를 보여 주는 장면과 일용의 손을 부상 입히는 장면의 일부 숏이었다.

영된 최종 영화화 대본이며, 한일 각 영화[95] 역시 대상이 될 것이다. 한국영화 〈폭풍의 사나이〉는 일본영화 〈폭풍우를 부르는 사나이〉와 같지만 다른 영화로 차별화되었다.

## 장르적 다성성과 흥행 전략

1957년 버전 일본영화의 시나리오는 124신이고, 한국 버전의 제작 착수용 시나리오와 최종 영화화 대본은 122신[43]이다. 초반부 설정이 달라 한일 영화의 신 번호별 구성은 다르지만,[44] 거의 유사한 형태로 스토리가 흘러간다. 러닝타임도 일본영화가 100분이고, 한국영화는 105분으로 비슷한 수준이다. 한국영화 쪽이 비교적 숏 리듬이 느린 편인데, 최종 영화화 대본은 일부 장면을 제외하면서 원작의 이야기 흐름을 모두 전달하려고 노력했다. 물론 배경 공간과 등장인물 구도는 거의 동일하게 번안했고, 밴드 매니저 미야(기타하라 미에)/미연(윤정희)과 신성 드러머 쇼이치正一(이시하라 유지로)/일용(신성일)이라는 주연 캐릭터의 이름도 글자 음을 참고했음을 알 수 있다. 먼저 두 영화의 줄거리부터 비교해 보자. 줄거리는 한일 시나리오를 기

---

[43]   최종 영화화 대본의 경우, 중간에 결락된 번호가 있어 실제로는 122신에 미치지 못한다.

[44]   일본영화에서 #1~10은 긴자의 네온 거리를 소개하는 내레이션의 배경 화면으로, 본격적인 드라마의 시작은 #11부터이다.

준으로 하되, 일본영화의 설정이 변경된 부분과 한국영화의 장소가 바뀐 부분은 상세하게 언급했다.

———— ◆ ————

도쿄 긴자의 네온 거리, 공연 무대가 있는 재즈 바 블루 스카이에서 최고 드러머 찰리 사쿠라다가 소속된 밴드의 공연이 한창이다/서울의 한 텔레비전 스튜디오, 최고 드러머 찰리 박이 소속된 밴드 식스 조커스의 연주가 한창이다. 밴드 매니저 후쿠시마 미야코(미야)가 바의 경영자인 어머니 아이코와 대화 중에 음악대학 학생인 고쿠분 에이지가 드러머인 형 쇼이치의 존재를 알린다/조정실에서 밴드 매니저 미연이 음악평론가 허철과 대화를 나누다가 나가는 길에 작곡과 학생 이용이 드러머인 형 일용의 존재를 소개한다.

미야와 오빠 신스케/미연과 허철은 집으로 돌아가는 길에 싸우다 도망가는 고쿠분 쇼이치/일용과 마주쳐 매력을 느낀다. 드러머 찰리가 공연에 나타나지 않자, 미야/미연은 에이지/이용이 알려 준 곳으로 전화를 걸어 유치장에 잡혀 있던 쇼이치/일용을 데리고 나온다. 쇼이치/일용은 찰리의 대타 드러머로 성공리에 밴드 공연을 끝낸다. 그 자리에 찰리가 새로운 전속계약을 맺은 모치나가持永/지 사장 패거리와 같이 나타나 쇼이치/일용의 공연 모습을 지켜본다. 댄서 메리/유미를 두고 쇼이치/일용과 찰리가 부딪히고, 찰리는 매니저 미야/미연과의 계약 관계를 끝낸다. 쇼이치/일용과 에이지/이용이 각자 음악적으로 나아갈 길을 공유하며 집으로 돌아오자 이웃인 미도리/은숙

이 형제를 맞는데, 쇼이치/일용이 못마땅한 어머니는 반기지 않는다. 쇼이치/일용은 미야/미연의 집에 기거하며 드럼 연습에 매진하고 성공적으로 첫 공연에 데뷔한다. 바 아스팔트에서 음악평론가 사쿄/허철과 쇼이치/일용은 사쿄/허철이 미야/미연과 가까워지고, 쇼이치/일용은 재즈음악계에서 성공하도록 서로 도와주기로 약속한다. 미야/미연은 일요일 아침에도 쇼이치/일용을 깨워 연습을 시키고, 쇼이치/일용을 찾아온 에이지/이용과 미도리/은숙도 금방 돌아가게 한다. 공연을 거듭하며 쇼이치/일용은 주목을 받는다. 텔레비전 방송에 출연한 사쿄/허철이 최고 드러머 찰리와 신예 드러머 쇼이치/일용의 합전 合戰/경연 무대를 제안하고, 이 제안을 양측이 받아들인다. 그런데 바 아스팔트에서 메리/유미와 함께 나가려던 쇼이치/일용이 모치나가/지 사장 패거리를 만나 싸우다 왼손을 다치게 된다. 찰리와 쇼이치/일용의 드럼 경연 무대가 시작된다. 쇼이치/일용은 연주가 진행되며 왼손을 잘 쓰지 못해 힘들어하다가(특히 일용은 스틱을 떨어트리고) 왼손으로 마이크를 잡고 노래를 불러 상황을 반전시킨다. 관객들은 쇼이치/일용의 신선한 퍼포먼스에 열광한다. 미디어를 통해 찰리가 주도한 폭행 사건으로 쇼이치/일용이 손을 다친 사실이 알려지고, 노래도 같이 부르는 드럼 공연이 한층 더 주목받으며 쇼이치/일용은 인기 넘버원에 등극한다.

쇼이치/일용이 기쁜 소식을 전하러 어머니를 찾아가지만, 여전히 어머니는 반기지 않는다. 그는 미도리/은숙을 동생 에이지/이용과 맺어 주고, 술에 취해 미야/미연의 집으로 돌아가 서로의 사랑을 확인한다. 미국 스나이더 재단의 지원으로 에이지/이용이 지휘자로 무대에 오르는 리사이틀이 결정된다. 이 사실은 안 사쿄/허철이 쇼이치/일용을 협박하고, 결국 쇼이치/일용은 미야/미연에게 거짓 이별을 고하고 집을 나온다. 그는 본가로 가지만, 차가운 어머니 탓에 떠나게 된다. 미야/미연은 사쿄/허철을 불러 더 이상 자신의 일에 관여하지 말라고 말한다. 사쿄/허철은 찰리와 함께 모치나가/지 사장을 찾아가 쇼이치/일용에 대한 복수를 계획한다. 술에 취해 메리/유미 집에서 잔 쇼이치/일용을 모치나가/지 사장 패거리가 찾아가 폭행하고 오른손을 못 쓰게 만든다. 에이지/이용이 미야/미연을 찾아가 형의 부상을 알리고, 그녀가 병원으로 가지만 쇼이치/일용은 메모를 남기고 떠난 뒤다. 미야/미연은 에이지/이용을 격려해 공연 무대에 오르게 한다. 쇼이치/일용이 바 아스팔트에서 라디오로 공연을 듣고 있다는 사실은 안 미야/미연은 그의 어머니와 함께 찾아간다. 공연장에서는 에이지/이용의 지휘 무대가 계속된다. 어머니가 쇼이치/일용에게 용서를 구하고 공연도 성공적으로 끝난다(한국영화는 일용과 미연, 이용과 은숙 그리고 어머니가 새로운 가족이 되어 걸어가는 모습으로 끝맺는다).

———— ◆ ————

일본영화 〈폭풍우를 부르는 사나이〉(이하 〈폭풍우〉)는 닛카쓰주식회사 작품이라는 타이틀과 닛카쓰스코프라는 와이드스크린 브랜드를 내세운 후 할리우드 스튜디오 영화, 특히 뮤지컬 장르를 염두에 둔 분위기로 시작한다. 폭발적인 드럼 솔로 연주 소리와 함께

도쿄 네온 밤거리를 배경으로 오프닝크레딧이 등장한 후, 화자의 목소리를 통해 도쿄의 밤에 펼쳐지는 정글 같은 비지니스가 소개된다. 음악은 작곡가 오모리 세이타로大森盛太郎가 맡았는데, 영화음악가로는 와타나베프로덕션渡辺プロ을 모델로 전후 재즈계를 묘사한 이 영화부터 알려졌다. 그가 작곡하고 이노우에 감독이 작사한 동명의 주제가 역시 주연 이시하라 유지로가 직접 불러 크게 히트했다. 한국영화 〈폭풍의 사나이〉(이하 〈폭풍〉)는, 영화에도 출연한 밴드 길옥윤 올스타즈의 길옥윤이 주제가를 작곡했고, 제작자 주동진이 작사를, 최희준이 노래를 불렀다. 일본영화와 한국영화 모두 실제 유명 밴드들이 대거 영화에 출연했다.

일본영화 〈폭풍우〉를 장르적으로 분석하면, 멜로드라마와 액션영화의 요소에 기반해 뮤지컬영화의 오락성을 부각시킨 영화로, "어리석음을 자식에게 사과한다"는 모성물母もの[96]의 플롯도 포함하고 있다. 당시의 흥행 용어를 빌리면 "연애도 있고 활극도 있는"[97] "정월용 오락편"[98]이었고, 닛카쓰 청춘영화를 성공시킨 스타 "유지로 영화"[99]라고 해도 과언이 아니었다. '청춘가요영화'로도 분류되는 〈폭풍우〉에서 찾을 수 있는, 할리우드 뮤지컬영화의 장르적 특징이 두드러지는 신들은 다음과 같다. ① 미야가 오빠와 함께 경찰서에 쇼이치를 찾으러 간 장면에서 쇼이치가 구치소 창살을 악기처럼 두드리는 매력적인 모습(#23), ② 심야에 쇼이치와 에이지 형제가 각자의 음악관에 관해 얘기하며 집으로 돌아가는 모습을 대형 스튜디오 공간에서 인공적 조명과 함께 촬영한 장면(#29), ③ 어

머니에게 환영받지 못한 쇼이치가 집 앞 공터에서 각목으로 드럼 통을 두드리며 소동을 일으키는 장면(#34) 등이 대표적이다. 하지만 한국영화 〈폭풍〉은 ①과 ③은 생략했고,[45] ②는 일본영화와 대사는 동일하지만 로케이션 촬영으로 분위기가 바뀌어 스토리의 전달로만 기능한다(#21).

그 외에도 〈폭풍우〉는 찰리와 쇼이치의 드럼 합전<sub>合戰</sub> 시퀀스(#58~69)를 비롯해 디제시스 속 재즈 밴드의 공연 모습을 통해 뮤지컬적인 요소를 발산하며, 〈폭풍〉 역시 도입부의 텔레비전 스튜디오 연주 장면(#1~4)을 비롯해 시민회관 재즈 페스티벌에서 열린 경연 장면(#58~66)을 통해 음악적 요소를 극의 중심으로 활용한다. 하지만 일본영화처럼 대형 스튜디오에서 촬영하지 못해 뮤지컬 장르 특유의 양식적 연출에는 이르지 못했다. 그럼에도 한국영화 〈폭풍〉은 1968년 아카데미극장에서 신정 프로로 개봉할 때, "거리의 건달이 일류 드러머가 되기까지의 우여곡절"을 그린 "유일한 뮤지컬"로 홍보됐다.[100] 사실 〈폭풍〉은 심의서류에 의하면, 「각본 심의의견서」(1967. 10. 30.)에서 심의위원 이청기와 이진섭에게 "젊은 드러머의 형제애와 애정을 연예계를 배경 삼아 그린 청춘물"로 정리된 후 검열 합격증 교부 때에는 "음악을 겸한 홈드라마"로 규정지어졌다.[101] 그렇다면 홍보 단계에서는 왜 뮤지컬로 포장되었을까.

---

45) ①은 제작 착수용 시나리오에는 포함되어 있으나 최종 영화화 대본부터 빠졌고, ③은 영화에서만 제외됐다.

당시 한국영화 6편과 외국영화 6편이 격돌하는 신정 프로그램의 최강자가 단성사에서 개봉한 뮤지컬 〈웨스트 사이드 스토리〉(제롬 로빈스·로버트 와이즈, 1961)였기 때문이다. "드럼을 치는 사나이의 투지와 애정을 그린 청춘물로 한국판 〈황금의 팔〉[46] 같은 이야기"[102] 〈폭풍〉은 '뮤지컬'로 불렸지만 엄밀히 말하면 음악영화였고, 할리우드식 뮤지컬 장르는 아니었다. 이때 기사에서 "종래의 한국적 '뮤지컬 스타일'을 쇄신했다"[103]는 표현이 나온 배경이다.

한일 각 영화의 엔딩 차이는 한국영화 〈폭풍〉의 번안적 성격을 분명하게 보여 준다. 일본영화 〈폭풍우〉는 마지막 시퀀스에서 평행편집을 활용한다. 동생 에이지가 성공적으로 공연을 진행하는 사이 어머니는 미야와 함께 바 아스팔트에 찾아가고, 어머니가 쇼이치에게 용서를 구하고 화해하는 순간에 에이지의 공연도 끝나며 엔딩 마크인 '종終' 자가 떠오른다. 한편 〈폭풍〉은 바 아스팔트에서 어머니와 일용이 화해한 후 다 같이 이용이 지휘하는 공연장으로 간다. 관객석의 열띤 박수로 공연이 끝난 이후 장면은 시나리오에는 없는, 한국영화에만 추가된 것이다. 카메라는 일용과 어머니의 양옆에 미연과 오빠가 서 있는 미디엄숏에서 미연과 일용의 버스트숏으로 트랙인하며 둘의 결합을 알려 준다. 최희준이 부르는 주제가가 마지막으로 흐르는 가운데, 공연장 밖에서 어머니를

---

46) 〈The Man with the Golden Arm〉(오토 프레밍거, 1955).

중심으로 일용과 미연 커플, 동생 이용과 은숙 커플이 걸어가는 모습을 보여 주며 영화를 끝낸다. 액션과 로맨스라는 일본 오락영화의 요소를 빌리고, 모성물 장르의 극적 순간도 그대로 이어받지만, 결론은 가족 간의 화해와 결합에 기반한 한국식 가족멜로드라마로 완성시켰다.

"태양족과 대중의 타협이 성립되어, 이시하라를 안전하고 믿음직스러운 히어로로 재정향한" 첫 번째 작품 〈폭풍우〉에서 쇼이치는 "다소 불량하고 싸움도 잘하지만 순정파에 불굴의 투지와 정의감을 가진 인물"로 그려졌다.[104] 반면에 〈폭풍〉의 일용은 동생이 훌륭한 음악가가 되도록 자신을 희생하는 원작의 캐릭터에 더해, 장남으로서 가족의 재건까지 이루는 것으로 묘사된다. 사실 신정 시즌 한국영화 6편 중 4편이 신성일의 주연작이었다. 번안 청춘영화의 마지막 작품인 〈폭풍의 사나이〉 외에는 멜로(〈찬란한 슬픔〉), 액션(〈폭로〉), 전쟁(〈연합전선〉) 장르였다는 점에서, 그가 청춘영화 스타로서의 역할을 마무리하는 단계였음을 파악할 수 있다.


## 번안 청춘영화의 마지막 양상


지금까지 1963년부터 1967년까지 한국 청춘영화 장르가 형성되고 유행한 본질적 기반을 일본영화 시나리오의 표절과 모방 제작으로 파악하고, 이를 '번안 청춘영화'로 규정해 역사화했다. 당시 청춘영화 제작에서 '번안'의 스펙트럼은 1963년 일본 시나리오를 표절한 비공식적 번안부터 1967년 일본 감독에게 직접 승인받은 공식적인 번안까지 걸쳐 있고, 그 디제시스에는 이국성과 새로움을 위한 서구(일본)적 배경, 정확히 말해 무국적 공간으로 구성되거나 관습적 묘사에서 벗어나지 못한 한국적 상황 역시 혼재했다. 또한, 일본 시나리오에서 모방한 것뿐만 아니라 한국영화계 스스로 창작한 요소들이 청춘영화로 응축되었다.

청춘영화 장르 사이클의 종점에 도착한 〈폭풍의 사나이〉를 원작 일본영화 〈폭풍우를 부르는 사나이〉와 비교 분석한 결과, '영화적 표절과 번안의 양식'이 작동한 것은 물론, 토착적 장르화도 활발히 진행되었음을 파악할 수 있었다. 1960년대 중반의 한국영화계는 일본영화 시나리오를 문자적으로 번역하는 동시에 문화적으로 번안해 각본을 만든 후 감독의 시청각적 연출을 통해 한국화된 영화로 번안해 냈다. 특히 청춘영화 장르는 서구 청춘문화를 한국영화 속으로 수용하는 과정에서 일본영화 시나리오를 중역하는 것으로 번안의 경제성을 획득하며 청년 관객을 집결시켰다. 공식적인 번안 작업으로 진행된 〈폭풍의 사나이〉 역시 원작 시나리오를 베낀 제작 착수용 시나리오 그리고 번안 각색 과정을 거친 최종 영화화 대본과 연출 단계를 거치며 한국영화로 차별화되었다. 특히 일본 원작의 뮤지컬, 액션, 로맨스, 모성멜로드라마 같은 장르성을 수용하고 이를 한국식으로 번안함으로써 청춘영화 장르의 마지막 양상을 보여 준다.

청춘영화를 1960년대를 대변하는 뚜렷한 작품 경향으로 주목하는 이영일은, 〈젊은 표정〉(이성구, 1960)과 〈성난 능금〉(김묵, 1963)을 초기 청춘영화로, 〈가정교사〉(김기덕, 1963)와 〈청춘교실〉(김수용, 1963)을 본격적인 청춘영화 붐의 시작으로 명기한다. 그는 1964년부터 1967년까지를 청춘 장르의 전성기로 파악하는데, 그 사이클의 마지막 작품들로 〈청춘대학〉(김응천, 1966), 〈초원의 연인들〉(조긍하, 1967), 〈4월이 가면〉(정진우, 1967), 〈맨주먹 청춘〉(김기덕, 1967), 〈5월생〉(최인현, 1968)을 거론한다.[105] 그의 서술은 한국 청춘영화의 시작과 마지막 지점을 검토하게 할 뿐만 아니라, 전 세계를 타격한 대항적 청년문화의 영향은 물론이고, 일본 시나리오의 번안부터 토착적 성질까지 전체 지형을 파악하는 데 유용한 관점을 제공한다.

먼저 시작점이다. 이영일은 1963년 임하의 『조선일보』 신춘문예 당선작인 동명 시나리오를 영화화해 11월 1일 아카데미극장에서 개봉한 〈성난 능금〉을 청춘영화 초기작으로 규정했다. 같은 해 3월과 8월에 먼저 개봉한 〈가정교사〉와 〈청춘교실〉이 있었는데도 〈성난 능금〉을 초기작으로 규정한 이유는 무엇일까. 이 작품이 일본 텍스트의 번안적 성격과 결을 달리하는 작품이기 때문이다. 즉, 이영일이 초기작으로 꼽은 〈젊은 표정〉과 〈성난 능금〉은 일본으로부터 빌린 청춘상을 묘사한 것이 아니라, 청년세대에 대한 관심과 새로운 영화문법의 모색이라는 측면에서 서구와 일본의 뉴웨이브 영화 흐름에 동참한 작품들이었다는 것이다. 그러나 이는 사실 일본영화를 번안한 청춘영화들도 그 저류에서 공유한 것이었다.

1967년 이후의 마지막 작품들 역시 한국 청춘 장르가 어떻게 구축되어 갔는지 입체적으로 보여 준다. 예의 깡패 세계를 배경으로 곤경에 처한 청춘들을 그린 〈맨주먹 청춘〉은 김기덕의 마지막 청춘영화인데, 오리지널 시나리오로 만들었지만 번안 청춘영화라는 자신이 일으킨 흐름에 기댄 작품이다. 〈초원의 연인들〉과 〈5월생〉은 각기 오리지널 시나리오와 한국 원작에 기반했다. 두 작품 다 청춘영화의 주인공인 신성일이 각각 대기업 연구원과 의대생으로 분해, 대기업 회장과 경영자 아버지라는 기성세대에 저항하는 이야기다. 역시 두 영화 모두 가난한 여성과의 순탄치 않은 멜로드라마가 가미된다. 역시 오리지널 각본인 〈4월이 가면〉은 프랑스로 입양된 전쟁고아 여성의 짧은 사랑 이야기다. 사실 이 영화를 연출한 정진우는 1960년대 청춘영화 지형에서 중요한 지분을 차지한다. 한국의 오리지널 이야기와 세련된 연출을 결합시킨 〈초우〉(1966), 〈초연〉(1966)이 바로 그의 대표작이다. 전자는 정진우와 송장배의 원안을, 후자는 손소희의 단편소설 「그 날의 햇빛은」을 모두 나한봉의 각본으로 영화화했다. 정진우는 두 작품 전에도 정연희 소설 원작의 〈목마른 나무들〉(1964), 김강윤이 쓴 오리지널 각본의 〈밀회〉(1965), 고노 마코토河野實의 일본 수기가 원작인 〈난의 비가〉(1965) 등 일련의 청춘영화로 필모그래피의 전면을 채웠다. 마지막으로 〈청춘대학〉은 청년 군상의 이야기에 코미디와 대중음악 요소를 결합시킨 영화로, 〈여고졸업반〉(1975), 〈대학알개〉(1982) 등 1980년대까지 이어지는 김응천 감독표 청춘영화의 원형과도 같은 작품이다. 1960년대 번안 청춘영화의 흥행성은 이후 1970년대 중후반의 고교생 하이틴 영화와 1980년대 대학생의 캠퍼스 생활을 묘사한 청춘영화로 이 어진다.

3부
표절과 번안 사이,
리메이크의 양상

한국영화계의 일본 시나리오 표절이 가장 극심했던 때는
1960년 4·19 혁명으로 이승만 정권이 붕괴된 시점부터
1965년 한일협정 체결 전후까지의 5~6년간이다.
그리고 1962년과 1966년, 서울에서 개최된 두 번의
아시아영화제에서 일본영화가 상영되어 주목받았다.
이 시기 일본영화 시나리오를 베낀 각본을 바탕으로
만들어진 한국영화들은 상업적 멜로드라마부터
작가주의 감독의 미학적 실험까지 다양한 스펙트럼에
걸쳐 있다. 원작 시나리오의 스토리와 플롯, 등장인물과
대사 등 본질적 서사 요소는 거의 동일하지만
감독의 연출에 따른 시청각적 요소가 한국의 것으로
창작되며 같지만 다른 영화로 만들어진 것이다.
시나리오 차원의 번안적 표절과, 숏 구성부터
영화음악까지 연출 차원에서의 번안적 창작이
직조된 비공식적 혹은 공식적 리메이크였다.

# 1960년대 한국영화계와 일본

## 대일 유화 국면과 영화계

한국영화계가 일본영화라는 괄호 속 존재를 공식적으로 언급하기 시작한 것은 1960년 4월혁명이 완료된 직후이다. 이승만 정권이 반공과 함께 강력하게 추진했던 반일정책이 전환될 기조가 엿보이자, 발 빠른 영화업자들은 일본영화 수입 승인 건을 문교부에 신청한다. 그 첫 작품이 상영 허가까지 3년 이상 소요된 〈8월 15야(夜)의 찻집〉이었다.[1] 일본에서 제작한 영화는 아니었지만, 미국 MGM이 일본인 배우들로 일본에서 촬영한 '일본'영화였다. 대일 관계의 호전 분위기로 영화계 움직임이 활발해지자, 문교부는 원칙이 정해질 때까지 '일본' 관련 영화 수입을 허가하지 않겠다며, 우선 "① 일본영화 수입은 계속 보류하고, ② 일본인이 출연하는 일본사회를 묘사한 영화와 ③ 다른 나라와 일본과의 합작영화는 당분간 수입을 보류하기로 결정"[2]했다. ②와 ③ 관련 영화의 개방은 검토할 여지를 보인 것이고, ①의 경우 1960년 내내 일본영화 수입 문제로 영화계와 언론이 시끄러웠다. 일본의 아시아올림픽 기록영화 〈성화聖火〉가 1960년 9월 24일 단성사에서 돌발 상영된 것 외에는[3] 1960년대 통틀어 장편극영화의 공식적인 수입 상영은 성사되지 않았다. 사계斯界의 전반적인 기조는 "일본영화를 들여오면 다른 외국영화와 달라서 국산영화 발전을 저지시키는 결과"를 낳을 것이라는 판단이었다.[4]

특히 제작계가 일본적 요소를 상업화하려는 움직임이 본격화된 시점은 1962년이다. 후술하겠지만, 아시아영화제가 1962년 5월 처음 서울에서 개최되면서 일본영화에 대한 국민적인 관심이 드높아진 시점이다. "일본 색채의 외국영화 상영 허가에 관한 것뿐만 아니라 국산영화상의 일본 색채 문제에 대한 상영허가 규준을 신중히 작성 중"이라는 공보부 영화과장의 담화는 당시 영화계의 과열된 분위기를 짐작케 한다.[5] 한국영화제작가협회는 수입사들의 '일본색' 영화 상영에 반대했지만, 영화제작자들은 어떻게 일본적 요소를 상업화할 것인가 모색했다. 이때 한국영화계는 일본 시나리오의 표절이라는 달콤한 유혹을 뿌리치지 못한 상태였지만, 일부 제작자는 「인간의 조건」, 「7인의 사무라이」, 「요짐보用心棒」 같은 일본의 유명 소설이나 각본을 영화화하기 위해 원작자의 정식 승낙을 받으려고 품을 들였다. 결과적으로 이 원작들은 모두 승인을 받지 못해 기획이 좌절됐다.[6]

한편 공보부는 "국내에서 촬영 및 가공이 불가능한 특별한 경우" 일본 출장 촬영을 허가했다. 〈대심청전〉(이형표, 1962)의 수중 용궁 장면의 특수촬영과 방첩영화 〈검은 장갑〉(김성민, 1963)의 일본 로케이션 촬영이 당국이 허용한 첫 사례였다.[7] 일본영화계에서 촬영기사로 일한 유심평이 〈군도〉(1961)로 감독 데뷔하고, 일본에서 유학한 전홍식이 한국의 누벨바그를 주창하며 〈젊은 표정〉(1960), 〈정열없는 살인〉(1961) 등을 제작한 후 〈특등 신부와 삼등 신랑〉(1962)으로 감독 데뷔하고, 일본영화 스튜디오에서 조감독으로 일하던 문여송이 감독 자원으로 주목받기 시작한 것도 한국영화계에서 일본영화에 대한 관심이 극대화된 1960년대 초반의 사정으로 이해할 수 있다.[8]

1963년 벽두부터 언론은 서울에서 열렸던 제9회 아시아영화제를 기점으로 영화계에 '왜색 붐'이 활개 친다고 전했다. 〈콰이강의 다리〉(1957) 흥행 이후, 〈8월 15야(夜)의 찻집〉(1956)부터 〈굿바이(사요나라)〉(1957), 〈흑선〉(1958), 〈마이 게이샤〉(1962) 같은 일본을 배경으로 한 할리우드영화, 즉 '왜색영화' 7편이 상영 승인을 받기 위해 대기 중이었다. 일본과의 관련성이 해외 영화 개봉작의 홍보 포인트가 되기도 했다. 이탈리아 영화 〈밤의 세계Women by night〉(1962)는 일본 유명 가수 프랑크 나가이의 출연을, 〈7인의 사무라이〉가 원작인 웨스턴 〈황야의 7인〉은 '원작이 일본 이야기'임을 내세울 정도였다. 이를 두고 당시 기사는 '왜색 증명'의 상혼이라고 일갈한다.[9] '일본'영화에 대한 대중의 호기심이 커지고, 한국 시장에 진입하려는 일본영화 산업의 움직임도 감지되었지만, 한국 정부의 입장은 일본영화의 수입과 상영만은 국교정상화 이후에 고려하겠다는 것이었다.[10]

'일본색 외화'의 유행뿐만 아니라 '일본색 방화'[1]의 제작 역시 1963년 들어 활발해졌다. "일본색 이퀄 흥행성이라는 미신"이 절대적인 지지를 받고 있었기 때문이다. 한국에 귀화한 일본인 여성 아카이시 도키코明石祝子의 수기가 원작인 〈행복한 고독〉(신경균, 1963), 제2차 세계대전 말기 도쿄를 영화적 배경으로 삼은 〈동경비가〉(홍성기, 1963), '일본 현지로케 영화'임을 홍보의 가장 앞머리에 내건 〈검은 장갑〉(김성민, 1963), 재일교포 여배우 공미도리가 주연한 〈현해탄의 구름다리〉(장일호, 1963) 등이 각각의 일본색으로 제작 과정부터 주목받고 제작자들의 기대를 모았지만, 흥행 성적은 좋지 않았다.[11]

14년에 걸친 한일 양국의 긴 줄다리기 끝에, 1965년 6월 22일 한일기본조약이 조인되고 12월 18일 발효됐다. 한국영화계의 기대와 우려의 목소리는 한일협정을 전후한 시점에도 여전했다. 일본 오락영화를 수입하거나 일본영화계와 합작하는 방식으로 큰 수익을 거둘 수 있으리라는 상업적 기대와, 일본영화 자본에 잠식당하는 것은 아닌지 우려하는 상반된 입장이 공존했다. 협정 조인이 얼마 지

---

1) '국산영화'를 의미하는 '방화邦畫'는 일제강점기부터 사용된 일본어에서 온 용어로, 한국에서는 1990년대까지도 언론에서 사용됐다.

나지 않은 시점에 한 기사는 "한국에 침투한 일본문화의 영향 중 가장 문제되는 분야는 영화계"라며 "시나리오 표절, 합작영화 제작, 일본 로케 등은 지금까지도 말썽을 일으켜 왔지만, 국교정상화 후의 일본영화 수입과 영화제작에 도입될 일본 자본 문제는 벌써부터 경계의 대상"이라고 적었다.[12] 1966년 공보부는 일본영화의 수입과 상영을 교육·문화영화 분야를 시작으로 점진적으로 허가하겠다는 방침을 세웠고,[13] 이후 한일 영화 교류를 배우 교류, 한일 합작, 일본영화 수입의 3단계로 추진하겠다는 계획만 확정한 채 1960년대를 넘겼다.[14] 잘 알려진 것처럼, 일본영화의 수입과 한일 합작은 1998년 10월 김대중 정부의 일본 대중문화 개방 조치 이후에 이뤄졌다.

## 서울에서 개최된 두 번의 아시아영화제

아시아 영화인들의 교류와 협력을 모토로 조직된 아시아영화제는 1954년 도쿄에서 개최된 동남아시아영화제로 출발해, 1957년 역시 도쿄에서 개최된 제4회부터 '아시아영화제'로 이름을 바꿔 진행됐다.[15] 1953년 설립된 동남아시아영화제작자연맹,[2] 특히 일본과 홍콩의 대형 영화사들과 그 대표들이 주축이 되어 구상한 영화제

---

2)  1957년 아시아영화제로 개칭하고, 아시아영화제작자연맹으로 이름을 바꿨다.

였는데, 그 배경에는 아시아에서 반공영화 제작자 간의 연대를 구축하고 그 네트워크를 반공 세력으로 활용하여 공산국과의 심리전에서 승리하겠다는 미국의 관변조직 아시아재단의 기획과 지원이 있었다.[16] 또한, 동남아 각국으로 수출 시장을 확보하려는 일본 영화계의 욕망도 맞물렸다. 사실 아시아영화제는 참가 초기 한국영화인들이 생각했던 경쟁 영화제라기보다는 국제 견본시 역할을 하는 아시아 영화인들의 네트워크 성격이 강했다.

한국영화계가 아시아영화제에 정식 출품을 시작한 것은 제4회 도쿄 행사부터다. 이를 기점으로 한국 언론은 일본영화에 대한 호기심과 평가를 기사화하면서 '일본영화'라는 담론을 만들어 갔다. "동남아시아 13개국 중에서 한국영화가 일본 다음에 간다"[17]는 한국영화인들의 자평은 첫 참가에서 〈시집가는 날〉(이병일, 1956)이 특별상인 희극영화상을 받으며 다음 영화제를 기대하게 만들었다. 이는 한국영화의 국제영화제 첫 수상이었다. 아시아영화제는 한국영화계 내부에서 일본 시나리오 표절 문제를 고민하게 하는 계기가 되었다. 제5회 영화제의 출품작 선정에서 유현목의 〈잃어버린 청춘〉(1957)이 〈그대와 영원히〉(1958)로 교체되고, 제6회 영화제의 출품 선정작이었던 〈오! 내고향〉(김소동, 1959)의 출품이 취소된 것이 대표적이다. 초유의 45명 방문단을 꾸려 "일본을 제쳐놓고는 한국대표단들이 가장 판을 친"[18] 1960년 제7회 아시아영화제부터는 한국 언론의 관심도 크게 높아졌다. 이에 화답하듯 배우 김승호가 〈로맨스 빠빠〉(신상옥, 1960)로 본상인 남우주연상을 처음 받았는데, 그는 제8회 때도 〈박서방〉(강대진, 1960)으로 2회 연속 수상했다. 아시아영화제는 동아시아 국가의 영화 수준을 일별할 수 있는 자리였지만, 한국영화인들에게는 일본영화를 감상하고 평가할 기회이자 일본영화 산업과 교류할 수 있는 공식적인 장이었다. 특히 1962년 5월, 1966년 5월 서울에서 개최된 두 번의 영화제는 일본영화가 한국에서 정식으로 상영되는 특이한 이벤트를 만들었다.

제9회 아시아영화제는 1962년 5월 12일부터 16일까지 서울 시민회관에서 열렸다. 한국이 개최한 최초의 국제영화제로, 박정희 정권이 지원한 국가 차원의 행사였다.[19] 서울에서 개최되는 영화제의 집행위원회 위원장과 부위원장은 일제강점기 조선영화계부터 활동한 감독 이병일과 제작자 이재명이었다. 이병일은 아시아영화제작자연맹 부회장이기도 했는데, 도쿄에서 연맹 회장 나가다 마사이치永田雅一를 만나 개최 건을 논의한 결과였다. 주요 일간지들이 앞다투어 관련 기사를 보도했는데, 가장 주목받은 것은 해방 후 처음으로 공개되는 일본영화와 한국에 방문하는 일본 배우들이었다. 출품작과 방문진이 결정된 4월 말 기사에는 내한 예정인 일본 여배우들의 사진이 실리기도 했다.[20] 아시아영화제에 참가하는 일본 배우는 모두 10명이었는데, 모두 각 스튜디오의 주연급 여성 신인들이었다.[21] 김포공항으로 내한하는 영화제 관계자들을 보도하는 기사는 다른 나라의 대표단에는 거의 관심이 없고 "기모노를 입은 일본 여배우에게 관심"이 집중됐던 현장 상황을 전한다.[22] 1961년도에 모두 536편이 개봉되었다는 일본영화 산업에 관한 정보성 기사

가 등장한 것도 바로 아시아영화제 개최 기간 중이다.[23]

서울에서 처음 개최된 아시아영화제는 일본문화에 대한 한국인들의 강한 호기심을 수면 위로 공식화시킨 사건이었다. 당시 기사들로 전해진 일본영화와 배우들에 대한 관심은 바로 당시 대중 욕망의 반영이기 때문이다. "요즈음은 아시아영화제 출품작품을 어떻게 볼 수 없을까 하는 것이 많은 서울 시민의 주요 관심의 하나"[24]였고, "이번 아시아영화제에 출품된 일본영화에 대해서는 영화 전문가는 물론 일반들의 호기심과 아울러 상당 정도 이상의 기대를 가졌던 것만은 사실"[25]이지만, 출품된 작품들이 정식 수입 절차를 거치지 않았다는 이유로 일반에는 공개되지 않아 영화 팬들이 실망하기도 했다.[26] 개최 직전에는 영화제 기간 중 3일간 시민회관에서 각국이 한 편씩 선정한 영화를 상영하는 초대시사회 계획이 공개되었는데,[27] 당시 한 기사는 영화를 보는 것이 복권 당첨만큼 어려운 얘기라고 전할 만큼 일반인들의 감상은 힘들었다.[28] 결국 출품된 일본영화는 19일 자정부터 새벽에 공보부 시사실에서 극히 제한된 관계 인사들만을 대상으로 공개됐다. 당시 한 관계자는 "일본영화에 '굶었었다'는 듯한 심정에 존엄성에의 반성이 있어야 하지 않을까?"라며, 구로사와 아키라黑澤明 감독이 〈요짐보用心棒〉(1961)에 이어 연출한 〈쓰바키 산주로椿三十郎〉 등의 작품이 기대만큼은 아니었다며 일본영화에 대한 과도한 호기심을 스스로 비판한다.[29] 해방 이후 전혀 접할 수 없었던 일본영화에 대한 일반의 관심은 영화제의 초대시사회에서 일본영화를 본 평론가들의 기사를 통해 간

접 체험할 수밖에 없었다.[30]

일본은 극영화의 경우 다이에이 제작의 〈아내는 고백한다〉를 포함해 도호의 〈쓰바키 산주로〉(구로사와 아키라, 1962), 닛카쓰의 〈위를 보고 걷자上を向いて歩こう〉(마스다 도시오舛田利雄, 1962), 쇼치쿠의 〈강은 흐른다川は流れる〉(이치무라 히로카즈市村泰一, 1962) 4편을 영화제에 출품했다. 유현목이 공식 리메이크하게 되는 〈아내는 고백한다〉는, 〈쓰바키 산주로〉 그리고 신상옥이 연출한 〈사랑방 손님과 어머니〉, 〈상록수〉 등과 함께 작품상 후보로 거론된 화제작이었다.[31] 결국 작품상은 〈사랑방 손님과 어머니〉가 차지했고, 〈아내는 고백한다〉는 감독상과 편집상을 받았다. 〈위를 보고 걷자〉는 극영화색채촬영상을, 〈쓰바키 산주로〉는 녹음상과 극영화흑백촬영상을 수상하며 일본영화가 아시아 영화 최고의 기술력을 보유하고 있음을 인정받았다.

서울에서 열린 아시아영화제라는 이벤트를 통해 한국영화인들은 한국영화가 일본영화와 대등하다는 평가 혹은 자기만족을 얻고 싶었던 듯하다. 급기야 "작년도 아세아영화제작에 있어서 한국영화는 일본영화를 제패"했다는 진단까지 나왔다.[32] 특히 최일수는 일본영화에 대해 "영화과학적인 면이나 기술 분야에서는 우수하다는 것은 부인할 수가 없겠지만 어딘지 독창성이 없고, 서구의 모방에 치우쳐서 내용보다는 형식에 맴돌고 있는 것" 같다고 평가하기도 했다.[33] 한편 영화제가 종료한 시점에 각 신문사들은 한국 영화인과 일본 영화인이 토론하는 자리를 개최했는데, 『경향신문』의 영화인 좌담회 내용에서 흥미로운 대목을 찾을 수 있다. 일본 측은 영화제에 심사위원으로 참가했던 영화평론가 오기 마사히로获昌弘와 구사카베 규시로草壁久四郎가, 한국 측은 시나리오 작가이자 영화감독인 유두연과 이봉래가 참석했다. 공교롭게도 한국 측 인사는 1959년 한국영화 표절 파장을 일으킨 장본인들이었다. 기사 소제목이 "모방 없는 한국영화, 각본 훌륭한 〈사랑방 손님과 어머니〉"였던 좌담회에서, 오기 마사히로는 흥미로운 발언을 한다. 일본은 외국의 모방을 잘하는데, 〈사랑방 손님과 어머니〉의 경우 조금도 외국의 수법을 모방한 것이 없이 한국적 정서를 잘 살렸다는 찬사였다. 이를 포함한 좌담회의 요지는 일본 평론가가 한국영화의 예술성을 인정하고 그 방향을 독려하는 것이었다. 아시아영화제를 통해 서울에서 일본영화가 상영되는 동안 패전 이후 일본에서도 처음으로 한국영화가 상영될 것임을 공보부가 발표하기도 했다. 국가 주도가 아닌 민간 차원이었지만, 상호 문화 교류 성격이 잠재되었던 이벤트였다.[34] 상영작은 바로 〈성춘향〉으로, 5월 13일부터 도쿄 등 6개 도시에서 개봉했다.[35]

　한일협정이 체결된 다음 해인 1966년 5월, 다시 서울에서 아시아영화제가 개최됐다. 이해 한국영화계는 세 가지 쟁점이 있었는데, 정부가 한국영화 제작을 120편으로 제한한 것과 일본영화의 수입 문제, 그리고 동남아 수출과 영화합작이었다. 연초 영화정책과 한국영화계에 관해 논의하는 좌담회에서 공보부 공보국장은, 이제 수출을 준비해야 하는 국산영화의 질적 향상을 위해 지난해 '표절 작품의 조절책'을 쓴 결과 90퍼센트가량은 막은 것 같다고 언급하기도 했다. 한국영화계는 대만과 홍콩 시장을 중심으로 한국영화를 수출해 1965년 처음으로 4만 달러 수익을 거둔 후, 동남아 시장 확대를 점치고 있었다.[36] 당국의 제작 편수 조절, 일본영화와의 산업적 교류 모색, 동남아 시장 수출 같은 새로운 변인이 펼쳐지자, 한국영화계는 양산의 주된 동력으로 삼았던 일본 시나리오 표절 제작을 줄일 수밖에 없는 상황을 맞았다.

제13회 아시아영화제는 5월 5일 개막식으로 시작해 9일까지 열렸다. 일본을 포함한 7개국 42편의 참가 작품 중 20편을 시민회관에서 일반 시민에게 무료 공개한다는 소식이 행사 전부터 주목을 끌었다.[37] 일본은 〈네 개의 사랑이야기四つの恋の物語〉(니시카와 가쓰미西河克ㄹ, 1965)[3]를 포함한 모두 5편의 극영화와 5편의 비非극영화 출품작 외에도, 전후 20년간 일본영화 대표작 5편을 특별 참가작으로 제출했다. 바로 제12회 베니스국제영화제 황금사자상의 〈라쇼몽〉(구로사와 아키라, 1950), 제13회 베를린영화제 황금곰상의 〈무사도 잔혹 이야기〉(이마이 다다시, 1963), 제16회와 제18회 칸영화제에서 특별심사위원상을 받은 〈할복〉(고바야시 마사키, 1962)과 〈괴담〉(고바야시 마사키, 1964), 1966년 『키네마준포キネマ旬報』 베스트텐 2위였던 〈인류학 입문〉(이마무라 쇼헤이, 1966)이었다. 신필림의 신상옥이 회장이었던 한국영화업자협회[4]가

---

3) 겐지 게이타源氏鷄太의 『가정의 사정家庭の事情』이 원작인데, 먼저 제작된 〈가정의 사정家庭の事情〉(요시무라 고지부로, 1962)을 요시나가 사유리 등 닛카쓰 여성 배우진을 앞세운 청춘영화로 리메이크한 것이다.

4) 1966년 시점 당국에 등록된 20개 영화사가 회원이었다.

특별초청한 다섯 작품은 영화인을 위한 비공개 시사회로 상영됐다.[38] 한편 일본영화의 극영화 출품작 5편 모두 일반인 공개로 결정되었다가, 야마모토 사쓰오 감독의 좌익 경력이 문제가 되어 〈일본 도둑 이야기〉는 상영이 취소되었다. 결국 이 영화는 감독상을 받는다.[5] 당시 기사는 시민회관에서 열린 일반 초대 상영에서 압도적인 관심을 받은 것은 일본영화라며 "30대 이상에게 언어가 통하는 까닭인지, 옛날 본 적이 있어서 향수(?)를 느끼는 탓인지, 아니면 제2차 대전 후 일본영화가 세계 수준에 오르고 있는 데 대한 때문인지 잘 모르겠으나 아마 이상의 세 가지 점이 겹쳐서 나타나는 현상"이라고 분석하기도 했다.[39] 한 영화사 직원들이 비매품인 초대권을 암표로 팔다가 검거되는 사건도 당시의 열기를 반증한다.[40]

이처럼 한국 관객의 일본영화에 대한 열광적인 반응의 이면에는 일본영화 산업의 공세도 맞물려 있었다. 한국 시장 개방이 일본 영화산업의 불황을 타개할 중요한 승부처였기 때문이다. 제13회 아시아영화제가 막을 내리고 한일 간의 영화 수출입 논의가 본격화되었다. 1967년 벽두부터 한국영화업자협회 회장인 신상옥이[6] 일본영화

---

5) 아시아영화제가 끝나고 두 달이 지난 7월, 서울지검 공안부는 아시아영화제의 집행위원회와 심사위원회 소속 한국 인사가 야마모토 사쓰오가 감독상을 타도록 한 것이 반공법 위반인지 수사하는 촌극이 벌어지기도 했다. 「아시아영화제 '좌경감독상' 말썽의 앞 뒤/"찬표란 사정모르는 말"/한국서 영점 줘도 1위는 불변, 집행선 불관여/수상자 결정 심위에 사전 위임」, 『조선일보』, 1966. 7. 7.

6) 2차 개정 영화법 시행령에 따른 시설 기준 적용 문제로 갈등을 겪던 중, 1967년 2월 한국영화업자협회원들이 메이저 영화사를 대표하는 신상옥을 물러나게 하고 시설을 갖추지 못한

제작자연맹 회장인 나카다 마사이치永田雅一와 한일 간의 영화 수출입 추진을 위한 실무 합의를 완료했다는 기사가 나왔다.[41] 하지만 한일 영화산업 간의 계속된 모색에도, 일본영화 수입은 허용되지 않았다. 두 번의 서울 개최 아시아영화제 다음에도 견본시 성격의 일본영화 상영이 추진되었다. 해방 이후 세 번째 일본영화 상영은, 1969년 10월 시민회관에서 열린 아스팍문화센터 창립 1주년 기념 영화회에서 나카무라 노보루中村登 연출의 쇼치쿠 영화 〈세월은 흘러도日も月も〉(1969)가 상영된 것이다. 이때 주동진이 회장이던 한국영화제작가협회 주관으로 5편의 극영화와 5편의 비극영화를 상영하는 '일본영화주간'[42]이 기획되어 관심을 끌었다. 10월 문공부 장관의 승인을 받아 작품까지 선정되었지만,[43] '일본영화주간'은 해를 넘겨서도 개최되지 못했다. 1966년 이후 한국영화계에서 일본 시나리오의 표절 작업이 근절되지는 않았지만 급격히 감소했던 것은, 한일 기본조약 체결 이후 일본영화계와의 직접적인 교류가 전면적으로 모색된 것이 결정적인 요인으로 보인다.

---

연방영화사의 주동진을 회장으로 뽑자, 9월 신필림 등 14개 영화사가 탈퇴해 '한국영화제작자연합회'(가칭)를 만든다고 선언했다. 「한국영화업자협회 탈퇴를 성명함」, 『경향신문』, 1967. 9. 1. 다음 기사는 탈퇴 소동의 원인이 한국영화업자협회가 진행하는 아시아영화제 참가라고 진단한다. "앞으로 영화업계의 관심사의 하나가 한일 합작영화에 있다고 보면 웬만큼 저간의 사정을 헤아릴 수 있을 것 같다. 일본 영화계와의 갖가지 접촉이나 교섭이 보다 더 용이할 수 있는 입장이라는 것도 생각할 수 있다"는 것이다. 「사설: 영화업자들의 자숙을 촉구한다」, 『조선일보』, 1967. 9. 7.

**9장**

## 〈명동에 밤이 오면〉과
## 〈여자가 계단을 오를 때〉 비교
### : 멜로드라마의 화법

1960년대 한국영화계의 표절 문제가 비단 심층에만 있지 않았음에도 불구하고, 그동안 영화학계의 표절 논의는 활발하지 않았다. 영화뿐만 아니라 시나리오까지 한일 텍스트를 모두 검토해야 하는 만만치 않은 작업이고, 무엇보다 1959년의 최초 논란처럼 창작자의 명예 문제와 결부된 민감한 주제이기 때문이다. 한국영화 텍스트의 표절에 대한 선구적 연구는 양윤모의 「표절 논쟁으로 본 해방 후 한국영화」[44] 이다. 그는 임영의 기사 「몰염치한 각본가군」[45] 과 『신동아』의 기사 「해적판」[46]을 기반으로 1950년대 후반과 1960년대 전반의 표절 작품들을 망라한다. 그의 연구는 두 기사에만 전적으로 의존해 심도 깊은 논의로 확장되지 못하지만, 해방 이전 시기부터 1990년대까지 한국영화의 일본영화 표절 문제를 제기하고 일별한다는 점에서 선행 연구로서 그 가치가 크다.

2000년대 이후 학계에서 한일 영화 간 표절 관련 연구는 흥미롭게도 〈여자가 계단을 오를 때女が階段を上る時〉(나루세 미키오, 1960)를 원작으로 삼은 〈명동에 밤이 오면〉(이형표, 1964)에 대한 것이다. 먼저 이효인·김재성(2008)의 논문[47]은 〈명동에 밤이 오면〉을 〈여자가 계단을 오를 때〉의 명백한 표절임을 적시한 후, 모작 한국영화가 '자기 타자화' 과정에서 원작 일본영화의 주제 의식을 살리지 못했음을 논증한다. 이 연구는 표절이나 유사표절 행위에 대해 당연히 도덕적 재단과 평가가 있어야 하지만, 그 미적 결과를 분석하는 것이 학술적 의미를 파생시킬 수 있음을 보여 준다. 특히 〈명동에 밤이 오면〉을 1970년대 호스티스 영화의 전초로 파악하는 것은 한국적 맥락과 연결한 해석일 것이다. 이 논문의 한계는 시나리오 단계를 고려하지 않고 본편 영화만 비교한 것이다. 즉, 모작 한국영화가 시나리오가 아닌 원작 일본영화를 직접 모방한 것으로 상정하고 분석을 진행한다. 하지만 당시 상황에서 영화를 직접 보고 베꼈다는 전제는 성립하기 힘들다.

이와 관련해 두 가지 맥락을 검토할 수 있다. 1965년 한일국교 정상화 이전 시기 한일 간 왕래가 쉽지 않았고,[7] 설사 영화를 볼 수

---

[7] 앞서 밝힌 것처럼, 1954년부터 시작된 아시아영화제 등 일본영화를 감상할 기회가 전혀 없었던 것은 아니다.

있다고 하더라도 일일이 데쿠파주decoupage[8]를 모방하기도 힘들고 상업영화 제작 현장에서 그런 소모적인 연출을 할 필요도 없다. 논문은 "사실 두 영화의 각 신마다 구사하는 장면과 편집을 숏별로 분석shot by shot하면 비슷하거나 거의 똑같은 것들이 대부분"[48]이라고 하지만, 이는 정교한 분석에 기반한 것이 아니다. 영화의 장면에서 드러나는 이야기와 데쿠파주 차원을 혼동하는 듯한데, 이 논문에서 스타일 분석을 시도하는 네 장면은 도리어 두 영화의 시각적 연출이 상이한 방향임을 반증한다. 그럼에도 불구하고, 이 논문은 표절 행위가 작동하는 사회적 배경, 영화사적 맥락, 정신적 요체라는 층위로 원작과 모작 간의 관계를 분석해 학술적 시야를 넓히는 데 기여했다.

다음으로 이순진(2015)의 연구[49]는 비교 텍스트 연구에 기반해 표절 문제를 검토하지는 않지만 1960년대 중반 한국영화의 표절 개념에 대해 구체적인 의견을 밝힌다. 그는 〈명동에 밤이 오면〉이 일본이라는 대상과 맺는 관계성이 두 겹의 층위로 구성된다고 설명한다. 첫째는 이 영화가 일본영화 〈여자가 계단을 오를 때〉를 번안했다는 관점이고, 둘째는 영화 무대인 명동의 모습이 필연적으로 식민의 역사를 환기시킨다는 입장이다. 먼저 후자이다. 두 영화에서 긴자와 명동의 거리, 또 영화에 나오는 바bar 공간의 모습이 흡

---

[8] 창작자의 입장에서는 영화의 숏 구성을, 비평가의 입장에서는 숏 분석을 말한다.

사해 보이는 것은 한국영화가 일본영화의 이미지를 옮겨 왔기 때문이 아니라 그 장소성이 식민지 시기에 근원하고 있기 때문이다. 명동은 바로 해방 이전 일본인들에 의해 상업지구로 개발된 곳이다.[50] 전자는 이 책의 논의로 연결된다. 그는 〈명동에 밤이 오면〉이 원작 일본영화의 이미지 자체를 옮긴 것은 아니라고 지적하고, 결론적으로 표절이 아닌 번안으로 규정한다. 외국 시나리오를 한국의 현실로 각색한 것을 표절로 보기는 어렵고, 분명히 윤리적 책임은 있지만 당시 한국은 국제저작권협회에 가입하지 않았기 때문에 외국의 원작을 무단으로 가져오는 것이 위법이 아니었다는 입장이다.[9] 또한, 영화 자체를 보고 베끼는 것은 구조적으로 불가능했음을 지적하며 1960년대 일본 시나리오를 원작으로 한 한국영화들은 표절작이 아니라 번안 작품이라고 주장한다. 하지만 그의 논의에서도 재고할 부분이 있다. 서구 소설이나 영화를 원작으로 각색한 작품과, 영화화 작업이 절대적으로 용이한 기성 일본영화 시나리오를 각색한 영화를 동일선상으로 바라본다는 점이다. 이는 한일 두 영화의 시나리오를 확보해 직접 비교하지 않고 두 영화 버전을 비교하는 데 그친 결과이다.

이 장에서는 공보부 심의서류 그리고 한일 각 시나리오와 영화를 기반으로 〈명동에 밤이 오면〉에서 실제로 작동된 표절과 번안

---

9) 세계저작권협약(Universal Copyright Convention)은 1952년 유네스코가 제창했는데, 한국은 1987년에 가입했다.

의 내밀한 과정을 입체적으로 검토한다. 1960년대 중반 한국영화계에 만연했던 표절 작업은 청춘영화 장르에 한정되지 않고, 대중 관객과 소통하는 가장 근본적인 장르인 멜로드라마로 확장됐다. 일본영화 〈여자가 계단을 오를 때〉를 한국식 대중적 화법으로 구성된 〈명동에 밤이 오면〉에 겹쳐 보는 것은 표절과 번안 문제의 본질을 찾아가는 방법이 될 것이다.

## 〈명동에 밤이 오면〉의 검열과 표절 문제

세기상사가 제작한 〈명동에 밤이 오면〉(이형표, 1964)은 1964년 7월 8일 영화제작 신고를 접수하고, 별다른 이슈 없이 검열에 통과해 9월 19일 상영 허가를 받아[51] 1964년 10월 15일 서울 명보극장에서 추석 프로로 개봉한 멜로드라마이다. 청춘영화를 중심으로 한 표절 논란 속에 당시 이 영화는 별다른 잡음 없이 제작되고 개봉했다. 추석 흥행을 겨냥한 철저한 상업영화여서 그런지 당시 일간지 지면에서 이 영화를 비평적으로 다룬 기사는 없다. 추석 시즌 영화를 소개하는 기사에서 이형표 감독의 '멜러물'로 간단히 언급될 뿐이다.[52] 개봉일 광고 문구는 이 영화가 중년 관객을 주된 대상으로 하고 있음을 말해 준다. 은막의 여왕 최은희의 명연을 강조함과 동시에 "휘황한 네온의 오색 빛 정글 속에서 오늘도 이토록 애절하게 여인들은 운다! 화려한 여심이 겪는 숙명의 고독을 캔다! 보시라! 놀라운 명동의 '밤의 실태'를…"[53] 같은 홍보 문구를 통해 명동의 바에서 일하는 여성들의 내밀한 삶을 볼거리로 전시하는 영화임을 내세우고 있다.

이 시기 다수 한국영화들이 그랬던 것처럼, 이 영화 역시 일본영화 시나리오를 베낀 작품이다. 당시 이러한 사실을 지적하는 유일한 기사는 개봉 후에 발간된 1964년 11월호 『신동아』의 「해적판」인데, "菊島隆三(기쿠시마 류조)의 각본 〈女が階段を上る時〉(여자가 계단을 오를 때)의 거의 완벽한 표절"로 명기하며 한일 시나리오의 일부 신을 비교한 내용을 함께 싣고 있다.[54] 하지만 이 영화의 흥행적 매력은 표절 논란 자체를 잠재운 듯 보인다. 당시 검열 서류에 의하면, 1964년 9월부터 2년간 상영 허가를 받아 개봉관부터 재개봉관까지 문제없이 상영했고, 1967년 8월부터 1년간 다시 재상영 허가를 받아 흥행했다.

이 영화가 일본영화와 관련이 있음을 보여 주는 흔적은 1964년 7월 8일자로 공보부에 접수한 「영화제작신고서」에서 찾을 수 있다. 다음의 서류 이미지에서 확인할 수 있는 것처럼 '2. 원작자'란에 작성했던 이름을 지웠다. 지운 글씨는 어렵지 않게 판별할 수 있는데 바로 '圓山雅也(마루야마 마사야)'이다. 앞서 『신동아』 기사에서 밝힌 것처럼 이 영화의 각본가는 기쿠시마 류조이다. 도호가 제작, 구로자와 아키라黑澤明의 〈들개野良犬〉(1949)로 데뷔한 중견 각본가 기쿠시마가 시나리오뿐만 아니라 프로듀서를 직접 맡았고, '여성영화' 장르의 대가인 나루세 미키오成瀨巳喜男가 감독을, 다카

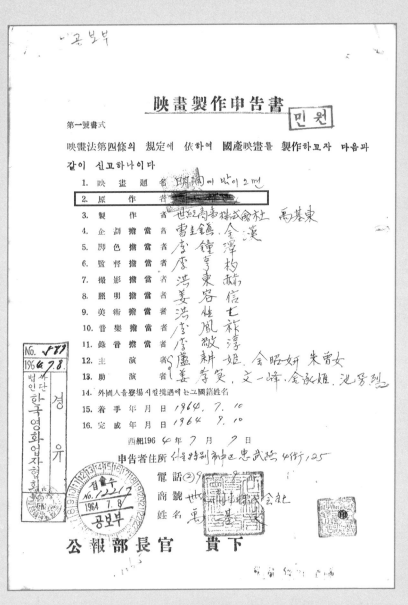

「영화제작신고서」(1964. 7. 8.)의 원작자란에서 '圓山雅也'를 지운 것을 확인할 수 있다. 〈명동에 밤이
오면〉 심의서류 (한국영상자료원 관리번호: RK01074).

(第六號書式)

# 映畵上映許可申請書

1. 映 畵 題 名  아내는告白 한다.

2. 原 作 者  圓山雅也

3. 製作한國別  大韓民국

4. 製作會社또는製作者  우리를 다시찾자

5. 監 督 者  俞賢穆

6. 主 演 者  朴思艶, 花路, 太賢實, 金勝鎬, 朱東園
   李藝春, 黃海, 金石貴女, 池學烈.

7. 映畵의種別  劇 映画.

8. 映畵필림의色彩및種別  黑白 시네스코

9. 規 格  35미리 11卷 4篇

10. 製作年度  1964 년

11. 價 格

12. 映畵의用途

13. 製作申告番號및그年月日  1964. 6. 30 申告.

14. 外國映畵輸入推薦准號및그年月日

15. 上映開始豫定年月日  '864. 22 9원 30일

16. 添 附 物

(1) 映畵 필

(2) 映畵씨나리오三通 (外國映畵인 경우에는 原文一通 飜譯文三通)

---

〈아내는 고백한다〉의 경우, 「영화제작신고서」의 원작자란은 비워 뒀지만 「영화상영허가신청서」
(1962. 9. 19.)에는 원작자를 '圓山雅也'로 명기했다. 〈아내는 고백한다〉 심의서류 (한국영상자료원 관리
번호: RK01079).

미네 히데코高峰秀子가 주연뿐만 아니라 의상까지 담당했다. 음악은 전후 일본 현대음악을 대표하면서 영화음악가로도 활동한 마유즈미 도시로黛敏郎가 만들었다.

이 영화와 관계없는 마루야마 마사야라는 이름이 작성되고 지워진 것은 같은 영화사인 세기상사가 제작하고 유현목이 연출한 〈아내는 고백한다〉(1964) 때문이다. 이 영화는 〈명동에 밤이 오면〉의 차기 프로로 명보극장에서 개봉했다.[55] 사정은 다음과 같다. 이 영화의 제작 신고서는 〈명동에 밤이 오면〉보다 앞선 1964년 6월 24일 접수되었다.[56] 이 서류에서 마치 세기상사의 오리지널 기획인 것처럼 '원작자'란을 비워 둔 상태였다. 대신 '각색 담당자'란은 시나리오 작가 이종택으로 기록되어 있는데, 〈명동에 밤이 오면〉 역시 각색자로 그의 이름을 올렸다. 〈아내는 고백한다〉가 〈명동에 밤이 오면〉보다 접수는 먼저 했지만 제작은 더 늦어졌다. 실마리는 10월 19일에 접수한 「영화상영허가신청서」[57]에서 찾을 수 있는데, 이 서류에서 원작자로 마루야마 마사야를 밝히고 있기 때문이다. 〈아내는 고백한다〉는 동명의 일본영화 〈아내는 고백한다妻は告白する〉를 리메이크한 작품이다. 다이에이가 제작한 이 영화는 마스무라 야스조増村保造가 연출을, 이데 마사토井手雅人가 각본을 썼다. 이 영화의 원작 소설이 바로 『문예춘추』 1961년 7월호에 실린 마루야마 마사야円山雅也의 「조난: 어느 부부의 경우遭難・ある夫婦の場合」였다. 한국영화 〈아내는 고백한다〉는 당시 제작 관례대로 원작 소설가의 승낙서를 받아 상영허가신청서에 첨부하고, 실제 연출은 일본영화

시나리오를 번안한 버전으로 진행했다. 하지만 「영화제작신고서」가 아닌 「영화상영허가신청서」 때 원작자 승낙서를 첨부한 것으로 보아, 당국의 지적에 따른 후속 조치로 추정된다.

〈명동에 밤이 오면〉의 제작 신고서에 〈아내는 고백한다〉의 원작자 이름을 썼다가 지운 것은 제작 신고서 작성 과정에서 일어난 단순한 해프닝으로만 넘기기 힘들다. 당시 일본영화 원작을 활발하게 번안했던 세기상사의 제작 상황을 엿볼 수 있기 때문이다. 두 영화가 비슷한 일정으로 진행된 탓에 서류를 제출하는 직원이 잘못 쓴 것이겠지만, 원작자를 밝히는 순간 영화화 승낙서도 제출해야 하는 상황이 뒤따른다. 즉, 아무런 증빙서류를 제출할 수 없다면 일본영화 원작과의 관계를, 정확히 말해 일본영화의 시나리오를 표절했다는 사실을 감추는 편이 검열을 더 수월히 넘길 수 있다. 실제로 〈아내는 고백한다〉와 달리, 〈명동에 밤이 오면〉은 원작 일본영화의 존재를 숨기는 쪽을 택했다. 영화 개봉 과정에서 제출한 「영화상영허가신청서」에 원작자로 이종택의 이름을 적었다.[58]

여기서 1964년 세기상사가 제작하고 10월 연이어 개봉한 〈명동에 밤이 오면〉과 〈아내는 고백한다〉의 결정적인 차이가 확인된다. 두 영화는 일본영화 시나리오의 번안, 구체적으로 말하면 시나리오 표절과 연출 과정의 창작이라는 동일한 방법론으로 리메이크를 진행했지만, 전자는 비공식적, 후자는 공식적인 작업이었다. 3장에서 살펴볼 〈아내는 고백한다〉는 표면적으로는 원작 소설가의 승낙을 받았기 때문이다. 하지만 두 작품 모두 일본영화 시나리오를 베끼는 것으로 제작에 착수했다. 당시 제작 상황에서 확인할 수 있는 것처럼 한일 두 영화의 텍스트 비교 작업은 시나리오 분석에서 출발해야만 한다.

## 표절과 번안 혹은 똑같은 것과 달라진 것

〈여자가 계단을 오를 때〉(1960)와 〈명동에 밤이 오면〉(1964)의 텍스트 비교는 각 시나리오와 영화 본편을 횡단하며 진행될 것이다. 검토 범위는 ① 일본영화의 시나리오가 한국영화의 시나리오와 얼마나 유사한지, 또 어떻게 변주되었는지 파악하고, ② 당시 한국 대중을 소구하려는 전략 하에 완성된 한국영화의 결과물이 일본영화와 어떻게 달라졌는지 파악할 것이다.

　일본영화 〈여자가 계단을 오를 때〉의 시나리오는 모두 116개의 신으로 구성되어 있다.[59] 한국영화 〈명동에 밤이 오면〉는 일본어 시나리오를 번안하는 과정에서 신 번호가 제대로 정리되지 않은 상태이지만 모두 113개의 신으로 구성되어 있다.[60] 한편 영화의 상영 길이는 전자는 111분, 후자는 100분이다. 전체 신 숫자와 러닝타임이라는 수치로만 판단할 때, 한국영화 쪽이 이야기의 시각화 과정이 더 압축적으로 진행되었음을 알 수 있다. 먼저 두 영화의 줄거리부터 비교해 보자. 배경 공간과 등장인물 구도는 번안된 탓에 거의 동일함을 알 수 있다.

긴자/명동의 바 거리에서 미모와 기품으로 주목받는 마담 게이코(다카미네 히데코)/정애(최은희)는 바 갈릴레오/라일락에서 일하고 있다. 바 사장으로부터 매상 압박을 받는 게이코/정애는 이권 브로커 미노베(오자와 에이타로)/이 사장(주선태)과 같이 원래 그녀 밑에서 일하던 유리(아와지 게이코)/소라(강효실)의 바에 다녀온 후, 마스터 고마쓰(나카다이 다쓰야)/지배인 고(이대엽), 여급 준코(단 레이코)/금자(최지희) 등과 칼튼/박카스 바로 옮긴다. 새로 옮긴 바에 그녀를 좋아하는 단골들이 찾아온다. 바로 오사카의 기업가 고다(나카무라 간지로)/부산의 오 사장(이예춘), 은행 지점장 후지사키(모리 마사유키)/박 지점장(남궁원), 총각 행세를 하는 공장 사장 세키네(가토 다이스케)/강 사장(김승호)이다. 여급들은 누가 게이코/정애의 마음을 얻을 수 있을지 궁금해한다. 한편 10년 전 남편을 여읜 그녀는 다른 남자를 사랑하지 않겠다고 자신과 약속했다.

수금 압박을 받은 게이코/정애는 단골 남자들에게 돈을 걷어 자신의 바를 오픈하려고 하지만 쉽지 않다. 그사이 바 경영이 힘들어진 유리/소라가 위장 자살을 하려다 죽게 된다. 충격과 위장병으로 쓰러진 게이코/정애는 쓰쿠다지마(佃島)/광나루 본가에서 한 달 동안 요양을 하는데 세키네/강 사장이 찾아와 마음이 흔들린다. 그녀는 긴자/명동의 화려한 마담이지만 실은 오빠의 변호사 비용과 소아마비에 걸린 조카의 수술비까지 해결해야 하는 힘든 형편이다. 그사이 준코/금자는 고다/오 사장과 가까워져 그의 돈으로 새로운 바를 열게 된다. 게이코/정애는 세키네/강 사장에게 마음이 기울고 결혼 약속을 하지만, 본처가 나타나 충격을 받는다. 술에 취한 그녀는 결국 후지사키/박 지점장과 동침하게 된다. 하지만 후지사키/박 지점장은 다음 날 오사카/부산으로 전근 간다며 바를 여는 데 보태라고 증권을 주고 떠난다. 아침 일찍 게이코/정애를 찾아온 마스터 고마쓰/고가 사랑을 고백하지만 그녀는 받아들이지 않는다. 게이코/정애는 도쿄역/김포공항으로 가서 후지사키/박 지점장의 부인에게 증권을 돌려주고 바의 마담으로 돌아간다.

——— ◆ ———

## 시나리오: 베낀 것 그리고 바꾼 것

두 영화의 줄거리를 비교해 보면 명백하게 파악할 수 있는 것처럼, 〈명동에 밤이 오면〉(이하 〈명동〉)은 〈여자가 계단을 오를 때〉(이하 〈여자〉)의 시나리오를 베낀 각본으로 만들었다. 등장인물과 관계 구도 역시 주조연을 망라해 거의 유사하다. 일본 원작에서 바 마담 게이코(다카미네 히데코)가 라일락에서 칼튼으로 옮기고, 바를 차려 주겠다며 유혹하는 오사카의 기업가 고다(나카무라 간지로), 젠틀한 은행 지점장 후지사키(모리 마사유키), 총각 행세를 하는 공장 사장 세키네(가토 다이스케)라는 세 명의 남자 단골들과의 관계가 메인 플롯으로 그려지는 것과 같이, 한국 모작에서도 마담 정애(최은희)와 부산의 오 사장(이예춘), 박 지점장(남궁원), 강 사장(김승호)이라는 세 남자와의 관계 구도는 동일하다. 그 외 등장인물인 게이코/정애의 바 직원들과 가족들도 동일하다. 각 영화가 제작된 시기는 4년 정도의 시간차가 있지만, 영

화 속 도쿄 긴자와 서울 명동의 바 풍경과 여급들의 생리는 비슷하
다. 물론 영화 속 세트나 의상 같은 세부적인 요소는 다르지만, 바
호스티스와 남성 손님들이 펼치는 이야기와 공간의 본질은 그대
로 반복된다.

한일 두 영화를 [표 2]와 같이 모두 8개의 이야기 단위(시퀀스)
로 구분해 볼 수 있다면, 〈여자〉는 #1~22, 〈명동〉은 #1~17이 영화
속 상황과 등장인물 소개에 해당한다. 두 영화의 플롯이 가장 달라

**[표 2] 한일 영화의 시퀀스 내용 비교**

| 시퀀스<br>목표 | 일본영화 〈여자가 계단을 오를 때〉 | 한국영화 〈명동에 밤이 오면〉 |
|---|---|---|
| ①<br>상황과<br>주인공<br>소개 | #1 타이틀백(바를 상징하는 계단).<br>#2~3 바 거리 배경으로 주인공 게이코의 독백.<br>**#4 바 라일락에서 준코 등 여급들이 미유키의 결혼 축하.**<br>#5~7 외부에서 경영자에게 매출 압박을 받는 게이코와 마스터 고마쓰.<br>**#8~9 게이코가 미유키 환송.**<br>#10~17 게이코가 라일락 출근. 미노베가 유리 바 칭찬.<br>#18~22 미노베와 유리 바 방문. 후지사키 지점장과 마주치고 라일락 계단을 오르는 게이코. | #0 타이틀백(바 간판의 몽타주).<br>#1~3 명동의 바 거리. 출근하는 주인공 정애.<br>#4~10 금자 등 바 갈릴레오의 종업원들. 내실에서 백 마담의 매상 압박을 듣는 정애와 지배인 고. 이 사장이 용바를 칭찬.<br>#11~15 정애의 첫 독백. 정애와 이 사장이 소라의 용 바에 감. 정애는 박 지점장과 마주치고 돌아옴.<br>**#16~17 바걸 명희의 결혼 축하. 정애의 환송.** |
| ②<br>주인공의<br>변화 모색 | #23~29 칼튼으로 옮긴 게이코. 오사카의 기업가 고다, 은행 지점장 후지사키, 공장 사장 세키네의 방문. 수금 압박을 하는 바 사장.<br>#30~32 게이코가 술 취한 준코를 아파트에 데려가 재움.<br>#33~40 수금 다니는 고마쓰. 아파트에서 게이코의 죽은 남편 사진을 보는 준코. 양장점에 간 게이코.<br>**#41 여관에서 고마쓰와 준코의 관계.** | #18~21 바카스로 옮긴 정애. 부산 오 사장, 박 지점장, 강 사장의 방문. 수금 압박을 하는 바 사장.<br>#22~24 정애가 술 취한 금자를 아파트로 데려가 재움.<br>#25~32 수금 다니는 고. 아파트에서 정애의 죽은 남편 사진을 보는 금자. 양장점에 간 정애.<br>**#33 고와 여급의 관계(시나리오에서는 삭제, 영화에는 등장).** |

| | | |
|---|---|---|
| ③<br>문제 해결<br>시도 | #42~44 고다가 게이코를 료칸으로 불러 바를 내주겠다고 함. 게이코가 고마쓰에게 단골들에게 돈을 걷어 바를 차리겠다는 계획을 말함.<br>#45~50 게이코가 바 자리를 알아보다가 유리를 만나 자살 연극 계획을 들음.<br>#51~57 단골들에게 돈을 걷으러 다니는 게이코. 마주친 세키네와 다방에서 대화. | #34~35 오 사장이 정애를 호텔로 불러 바를 내주겠다고 함. 정애가 고에게 단골들에게 돈을 걷어 바를 차리겠다는 계획을 말함.<br>#36~39 정애가 바 자리를 알아보다가 소라를 만나 자살 연극 계획을 들음.<br>#40~47 단골들에게 돈을 걷으러 다니는 정애. 마주친 강 사장과 다방에서 대화. |
| ④<br>문제 해결<br>실패 | #58~59 미용실에서 유리의 자살 소식을 들음. 유리 집에 조문 간 게이코.<br>#60~61 고마쓰를 유혹하는 기요미. 점을 보는 게이코.<br>#62~64 칼튼 바에서 게이코가 술에 취해 미노베를 힐난. 쓰러지는 게이코. | #48~49 미용실에서 소라의 자살 소식을 들음. 소라 집에 조문 간 정애.<br>**#50~51 고와 혜경의 대화. 점쟁이 집<br>(영화에서 삭제).**<br>#52~56 바카스에서 정애가 술에 취해 이 사장을 힐난. 쓰러지는 정애. |
| ⑤<br>추가 발생한<br>상황과<br>인물 | #65~70 본가에서 요양하는 게이코.<br>#71~73 게이코의 아파트에서 가까워진 준코와 고다.<br>#74~79 게이코와 말다툼하는 모친. 게이코의 본가에 찾아온 세키네. | #57~63 본가에서 요양하는 정애.<br>#64~66 정애 아파트에서 가까워진 금자와 오 사장.<br>#67~73 정애와 말다툼하는 모친. 정애의 본가에 찾아온 강 사장. |
| ⑥<br>결국<br>최악의<br>상황 | #80~82 칼튼에서 다시 일하는 게이코. 술장사가 그녀에게 치근덕거림. 바 앞에서 세키네와 마주친 게이코.<br>#83~88 세키네의 차를 타고 집으로 돌아옴. 청혼하는 세키네.<br>#89~99 게이코가 세키네에게 넥타이 선물. 준코가 바를 차린다고 고백. 세키네의 본처가 나타나 충격 받은 게이코. | #74~77 바카스로 돌아온 정애. 술장사가 그녀에게 치근덕거림. 바 앞에서 강 사장과 마주친 정애.<br>**#78 바 자리를 알아보는 금자와 오 사장**<br>#79~84 강 사장의 차를 타고 집으로 돌아옴. 청혼하는 강 사장.<br>#85~95 정애가 강 사장에게 넥타이 선물. 금자가 바를 차린다고 고백. 강 사장의 본처가 나타나 충격 받은 정애. |
| ⑦<br>관계의<br>파국 | #100~103 칼튼. 게이코가 술에 취해 후지사키와 나이트클럽에 감.<br>#104~110 후지사키와 밤을 보낸 게이코. 후지사키가 떠나고 고마쓰가 과격하게 사랑 고백.<br>**#111~112 고마쓰가 준코에게 일자리를 알아봄.** | #96~99 바카스. 정애가 술에 취해 박 지점장과 카바레로 감.<br>#100~106 박 지점장과 밤을 보낸 정애. 박 지점장이 떠나고 고가 사랑 고백.<br>**#107~108 정애에 대한 금자와 고의 대화.** |
| ⑧<br>주인공의<br>자각 | #113~114 게이코가 도쿄역에서 후지사키 가족 배웅.<br>#115~116 다시 긴자의 칼튼으로 돌아온 게이코. | #109~111 정애가 김포공항에서 박 지점장 가족 배웅.<br>#112~113 다시 명동의 바카스로 돌아온 정애. |

지는 부분이 바로 첫 시퀀스다. 〈여자〉의 경우 게이코의 독백으로만 영화를 시작해 바에서 여급들이 미유키의 결혼을 축하하는 장면을 보여 준 후 그녀가 외부에서 바 사장에게 매출 압박을 받는 장면을 이어 나간다. 게이코가 바로 오는 길에 바 거리의 한 호스테스가 자살한 사건과 마주치고, 그녀는 결혼한 미유키를 버스 정류장까지 환송한다. 이후 미용실에서 단장한 게이코는 긴자의 바 거리를 지나 라일락의 계단을 오른다. 〈여자〉의 첫 시퀀스는 바 마담으로서 게이코의 화려한 모습을 보여 주기 전에 자본이 오가는 냉정한 사업으로서의 바 경영, 돈과 남자 문제로 자살과 결혼이라는 탈출구 등 바 여성들이 처한 상황을 압축적으로 설명한다. 그리고 해가 진 후에야 영업 중인 라일락에서 마담 게이코의 화려한 모습(#12)을 노출한다.

〈명동〉은 처음부터 마담 정애를 내세운다. 네온이 비치는 명동의 번화가를 뚫고 출근하는 정애의 모습을 보여 준 후, 바 갈릴레오의 풍경과 경영자의 매상 압박, 마담으로서의 접대 모습을 묘사한다. 바 직원 명희의 결혼 축하 신은 별도의 에피소드로 분리했다. 원작과 달리 정애가 축하연에 함께 참석한 후 시외버스 정류장에서 명희를 환송하는 장면이다. 〈명동〉은 정애가 출근하는 모습 사이에 갈릴레오 바 내부가 먼저 소개되는데,[10] 야심이 있는 금자

---

10) 따라서 영화에서는 갈릴레오 공간을 설정하는 숏이 두 번 사용된다. 정애가 출근하는 모습을 보여 준 후 다음 숏에서 갈릴레오가 적힌 등을 보여 주지만(#3), 이어진 장면은 여급들만

[최지희]가 다른 여급들과 명희의 결혼 얘기를 하면서 자신의 목표는 결혼이 아니라 자기 바를 소유한 마담이라고 말한다. 물론 금자의 대사는 〈여자〉의 미유키의 결혼 축하 장면(#4)에서 그녀와 동일한 역할인 준코의 대사를 가져온 것이다. 원작 〈여자〉에서 게이코의 독백-결혼식 에피소드 등을 활용한 영업 전 바의 풍경-게이코가 계단을 오르면서 시작되는 밤의 바 풍경으로 이어지는 도입부의 유기적인 흐름이, 〈명동〉에서는 자살 사건을 삭제하고 결혼식 에피소드를 분리하면서 정애를 주인공으로서 강조하는 기능만 확보했다. 이후 게이코/정애가 칼튼/박카스 바로 옮긴 다음에는 두 영화가 거의 유사한 플롯으로 진행된다.

왜 한국 시나리오에서는 도입 시퀀스의 플롯만 바꿨을까. 텍스트 내외부 차원을 모두 고려해 볼 수 있을 것이다. 먼저 스타 여배우 최은희를 부각시키는 효과뿐만 아니라 원작의 내레이션을 없애고 이야기를 정애 중심으로 개작함으로써 관객의 독해를 단순화시킨다. 다음은 시나리오 표절에 대한 면피로 추정된다. 첫 시퀀스의 흐름만 바꾸면서 일본영화 시나리오와 달라졌다는 표시를 남길 수 있다.

〈명동〉은 원작 〈여자〉처럼 게이코의 내적독백을 충분히 활용하지 않는다. 〈여자〉는 긴자의 풍경과 함께 게이코의 내레이션으로

---

있는 내부이고, 다시 정애가 바 앞에서 출근하는 모습을 보여 준 후 그녀가 갈릴레오 간판을 보고 들어간다(#5, 촬영은 한 테이크로 처리).

영화를 시작하는데, "늦가을 오후의 일이다. 낮의 바는 화장하지 않은 여자의 맨얼굴이다"라는 대사는 〈명동〉에서 정애가 직접 모습을 보이며 사용되지 않는다. 〈여자〉에서는 게이코가 밤에 라일락에 출근하면서 다시 독백이 나온다. "그리고 밤이 온다. 나는 계단을 오를 때가 제일 싫다"라는 작품을 관통하는 핵심적인 메시지가, 〈명동〉에서는 계단이라는 공간적 요소를 삭제한 탓에 필요 없어진다. 그리고 게이코가 손님 미노베와 같이 유리(아와지 게이코)가 경영하는 바에 가면서 유리에 대한 정보를 그녀의 독백으로 노출하는데, 〈명동〉은 이때 처음 정애의 내레이션을 활용한다. "내 밑에서 일하고 있었지만 손님을 끄는 데는 천재적이었다"는 독백은 일본 시나리오의 대사를 번역한 것이다. 이후 〈명동〉은 정애가 소라(강효실)를 만나 바를 차리겠다고 말하는 장면과 이어지는 단골들에게 돈을 모금하러 다니는 장면에서 원작의 내레이션을 활용한다. "이 거리에서 일하는 여자들은 모두 살아가기 위해 필사적이다. 나도 질 수 없었다"라는 일본어 독백이 "소라뿐만 아니라 이 거리에서 생계를 찾는 여자들은 누구나 살기 위해서 목숨을 걸고 싸우고 있다. 나도 지지 말고 싸워야 한다"라며 다소 윤색은 되지만 의미는 바뀌지 않는다. 물론 시나리오상의 내레이션은 본편 영화에서도 그대로 사용되었다. 영화 분석 이후에 후술하겠지만, 〈여자〉에서 게이코의 마지막 독백은 〈명동〉의 시나리오에서 삭제되었다가 영화에서 다시 살아나기도 한다. 감독이 일본 시나리오를 염두에 두고 연출했다는 증거일 것이다.

한국영화 〈명동〉의 시나리오가 달라진 부분은 더 찾을 수 있다. 〈명동〉에서는 금자가 술에 취해 정애의 아파트로 가는 과정에서 외국인 손님을 접대하는 에피소드(#19)가 추가됐다. 영어를 잘하는 것은 아니지만 서양인과 부끄러움 없이 소통하는 모습을 통해 거침없는 금자의 극 중 성격과 그 역할을 맡은 최지희의 스타성을 부각시킨다. 강 사장에게 마음이 흔들리는 정애가 그의 공장으로 찾아가 행방을 문의하는 신(#81)은 원래 일본 원작에는 없지만 둘의 관계를 묘사하기 위해 추가됐는데, 실제 영화에서는 빠졌다. 가장 큰 차이점은 〈여자〉에서 바 마스터 고마쓰(나카다이 다쓰야)의 여성 편력을 〈명동〉에서는 다소 완화한 것이다. 예를 들어 고마쓰가 여관에서 준코와 관계를 갖고(#41), 기요미가 고마쓰에게 돈을 빌려 달라며 유혹(#60)하기도 하지만, 〈명동〉 시나리오에서는 개작된다. 원작에 해당하는 모작에서의 신은 #33과 #50이다. 전자의 경우 시나리오에서 삭제했다가 영화에서는 다시 #33을 살려 원작의 준코, 즉 금자가 아닌 다른 여급 혜경의 역할로 바꾼다. 시나리오의 #50에서는 매니저 고(이대엽)에게 혜경이 돈을 빌려 달라고 부탁하는 장면으로 #33의 혜경의 역할을 연결시킨다.

왜 한국영화에서는 매니저 고와 금자의 관계를 삭제했을까. 사실 이것은 금자의 캐릭터에 관한 윤색이기도 하다. 최지희가 분한 금자가 오 사장을 유혹하고 가까워지는 등 마담으로 성공하기 위해 거침없이 행동하는 역할이긴 하지만, 당시 한국사회에서 그 정도까지 복잡한 남녀 관계를 용인하기는 힘들었을 것이다. 영화의 절정부에서 마스터 고마쓰/고가 마담 게이코/정애에게 사랑을 고백하는 장면도 톤이 달라진다. 〈명동〉과 달리 〈여자〉에서는 고마쓰가 금방 멈추긴 하지만 강제로 게이코를 탐하려고 하는데, 이는 모작의 고보다 원작의 고마쓰가 게이코에 대한 열정과 욕망이 더 깊은 인물로 묘사되는 것이다.

　일본영화 시나리오를 그대로 베끼다 보니, 완성된 일본영화에서는 해당 장면이 빠졌는데 한국영화는 그대로 이어지는 경우도 있다. 원작 〈여자〉는 #96에서 게이코가 세키네 부인의 전화를 받기 전에 베란다에서 빨래를 너는 장면(#95)을 통해 가정을 꾸리고 싶은 게이코의 심정을 장면화한다. 영화에서는 게이코가 거실에서 이불을 말리는 숏(세트촬영)과 거울 앞에 앉아 향수를 뿌리는 숏으로 대체했지만, 〈명동〉 시나리오는 그대로 가져온 후(#91), 영화에서는 정애가 빨래를 널다가(로케이션 촬영) 전화벨 소리를 듣고 아파트로 들어가도록 연출한다. 〈여자〉 시나리오에서 게이코가 세키네의 부인을 만나러 간 장면(#97)에서 소규모 공장을 묘사하는 지문은 일본영화에서는 다른 식의 연출로 소화되지만,[11] 한국 시나리오와 영화 장면에서는 충실하게 묘사된다. 강 사장의 본처를 만나

---

11)　원작 〈여자〉에서 게이코의 내면 풍경을 드러내는 가장 인상적인 장면이다. 후경에는 공장 굴뚝이, 황량한 부지의 전경에는 게이코와 세키네의 부인이 서 있고, 그의 아들 둘이 세발자전거에 깡통을 매달고 그녀들을 맴돈다. 이 장면의 분석은 다음 논문을 참조. 이효인·김재성, 「표절, 자기 타자화를 통한 묘사—〈여자가 계단을 오를 때〉와 〈명동에 밤이 오면〉, 비교를 통하여」, 『비교문화연구』 12(2), 비교문화연구소, 2008. 12, 211쪽.

고 돌아오는 길, 원작과 달리[12] 정애는 눈물을 흘리는 것으로 지문이 설정되고 영화에서도 하염없이 눈물을 흘린다. 대중 관객을 소구하는 당시 한국영화의 관습적 연출임이 분명하다.

〈여자〉 시나리오에서 술에 취해 지점장 후지사키에게 집착하는 게이코에 화난 고마쓰가 괜히 유코를 건드리는 장면(#102)이 일본영화에서는 빠졌는데, 한국 시나리오와 영화에서는 그대로 남아 고의 캐릭터가 묘사되는 전체적인 연기 톤에서 어색한 장면이 되었다. 이야기가 절정을 맞이하기 직전의 게이코/정애가 후지사키/박 지점장과 같이 밤을 보낸 다음 날 아침, 그녀는 그에게 향수를 뿌려 준다(일본 원작 #108, 한국 모작 #104). 그리고 엔딩 시퀀스의 장면(일본 #114와 한국 #109)에서 후지사키/박 지점장의 부인은 그 냄새를 맡는다. 일본영화에서는 게이코라는 여성의 자아 찾기라는 주제 의식에서 불필요하다고 판단해 두 장면 모두 삭제했지만, 한국영화에서는 충실히 따랐다.

일부 장면은 일본 시나리오에서 한국 버전으로 옮기는 과정에서 삭제했지만, 일부 장면 묘사는 영화에서 부활하기도 한다. 게이코/정애의 본가 요양 장면에서(일본 #74, 한국 #67) 일본영화 시나리오에서는 게이코가 어머니에게 꽁초를 피우지 말라고 하는 내용이 지문과 대사로 등장하는데, 한국 버전은 "이거 태우세요"라

---

12) 원작의 지문(#98)은 "멍해져서 걷고 있는 게이코"이지만, 한국 시나리오(#94)는 "눈물 흘리며 걸어오던 정애. 고개 번쩍 든다"이다.

는 대사는 있지만 지문이 없어 구체적인 상황을 알 수 없다. 하지만 한국영화 장면은 동일하게 연출됐다. 〈명동〉에서는 매니저 고가 박 지점장과 밤을 보낸 정애의 뺨을 때리는 장면이 시나리오에는 없지만(#106), 영화에서는 일본 시나리오의 내용처럼 연출된다. 한국영화의 감독이 일본 시나리오를 숙지하고, 충실히 활용하면서 연출했음을 알 수 있다.

## 영화화: 달라진 것들

모작 〈명동〉은 원작 〈여자〉와 상이한 영화화 결과물을 만들어 낸다. 그 연출 작업의 결과는 청각적 그리고 시각적 차원으로 분석해 볼 수 있다. 무엇보다 청각적 부분은 영화음악을 검토해야 한다. 한국영화 〈명동〉은 맨 처음에 세기상사주식회사 제작, 세기촬영소 작품이라는 크레딧이 등장하면서 재즈풍의 영화음악이 등장한다. 이봉조가 작곡하고 각본을 맡은 이종택이 작사한 주제가이다. "밤이 익어갈수록 밝아오는 거리, 이름조차 명동이라 어두움은 싫다네"라는 첫 소절에서 영화 내용을 충분히 반영한 가사임을 알 수 있다. 이 주제가가 흐를 때 등장하는 배경은 실제 명동에서 촬영한 바의 간판들이다. 극영화 연출을 위해 취사선택한 배경이지만, 1964년 시점에 현존했던 공간에 관한 사실적인 기록이기도 하다. 노래가 끝나 갈 때쯤 명동성당의 원경 숏으로 공간을 지시한 다음, 명동의 번화한 밤거리 속 정애의 모습을 보여 준다.

　원작 〈여자〉 역시 도호주식회사의 도호스코프 로고 화면부터 메인 테마곡이 등장한다. 경음악풍으로 노랫말이 있는 가요는 아니다. 〈여자〉 역시 메인 테마곡이 흐를 때 오프닝크레딧 타이틀이 배경 화면으로 등장한다. 크레딧과 함께 보이는 이미지는 계단을 비롯해 바를 상징하는 일러스트들이다. 음악이 끝나 갈 때쯤 게이코의 독백으로 오후의 긴자 안쪽 골목의 바 거리를 보여 준 후 라일락 바의 내부로 들어간다. 〈여자〉의 메인 테마곡은 영화 전체에서 남발되지 않고 주인공 게이코의 중요한 순간에 아껴 사용된다. 준코와 죽은 남편 얘기를 할 때, 세키네와 결혼 약속을 하고 계단을 오르는 장면 등에서 게이코의 테마곡으로 변주된다. 다른 음악들은 디제시스적 사운드diegetic sound,[13] 즉 바 장면에서 그 내부 공간에서 들리는 음원으로 설정된다.

〈명동〉의 주제가는 카바레 신에서 다시 등장한다. 영화 속에 가수나 댄서, 악단을 직접 등장시켜 디제시스로 무대적 요소를 수용하는 어트랙션 장면인데, 1950년대 중반 이후 한국영화에서 대중 관객을 소구하기 위해 즐겨 사용됐다. 정애와 박 지점장이 함께 간 카바레 신은 이봉조가 직접 등장해 색소폰을 연주하며 관객들에게 주제가를 들려준다. 이봉조는 1962년 현미가 부른 번안곡 「밤안개」를 시작으로 가요 작곡가로 각광을 받기 시작했고, 영화음악은 1963년 〈가정교사〉(김기덕)로 데뷔해 〈맨발의 청춘〉(김기덕) 주제가

---

13) 영화의 시공간에서 발생되는 사운드를 말한다.

로 폭발적인 인기를 얻고 청룡영화상 음악상을 받기도 했다. 극동흥업이 제작한 〈가정교사〉와 〈맨발의 청춘〉은 청춘영화 붐을 일으킨 대표적인 작품이면서 일본영화 시나리오 표절작이기도 하다.[61] 이봉조의 창작곡이 한국영화가 일본영화와 다르게 연출되는 결정적인 기반이 되었다. 이봉조는 주제가 작곡뿐만 아니라 영화음악 전반을 맡았는데, 〈명동〉의 경우 할리우드 멜로드라마영화의 음악을 그대로 사용한 것으로 추정되는 장면들도 있다.[14]

두 영화가 결정적으로 달라지는 지점은, 모작 〈명동〉은 계단 요소의 미장센을 거의 사용하지 않는 것이다. 원작 〈여자〉는 게이코가 계단을 오르는 장면과 이때 독백을 결합하는 방식으로 그녀가 바의 일을 대하는 태도와 감정의 변화를 촘촘하게 드러낸다. 영화에서 게이코는 모두 네 번 계단을 오른다. ① #14 '라일락의 계단', 영화에서 처음 게이코가 라일락에 출근하는 장면에서 "나는 계단을 오를 때가 가장 싫다"는 독백과 함께 계단을 올라간다. ② #22 '라일락의 외부와 계단'에서 유리 바를 구경하고 돌아온 게이코는 다시 라일락 계단을 오르며 결단을 내릴 때라고 독백한 후 칼튼으로 옮긴다. ③ #92 '칼튼의 계단'에서 세키네와 결혼을 약속한 게이

---

14) 저작권 개념이 희박했던 사회적 분위기에서 외국 레코드 음반을 그대로 영화음악으로 사용하기도 했다. 다음 기사는 과거 한국영화계의 음악 저작권 현실을 잘 보여 준다. "레코드의 대용이란 해외 진출의 길을 막는 결과가 되며, 음악의 표절 행위가 되는 것"임을 인식했지만, 영화음악 분야는 부차적인 분야로 취급되어 레코드음악을 쓰기 바빴다. 「권두언: 영화음악의 표절과 협회」, 『국제영화』, 1959년 7월호, 23쪽.

코가 계단을 오르는데 그녀의 가벼운 발걸음만 보여 준다. ④ #116 '칼튼의 계단과 가게 내부'에서 게이코는 "나도 지지 않도록 살아가야만 한다. … 바람에 맞으면 맞을수록…"이라고 다짐하며 당당하게 바 계단을 올라간다. 여성성의 묘사와 탐구에 집중하는 나루세 미키오의 작가적 인장을 확인할 수 있는 대목이다. 물론 이 계단 장면들은 한국영화 〈명동〉에서는 전혀 찾아볼 수 없다. 〈명동〉에서는 정애가 계단을 내려가는 장면이 한 번 등장한다. 술장사가 손님으로 방문해 게이코/정애를 치근덕거리는 에피소드는 같지만, 〈명동〉의 정애는 술장사 뺨을 때리고 긴장감을 주는 사각oblique angle으로 프레이밍된 계단을 급히 내려와 바를 빠져나온다. 이처럼, 차근차근 숏을 구축하며 정교하게 게이코의 감정선을 묘사하는 〈여자〉와 달리, 〈명동〉은 과잉된 극적 분위기를 만들어 내는 데 공을 들인다.

한일 영화의 미장센 차이는 대표적으로 게이코/정애가 쓰러지는 장면에서 확인할 수 있다. 화가 난 게이코가 고마쓰의 얼굴에 물을 뿌리는 시나리오 지문과 달리, 영화에서 게이코는 고마쓰와 언쟁하다 옷에 물을 뿌리고 내실을 나간다. 잠시 후 탈의실로 들어온 한 여급이 게이코가 피를 토하고 쓰러졌다고 말하고, 홀 장면으로 넘어가 손수건으로 입가의 피를 닦는 게이코의 뒷모습과 롱숏으로 고마쓰가 의사를 부르고 바 손님에게 사과하는 장면으로 끝낸다. 게이코가 쓰러지는 모습은 보여 주지 않는 일본 원작과 달리, 〈명동〉은 모두 묘사한다. 시나리오에 지시되어 있는 극적 연출은 실제 영화에서도 사각 앵글과 할리우드 멜로드라마풍 음악을 사용하는 것으로 강화된다. 내실에서 정애와 고가 언쟁할 때부터 숏과 리버스숏을 사각 앵글로 잡아 긴장감을 조성하고, 정애는 들고 온 술을 고의 얼굴에 뿌린다. 홀로 나간 정애가 비틀거리다 피를 토하는 모습을 정면에서 보여 주고 그녀의 클로즈업까지 들어간다. 긴박한 극적 음악은 계속되고 정애의 단독 버스트숏으로 신을 마무리한다. 이처럼 원작 〈여자〉는 일본 사회에서 규정된 술집 바라는 공간의 특성과 마담으로서의 애환을 정교하게 연결해 설명하지만, 모작 〈명동〉은 주인공의 멜로드라마적 상황을 부각시키는 쪽으로 연출된다. 원작에서는 바의 생리가 주인공만큼 비중 있게 설명되지만, 모작은 마치 주인공의 운명이라는 듯한 신파적 연출에 가깝다.

한일 두 영화에서 바로 직전 사건인 유리/소라의 자살 에피소드는 데쿠파주의 차이를 비교하기에 적절하다. 〈여자〉는 유리의 자살을 알게 된 게이코가 놀란 모습을 버스트숏 사이즈로 보여 준후 구체적인 내막을 전하는 기요미의 버스트숏에서 유리의 장례식 사진으로 커트 편집으로 넘어간 후 조문하는 게이코의 버스트숏을 보여 준다. 게이코의 뒷모습을 잡은 그 다음 숏에서야 장례를 치르는 전체 공간이 드러난다. 일본영화에서 즐겨 사용되는 숏 문법이다. 〈명동〉은 소라의 자살에 관해 얘기하는 정애와 혜경의 클로즈숏을 반복해 보여 준 후, 카메라 쪽으로 돌아서는 정애의 얼굴에서 소라의 영정 사진으로 디졸브 처리로 넘어간 후, 카메라가 한

[그림 1] 한일 영화의 장례식 장면 비교

| 숏 번호 | 일본영화 〈여자가 계단을 오를 때〉 | 숏 번호 | 한국영화 〈명동에 밤이 오면〉 |
|---|---|---|---|
| 1 |  | 1 |  |
| 2 |  | 2 |  |
| 3 |  | 3-1 |  |
| 4 |  | 3-2 |  |
| 5 |  | 3-3 |  |
| 6 |  | 4 |  |

호흡으로 정애의 측면 클로즈업까지 잡아낸다. 바 업계 동료의 사망을 정애의 정서적 격동으로 연결시키고자 함이다.

커트를 나누지 않고 카메라 이동으로 연결하는 것은 〈명동〉, 나아가 한국영화의 특징이다. 자신의 바를 차리기 위해 모금을 하던 정애가 어렵게 박 지점장을 찾아가지만 거절당하는 장면에서, 후경의 결재하는 박의 모습에서 전경의 당혹스러운 표정의 정애 클로즈숏으로 한 번에 연결하는 카메라 움직임이 대표적이다. 반면 〈여자〉는 두 사람의 대화를 줄곧 둘의 풀숏과 각자의 버스트숏으로 잡아내다 보고를 받으려는 후지사키가 일어서면서 게이코의 곤혹감을 두드러지게 만든다. 일본영화의 그녀는 "오지 않을 걸 그랬다"는 독백으로 후회를 내비친다. 〈명동〉의 다음 장면에서 마주친 강 사장과 함께 들어간 다방 신도, 다방 전경에서 둘이 앉은 자리로 카메라가 한 번에 연결한다. 반면 〈여자〉에서는 세키네와 게이코가 다방에 들어간 장면은 세키네의 버스트숏으로 시작해 리버스로 게이코의 웨이스트숏을 잡으며 다방 풍경을 노출한다. 신 도입부에서 설정 숏을 생략하는 일본영화 특유의 스타일에서 볼 수 있듯, 두 영화의 숏 구성은 전혀 다르다.

이처럼 한일 영화의 데쿠파주 전략은 상이하지만 세트촬영 장면은 유사하게 처리되는 경우도 있다. 〈여자〉에서 게이코가 쓰쿠다지마佃島 본가에서 요양하는 사이에 그녀 아파트에서 준코가 고다를 맞이하는 신이 그렇다. 관객 쪽 정중앙에 카메라가 위치한 세트에서 전경에 식탁이, 후경에 침대가 있는 안방이 위치하는 구조다.

〈명동〉에서도 카메라의 무대화는 동일하다. 식탁 위치가 왼쪽에 치우쳐 있는 것이 다르지만, 후경에 안방을 두고 두 인물이 움직이는 무대를 만든 세트가 비슷하다. 이는 물론 영화를 보고 참조한 결과로는 보이지 않으며, 효율적인 세트 설계와 카메라 위치를 설정하는 과정에서 비롯된 것이다. 여기서도 한국영화는 인물을 풀숏으로 잡으며 배우 최지희의 신체성을 드러내는 공간으로 세트를 연출하는 점이 다르다.

베드신도 완전히 다르다. 두 영화 모두 유일하게 등장하는 베드신은 게이코/정애의 것이다. 〈여자〉에서 후지사키가 술 취한 게이코를 부축해 그녀의 아파트로 돌아온 장면이다. 후지사키가 예전부터 좋아했다고 말하며 게이코를 안아 침대에 눕히면서 둘은 프레임 아웃하고 게이코가 마신 물컵이 쓰러지는 것으로 둘의 섹스가 묘사된다. 페이드아웃 후 다시 인하면 다음 날 아침이다. 〈명동〉에서는 거실로 몸을 피한 정애에게 박 지점장이 다시 다가와 약간의 실랑이를 하다가 침대 위 둘의 얼굴 클로즈업에서 키스하는 것까지 보여 준다. 꽤 길게 묘사되는 장면들은 줄곧 프레임을 기울인 사각을 사용한다. 둘에서 벗어난 카메라는 전화기를 잡는다. 사운드는 할리우드풍의 영화음악과 함께 계속 울리는 전화벨이다.

영화 후반부, 게이코/정애에게 거절당한 고마쓰/고가 새로 바를 차린 준코/금자에게 찾아간 장면은 한일 영화 각 방향의 연출 의도를 제시한다. 일본 원작에서는 일자리를 타진하러 찾아온 고마쓰를 준코가 솜씨 좋게 거절하는 장면(#112)으로 끝나지만, 한국

모작의 동일한 장면(#108)은 마치 〈맨발의 청춘〉의 마지막 두수의 장례식 장면에서 아가리의 긴 내레이션을 떠올리게 한다. 고는 잠자코 듣고 있는 금자의 일방적인 긴 분량의 대사를 통해 "남자들이 우리들한테 요구하는 건 하루저녁 노리개 삼을 고깃덩어리"라며 사람 취급을 받지 못하는 화류계 여성들의 생리를 설파한다. 이 영화에서 가장 노골적으로 주제 의식을 내세우는 순간이다. 방점을 찍으려는 연출 의도로 보아 마치 관객의 동의를 받으려는 사회적 교훈을 얘기하는 듯하지만, 결과적으로 바 여성들의 애환을 선정적 표현으로 노출하는 것 이상으로 기능하지는 않는다.

영화의 결론은 유사하지만 표현은 미세한 차이를 보인다. 후지사키/박 지점장의 부인의 말처럼 "바의 여자 같지 않은" 게이코/정애는 그(들)의 도움 없이 꿋꿋하게 다시 마담 일을 시작한다. 영화의 마지막, 원작의 게이코는 한겨울 같은 혹독한 시련을 겪지만 다시 꽃을 피우는 나무처럼 강해지겠다는 다짐의 내레이션을 한 후 힘줘 바의 계단을 오르지만, 모작의 정애는 바로 돌아와 "바람이 불면 불수록 보다 억센 각오로 이겨나가야 하는 또 하나의 겨울이" 다가온다는 독백 직후 테이블에서 술을 따른다. 한일 관객 모두 원래의 환경으로 돌아온 게이코/정애가 좀 더 씩씩하게 살아갈 것임에 동감한다.

# 일본 이야기로 만든 한국식 멜로드라마

지금까지 1964년작 〈명동에 밤이 오면〉과 1960년작 〈여자가 계단을 오를 때〉의 한일 시나리오와 본편 영화를 비교 분석해 1960년대 초중반 한국영화계에 만연했던 표절의 본질을 검토하였다. 〈명동에 밤이 오면〉 개봉 이후 일부 언론의 지적에서 확인한 것처럼, 세기 상사가 제작한 이 영화는 일본영화 원작의 시나리오를 베껴 한국어 시나리오를 만들었다. 스토리와 플롯의 차원뿐만 아니라 등장인물, 극 중 배경이 거의 동일하며, 대사와 내레이션 역시 유사하다. 한국 관객들이 관심을 가지고 공감할 수 있는 이야기를 손쉽게 취한 것이다. 물론 시나리오의 모방 단계에서 일정한 윤색 과정도 진행된다. 하지만 최종 영화화된 결과물은 달라졌다.

넓게는 1960년대 중반 한국영화계의 기술 기반과 대중적 문법, 좀 더 좁히면 이형표 감독의 시청각적 연출 과정을 통해 한국영화만의 스타일로 완성된 것이다. 시각적 요소로는 카메라의 이동을 통한 긴 호흡을 더 즐겨 사용하는 숏 구성, 계단이라는 상징적 요소를 사용하지 않는 것으로 대표되는 미장센의 차이, 청각적 요소로는 영화음악으로 참가한 이봉조의 주제곡을 들 수 있다. 멜로드라마 화법에 익숙한 당시 한국 관객들과의 소통 측면도 빼놓을 수 없다. 주체적인 여성으로서 거듭난다는 일본영화의 주제적 본질은 유지하지만, 한국영화는 주인공인 배우 최은희를 좀 더 멜로드라마의 히로인으로 부각시킨다. 과잉된 음악과 장식적인 앵글 같은 요소들이 그녀의 극적인 연기와 결합하는 것이다. 원작의 게이코는 계단을 오르며 내면의 감정을 표현하지만, 모작의 정애는 울거나 화내면서 감정을 폭발시킨다. 〈여자가 계단을 오를 때〉와 〈명동에 밤이 오면〉은 둘 다 멜로드라마 장르임이 분명하지만, 그 영화적 지향은 분명히 차이가 있다. 바의 여성들을 그린 영화이지만, 전자는 스튜디오 시스템 속 작가주의 감독으로 평가되는 나루세 미키오가 특수에서 보편으로 여성성의 본질을 탐구한 영화인 데 비해, 후자는 이형표 감독이 대중 관객을 대상으로 만든 철저한 상업영화이다.[62]

이처럼 1960년대 중반 한국영화와 일본영화의 관계성을 검토하는 작업은 당대 한국영화계의 창작자와 관객의 영화적 욕망을 확인하는 것으로 연결된다.

**10장** · · · · · · · · · · · · · · · · · · · · · · · · · · · · · · · · ·

# 동명의 한일 영화 〈아내는 고백한다〉 비교
## : 장르성과 미학

· · · · · · · · · · · · · · · ·

· · · · · · · · · · · · · · · · · · ·

· · · · · · · · · · · · · · · · · · ·

· · · · · · · · · · · · · · · · · · ·

· · · · · · · · · · · · · · · · · · ·

1956년 〈교차로〉 감독으로 상업극영화에 데뷔한 유현목은 초기 필모그래피에 해당하는 1950년대 중후반의 작품에서 고전 할리우드영화와 유럽 예술영화의 문법과 양식을 실천하고 자신의 것으로 소화하는 데 열중했다. 당시 한 일간지 기사는 유현목 감독의 세 번째 연출작 〈잃어버린 청춘〉(1957)에 대한 평문에서, 전작 〈유전의 애수〉(1956)와 비교해 "모방에서 독창의 단계로 넘어오고" 있다고 평가한다.[63]

먼저 〈유전의 애수〉는 "프랑스영화 〈인생유전〉과 미국영화 〈애수〉를 연상시키는 작품"으로 테마 역시 두 영화를 절충한 것으로 평가되었다.[64] 〈잃어버린 청춘〉의 경우 전작에 비해서 독창의 단계이지만, 시나리오의 전반부는 통속성을 벗어나지 못했고 현대를 서구적으로만 해석하고 있다고 비판받았다.[65] 유두연이 각본을 쓴 이 작품은 뒤늦게 일본영화 시나리오를 표절한 것으로 거론됐다. 한국영화 표절 이슈를 본격화한 임영의 기사 「몰염치한 각본가군」을 통해 일본영화 시나리오를 40퍼센트 정도 번역한 것으로 밝혀진 것이다.[66] 이 같은 사실은 유현목이 일본영화 시나리오를 표절한 각본으로 연출에 임했음을 지적하는 것으로 성급히 연결시키기보다, 초기 유현목의 연출 세계가 서구영화와 일본영화의 요소 모두에 기반하고 있음을 포착하는 것이 중요해 보인다. 물론 그 작업은 창작자 본인의 연출적 지향과 의도에 따른 것이었다. 이처럼 한일 두 영화의 관계는 텍스트 비교 차원에서만 논의될 것이 아니라, 좁게는 감독의 작품 세계, 넓게는 1960년대 초중반 한국사회의 일본문화 수용 맥락과 연동되어 있음을 주목해야 한다.

1964~1965년 유현목은 일본영화 원작을 공식적으로 리메이크하기도 했고, 비공식적으로 리메이크하기도 했다. 전자는 바로 동명의 일본영화를 리메이크한 〈아내는 고백한다〉(1964), 후자는 일본영화 〈백일몽白日夢〉(다케치 데쓰지武智鉄二, 1964)을 번안해 만든 〈춘몽〉(1965)이다. 두 작품 모두 당시 일본 원작의 영화화에 적극적이던 세기상사가 제작했다. 해방 20주년이던 1965년, 6월 22일에 한일기본조약이 체결된 후 8월 14일 국회에서 한일협정비준동의안이 날치기 통과되어, 대학은 물론 고교까지 학원이 중심이 된 한일협정 비준 무효화 투쟁이 격화되었다. 이해 영화계에서는 일본영화 시나리오

의 표절 근절이 가장 큰 이슈가 되었고, 일본적 요소를 한국영화로 연결시키려는 상업적 모색이 가장 활발하기도 했다.[67] 하지만 경제는 물론이고 모든 분야가 한일 교류 대상이 되는 상황에서도, 유독 대중문화 영역만은 예외적으로 배제되어[68] 한일 영화교류 시책은 백지화되었고,[69] 이후 유현목의 작품 세계에서도 일본과의 직접적 관련성은 사라지게 된다.

한일 영화 〈아내는 고백한다〉의 시나리오와 본편을 비교하는 작업은 마스무라 야스조増村保造와 유현목이 각각 연출한 두 영화의 미학적 차이를 분석하는 것으로 연결된다. 1960년대 초중반 한국영화에서 작동된 영화적 표절과 번안의 양식Mode of Cinematic Plagiarism and Adaptation을 적용해 분석할 때, 〈아내는 고백한다〉는 당대 비공식적 영화와의 공통점뿐만 아니라 다음과 같은 차이점까지 주목해야 한다. 먼저 동일한 점이다. 당시 한국영화의 표절이 영화의 시청각적 차원이 아니라 시나리오 작성 단계에서 이루어진 것처럼, 한국영화 〈아내는 고백한다〉의 시나리오 역시 동명 일본영화의 시나리오를 거의 그대로 옮겼음을 확인할 수 있다. 즉, 일본어를 한국어로 번역하며 일부 신 혹은 지문이나 대사를 없애거나 축약했고, 동시에 일본의 지명이나 인명을 한국의 것으로 바꾸는 번안 작업을 진행했다. 다음으로 일본영화를 연출한 마스무라 야스조는 영화화 작업을 진행하며 시나리오의 적지 않은 부분을 변경했는데, 이는 영화의 플롯을 세련되게 하는 결과를 가져왔다. 특유의 시각적 연출 작업이 빛을 발하며 그의 미학적 스타일을 부각시켰다. 반면 유현목은 일본 원작에서 번안한 시나리오를 충실하게 영화화했다. 일본 원작 시나리오의 플롯과 가장 가까운 영화는 역설적으로 한국영화인 것이다. 물론 영화화 과정에서 유현목의 연출력이 더해지며 번안(시나리오 차원)과 창작(시청각적 연출)이 구분하기 힘들 정도로 동시적으로 진행됐고, 결과적으로 유현목의 영화로 완성되었다.

　마지막으로 시나리오 표절과 영화화 작업에서의 창작이라는 미묘한 혼류의 작업 과정을 밟았던 1960년대 초중반 한국영화와 〈아내는 고백한다〉가 결정적으로 구별되는 맥락이 존재함을 간과할 수 없다. 시나리오를 표절한 것이지 일본영화 자체는 직접 확인하기 힘들었던 비공식적 번안작들에 비해, 일본영화 〈아내는 고백한다妻は告白する〉(마스무라 야스조增村保造, 1961)는 한국에서 정식 공개된 작품이라는 점이다. 비록 일부 관계자 공개에 그치긴 했지만, 1962년 5월 서울에서 개최된 제9회 아시아영화제를 통해 공식적으로 상영됐다. 비교 분석 과정에서 고려하지 않을 수 없는 대목이다. 물론 상영 그 자체가 논의의 핵심이 아니라, 한국 버전의 제작이 공식적인 리메이크를 천명할 수밖에 없는 상황이었음을 파악해야 한다. 현재로서는 유현목이 이 일본영화를 직접 봤는지의 여부를 정확히 확인할 수 없지만, 이 역시 모방했다는 것보다는 그대로 모방해서는 안 되는 상황이었음을 파악하는 것이 중요하다. 유현목이 원작 일본영화를 봤다고 하더라도 시청각적 차원의 표절을 시도했을 가능성은 없다. 도리어 일본영화 시나리오와 본편 영화를 동시에 참조

해 자신만의 연출 방향을 찾는 데 활용했을 가능성이 커 보인다. 한편 유현목은 생전 구술채록에서 이 영화를 일부러 보지 않았다고 증언한 바 있다.[70] 당시 언론들 역시 〈아내는 고백한다〉를 공식적인 리메이크작으로 보도했는데, 바꿔 말하면 이는 시청각적 표절 여부를 확인할 눈이 많았던 상황을 말해 주는 것이기도 하다. 결론부터 얘기하면, 마스무라 야스조와 유현목의 두 영화는 같은 이야기를 공유하지만 미학적·스타일적으로 완전히 다른 작품이다.

## 〈아내는 고백한다〉 리메이크 과정

〈아내는 고백한다〉가 1960년대 중반 일본 원작을 모방한 한국영화 제작과 결정적으로 달랐던 것은, 비록 영화제 시사에 한정되었지만 원작이 정식으로 한국에서 공개된 영화라는 점을 검토했다. 그렇다면 유현목은 일본영화 원작의 어떤 점에 매료되었고, 그의 작업은 어떤 과정의 도전이었을까. 당시 언론도 "일 작가 원산아야圓山雅也의 원작을 유현목 감독에 의해 영화화한 것. 일본서도 증촌보조增村保造라는 한국의 유현목 정도의 감독에 의해 영화화된 바 있다"[71]며 두 영화의 관계를 구체적으로 파악하고 있었다. 영화의 제작은 1962년 5월 17일 아시아영화제가 폐막하고 2년 정도 지난 시점인 1964년 6월 하순에 공식 착수되었다.

공보부가 〈아내는 고백한다〉의 제작 신고를 접수한 때는 1964년

6월 24일이다. 그때 「영화제작신고서」를 보면 원작자란은 비워져 있고 기획 담당자에 김한일, 각색 담당자에 이종택 이름이 올라 있다. 감독 담당자로 조긍하 이름이 올라 있어 처음에는 유현목이 아닌 조긍하에게 감독을 맡기려고 했음을 알 수 있다. 저작권 책임을 의미하는 '공연권취득증명서' 역시 이종택이 날인했다.[15] 서류상 영화 착수 날짜는 6월 30일, 완성일은 8월 10일이다. 1964년 7월 4일 공보부 영화과는 '공연권취득증명서'를 원작자에게 받아 오라는 서류 보완 통보를 했고,[16] 제작사가 원작 소설가 마루야마 마사야의 승낙서를 제출함으로써 8월 12일자로 제작 신고서를 수리한다. 마루야마의 '승낙서'는 변호사이기도 했던 그가 6월 19일 직접 작성하고 서명해 세기상사에 보낸 것이었다. 다이에이주식회사 제작의 영화 〈妻は告白する〉의 원작자로서 귀사에만 승낙하고, 6개월 이내에 영화에 착수하지 않거나 1년 이내에 완성하지 않으면 효력을 잃는다는 단서를 달았다.

흥미로운 대목은, 「극영화 〈아내는 고백한다〉 제작신고 수리통

---

15) 세기상사의 직전 작품인 일본영화 〈여자가 계단을 오를 때〉를 원작으로 만든 〈명동에 밤이 오면〉도 이종택이 각색에 이름을 올리고 '공연권취득증명서'에 날인했다.

16) 「극영화 제작 신고에 따르는 서류보완 통보」(한국영상자료원 관리번호: RK01079002). 일본 원작자의 승낙서가 공식적으로 제출되고 받아들여진 것은 1962년 9월 〈가정교사〉의 제작 신고가 처음이다. 〈가정교사〉 「영화제작신고서」(한국영상자료원 관리번호: RK00839001). "일본작가의 원작 영화화에 애매한 태도를 보이던 공보부가 석판양차랑石坂洋次郎(이시자카 요지로)의 베스트셀러 『가정교사』의 영화화를 허가한 것도 그 한 예다. 종전에는 한국영화에서 일본작가의 원작명을 밝히지 못하게 하여 왔던 것이다." 「연예: 일본색채와 영화계/국산 제작계도 딜레마에/〈행복한 고독〉 케이스로」, 『동아일보』, 1963. 1. 28.

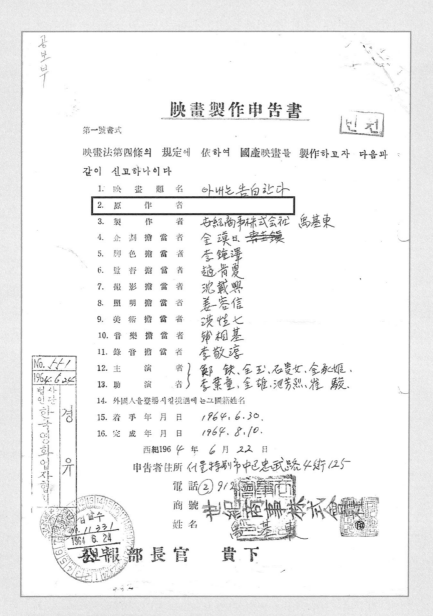

公報部

# 映畵製作申告書

第一號書式

映畵法第四條의 規定에 依하여 國產映畵를 製作하고자 다음과 같이 신고하나이다

1. 映畵題名　아내는 告白한다
2. 原作者
3. 製作者　吉紹商事株式会社　烏基東
4. 企劃擔當者　金瀷旺
5. 脚色擔當者　李鐘澤
6. 監督擔當者　趙肯夏
7. 撮影擔當者　沈戴興
8. 照明擔當者　姜容信
9. 美術擔當者　漢性七
10. 音樂擔當者　鄭相基
11. 錄音擔當者　李敬燁
12. 主演者 } 鄭鐵、金玉、石貴女、金永姬、
13. 助演者 } 李業童、金雄、池芳烈、崔駿、
14. 外國人을登場시킬境遇에는그國籍姓名
15. 着手年月日　1964. 6. 30.
16. 完成年月日　1964. 8. 10.

　　　　西紀1964年 6月 22日
申告者住所　서울特別市中区忠武路4街125
　　電話　② 912
　　商號
　　姓名　　　烏基東　　㊞

公報部長官　貴下

No. 441
1964. 6. 24

법인 한국연화업자협회

영 유

〈아내는 고백한다〉「영화제작신고서」(한국영상자료원 관리번호: RK01079001).

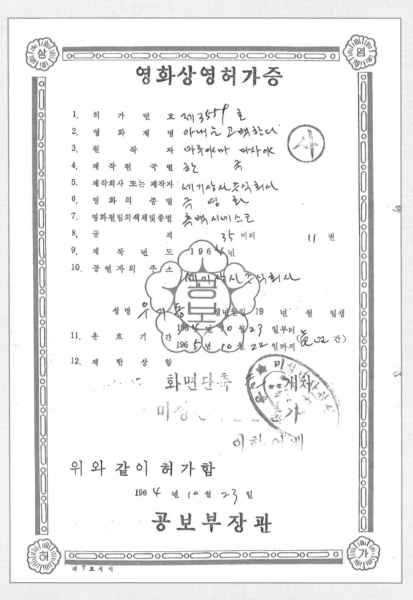

# 영화상영허가증

1. 허 가 번 호  제3551호
2. 영 화 제 명  아내는 고백한다
3. 원 작 자  마루야마 마사야
4. 제 작 편 국 별  한 국
5. 제작회사 또는 제작자  세기상사주식회사
6. 영 화 의 종 별  극 영 화
7. 영화필름의색채및종별  흑백 시네스코
8. 규 적  35미리          11권
9. 제 작 년 도  1964년
10. 공 연 자 의 주 소  세기상사주식회사

성 명  유기동          생년월일  19 년 월 일생
11. 유 효 기 간  1964년 10월 23일부터  (1년간)
1965년 10월 22일까지
12. 제 한 상 항

화면단축

미성          가

이하 여백

위와 같이 허가함

1964년 10월 23일

## 공보부장관

제 7 호 서 식

원작자를 마루야마 마사야(圓山雅也)로 명기했다. 〈아내는 고백한다〉 「영화상영허가증」 (한국영상자료원 관리번호: RK01079005)

보」의 '중복작품의 유무'에 관한 의견란에 "본 작품은 제9회 아세아영화제에 출품된 바 있는 〈처의 고백〉(일본 작품)과 동일한 내용임"이라고 적어 두 영화의 관계를 분명히 했다는 점이다. 다이에이가 제작한 원작 일본영화 〈아내는 고백한다妻は告白する〉는 이데 마사토井手雅人가 각본을 쓰고, 마스무라 야스조増村保造가 연출을 맡았다. 사실 마루야마 마사야円山雅也가 쓴 영화의 원작 소설 「조난: 어느 부부의 경우遭難・ある夫婦の場合」는 1961년 일본에서 영화화뿐만 아니라 1963년 이후 TV드라마로도 수차례 만들어진 매력적인 이야기였다.

이렇게 제작이 진행되었고, 그다음으로 개봉을 위한 당국의 허가 과정이 진행됐다. 1964년 10월 19일에 접수된 「영화상영허가신청서」에 처음으로 원작자 '圓山雅也(마루야마 마사야)'를 공식적으로 밝혔고, 감독은 유현목이었다. '공연권취득증명서'는 제작 신고 때와 동일하게 이종택의 이름으로 제출했지만, 당국은 승낙서가 있어 저작권자를 이종택으로 간주하고 넘어갔다. 같이 제출하는 작곡자 승낙서는 이봉조가 서명했다.

공보부는 1964년 10월 23일자 「영화상영허가증」을 발부한다. 제한 사항은 '화면단축 1개 처'였고, 미성년자관람불가 등급을 받았다. 검열로 삭제된 부분은 해변가에서 미림과 재명이 애무하는 장면이었다. 영화는 1964년 10월 29일 명보극장에서 개봉했다. 세기촬영소 창립 1주년 기념특작으로 개봉 전날 밤 특별유료시사회를 열기도 했다.

여기서 핵심은, 세기상사가 일본영화를 리메이크하기 위해 소설 원작자에게 판권을 확보하고도 각본은 일본영화의 시나리오를 그대로 베꼈다는 사실이다. 당시 일본영화를 번안한 한국영화의 제작 관례대로 원작 소설가의 승낙서를 받아 영화제작 신고서에 첨부하고, 실제 연출은 일본영화 시나리오의 번안 버전으로 진행한 것이다. 당시 상황상 한국판 〈아내는 고백한다〉는 공식적인 리메이크작으로 볼 수 있지만,[72] 그 이면에는 시나리오 단계에 표절 행위가 잠재해 있음을 놓치지 않아야 한다. 하지만 영화 본편, 즉 시청각적 차원의 표절은 아니었다. 유현목은 현장에서 본인의 스타일대로 연출을 진행했다. 당시 언론은 "제9회 서울 아시아영화제 때 일본이 출품했던 관계로 적잖은 사람들이 볼 기회가 있었다"며 마스무라 야스조와 유현목이라는 감독의 한일 각 작품을 공식적으로 비교해 볼 수 있는 흔치 않은 기회임을 전한다.[17] 유현목이 〈아내는 고백한다〉의 한국 버전이라는 세기상사의 철저한 상업적 프로젝트에 연출로 참가한 것은, 원작의 특별한 이야기는 물론이고 일본영화 뉴웨이브의 기수로 평가받는 마스무라 야스조의 작품이라는 점이 영향을 끼쳤을 것이다.[18]

---

17) "유 감독은 이 일본 작품과는 거의 다른 자기대로의 플랜으로 다루었기 때문에 증촌 감독 작품을 볼 수 있었던 사람에게는 비교해 가며 보는 재미가 따른다. 그만큼 유·증촌 두 감독의 솜씨는 막상막하다." 「차용한 일본원작 〈아내는 고백한다〉」, 『경향신문』, 1964. 11. 4.

18) 유현목이 일본영화 원작의 대중영화를 연출한 것은 다음과 같은 평가를 받기도 했다. "〈푸른 꿈은 빛나리〉, 〈아내는 고백한다〉, 〈춘몽〉 등 소위 일본색 영화와 악수하여 작가로서의 순결을 잃지 않은 것도 아니다." 「〈순교자〉 총평」, 『주간한국』, 1965. 6. 27. 전양준·장기철

〈아내는 고백한다〉는 시나리오 표절과 연출 과정의 창작이라는 동일한 방법론으로 리메이크를 진행했지만, 표면적으로는 공식적인 행보로 포장되었다. 당시 대다수의 일본 시나리오를 표절한 영화들이 판권 확보 노력도 하지 않았던 것과 달리, 이 영화는 원작 소설가로부터 승낙을 받았기 때문이다. 하지만 제작 착수용 오리지널 시나리오는 원작의 것을 그대로 베꼈음을 감안한다면, 한일 두 영화의 비교 텍스트 작업은 시나리오 분석에서 출발해야 한다.

## 표절과 번안 혹은 똑같은 것과 달라진 것

일본영화 〈아내는 고백한다妻は告白する〉(1961)와 한국영화 〈아내는 고백한다〉(1964)의 텍스트 비교는 한일 시나리오와 영화 본편이라는 각 텍스트를 횡단하며 진행되어야 한다. 검토 범위는 ① 한국영화의 시나리오가 일본영화의 시나리오와 얼마나 유사한지, 또 어떻게 번안되었는지 파악하고, ② 유현목의 미학적 실천이 반영된 한국영화의 결과물이 일본영화와 어떻게 달라졌는지 파악하는 것이다. 일본영화의 시나리오는 모두 119개 신으로 구성되었고,[73] 마스무라 야스조가 연출한 영화의 러닝타임은 91분이다. 일본영화

---

책임편집, 『닫힌 현실, 열린 영화: 유현목 감독 작품론』, 제3문학사, 1992, 238쪽 재인용.

시나리오 버전을 거의 그대로 옮긴 한국영화의 시나리오는 120개 신으로 구성되어 있고,[19] 현재 보존 필름의 러닝타임이 100분인(게다가 실제 개봉 버전은 10분 내외의 분량이 더 추가되었을[20]) 것으로 판단하면, 대체로 한국영화의 호흡이 조금 더 긴 것을 알 수 있다. 이는 마스무라에 비해 인물이 움직이는 공간을 넓게 쓰고 카메라 이동을 통해 테이크를 길게 가져가는 유현목의 스타일과 연결되어 있다. 먼저 두 영화의 줄거리부터 비교해 보면, 역시 배경 공간과 등장인물 구도가 거의 동일함을 알 수 있다. 줄거리는 한일 시나리오를 기준으로 하되, 일본영화의 설정이 변경된 부분과 한국영화의 장소가 바뀐 부분은 괄호 속 설명으로 언급했다.

——— ◆ ———

다키가와 아야코(와카오 아야코)/장미림(김혜정)은 스기야마 변호사(네가미 준)/오 변호사(김승호)와 함께 법원으로 들어가 대기실에서 기다리던 고다

---

19) 신 번호가 120으로 끝나지만 정확한 숫자는 아니다. 일본영화 시나리오를 번안하는 과정에서 같은 신을 A, B로 나누거나, 여러 신을 하나로 합치기도 했기 때문이다. 결정적으로 일본 시나리오의 #55 다키가와 집 내부를 한국 버전은 #55 박의 집 현관과 #56 동 방안으로 나누는 바람에 신 숫자가 하나 늘었다.

20) 한국영화 〈아내는 고백한다〉의 필름은 현재 불완전한 판본이다. 한국영상자료원이 보존 중인 영화 필름은 모두 11권(릴)인데, 이미지는 4, 6, 7권이 결권이고, 사운드는 3, 4권이 결권이다. 즉, 박 교수의 친구가 증언하는 4권(#28~34)은 이미지와 사운드가 모두 유실되어 시나리오와 일본영화를 통해 내용을 추정할 수밖에 없다. 하지만 3권은 음향은 없지만 영상만으로, 5, 7권은 영상은 없지만 사운드필름은 남아 있어 대사 등의 음향을 통해 극의 분위기를 파악할 수는 있다.

오사무(가와구치 히로시)/문재명(김석훈)을 만난다(일본영화는 고다의 약혼녀 리에도 같이 기다리고 있다). 피고 아야코/미림에 대한 심리가 시작된다. 아야코/미림은 남편 다키가와 료키치(오자와 에이타로)/박용호(박암) 교수, 제약회사 직원 고다/재명과 함께 나가노현 북알프스/도봉산을 등반하다 사고로 남편이 밧줄에 매달리게 된다. 앞쪽에 매달렸던 그녀는 자신이 살기 위해 로프를 잘라 남편이 추락사하게 되자 이것이 고의적 살인인지 재판을 받게 된 것이다. 고다/재명과 산 안내인, 형사 주임이 차례로 증언대에 선다. 식당/한강변에서 고다/재명과 만난 약혼녀 리에(마부치 하루코)/행자(태현실)는 아야코/미림과의 관계를 의심한다. 아야코/미림은 고다/재명의 제약회사로 찾아가 같이 그릴로 갔다가 세간 사람들이 알아보자 그의 아파트로 가는데, 리에/행자가 찾아온다(일본영화는 변호사가 같이 방문한다). 다시 법정에서, 다키가와/박 교수 친구의 증언, 아야코/미림의 심리, 가정부의 증언이 이어지며 불행한 부부 생활이 드러난다. 레이/행자가 증언대에 오른 후, 대기실에서 오 변호사는 미림에게 정사 관계가 없었는지 확인하고(일본영화는 삭제), 레이/행자는 고다/재명에게 당분간 이별을 고한다. 고다/재명은 아야코/미림의 집에 찾아가고 그녀의 자살 시도 이후 둘은 사랑을 확인한다.

법정에서 등산 전문가의 검증이 진행되고, 아야코/미림은 자신이 죽었다는 말을 듣고 싶은 거냐며 감정이 폭발한다. 검사는 2년/10년을 구형하고, 아야코/미림은 무죄를 주장한다(일본영화는 아야코가 이번에야말로 행복한 결혼을 하고 싶다고 말한다). 그녀는 고다/재명과 바다로 놀러 가 정사를 나눈다. 최종 판결 법정, 기자들이 무죄선고를 전하고 변호사는 불가피한 긴급피난에 해당된다며 승소 이유를 판단한다. 아야코/미림과 고다/재명은 함께 재판소를 빠져나간다. 축하를 위해 아야코/미림이 있는 집으로(일본영화는 아야코가 아파트로 이사) 간 고다/재명은 결국 그녀에게 진실을 듣고 떠난다. 그는 공중전화에서 리에/행자에게 오사카/부산으로 전근 가게 되었다며 만나자고 통화하고 그녀는 회사로 가겠다고 말한다. 아야코/미림이 제약회사의 고다/재명을 찾아와 매달리지만(한국영화는 비가 내리는 외부 공간으로 변경), 그는 밀어낸다. 리에/행자가 회사에 도착한 후 아야코/미림은 유서를 남기고 자살한다. 리에/행자는 그녀를 죽인 것은 당신이라고 말하고 떠난다(일본영화는 숨진 아야코의 모습으로, 한국영화는 떠나는 행자의 모습으로 끝낸다).

— ◆ —

## 시나리오: 베낀 것 그리고 바꾼 것

두 영화의 각본 내용을 비교해 보면 분명하게 파악할 수 있는 것처럼, 한국영화 〈아내는 고백한다〉의 시나리오는 동명 일본영화의 시나리오를 베껴서 작성했다. 등장인물과 관계 구도는 주조연을 망라해 동일하고, 각 신별 등장 여부 역시 같다(오히려 완성된 일본영화가 일부 신에서 극중인물의 등장과 관련해 변경된 부분들이 있다). 일본 원작을 기준으로 인물 구도를 정리하면 다음과 같다. 다키가와 료키치 교수의 연구실 조수로 일하던 아야코는 생활고 탓

에 그와 결혼하지만 내내 불행했고, 다키가와 교수에게 연구비를
주는 제약회사 직원 고다 오사무와 친해진다. 그녀는 등반 사고로
남편이 죽자, 스기야마 변호사와 함께 법정에 출두한다. 한편 리에
와 약혼한 사이인 고다는 아야코를 사랑하게 되었다가 다시 리에
에게 돌아오지만 리에는 떠난다. 한국 시나리오의 메인 플롯과 캐
릭터 역시 선행한 문장에서 등장인물의 이름만 바꾸면 동일하다.

시나리오 분석에서 특기할 부분은, 한국 시나리오의 경우 최초
버전인 제작 착수용(오리지널) 시나리오[21]와 최종 영화화(녹음) 대
본이라는 두 가지 버전이 존재한다는 점이다.[22] 최초 시나리오는
일본영화 시나리오를 거의 그대로 번역한 수준이고, 인물과 장소
같은 고유명사만 번안했다. 예를 들어, 일본 버전의 건화제약주식
회사는 제작 착수용 시나리오에서 평화제약주식회사로 바꿨다가,
최종 영화화 대본은 중앙제약으로 바뀐다. 영화에도 건물 전경이
그대로 등장하는 실존 회사였다. 녹음대본은 일반적으로 최종 완

---

[21] 한국영상자료원은 한 영화의 여러 시나리오 버전 중에서 원본을 의미하는 최초 버전을 '오
리지널' 시나리오로 명명해 분류하고 있다. 이는 '오리지널 네거티브(원본)' 필름과 유사한
의미 부여이다. 대체로 처음 만들어진 '오리지널' 시나리오 책은 시나리오 사전심의를 위한
제작 신고용으로 제출하는 버전일 수 있다. 사실 본래적 의미로서 '오리지널 시나리오'는 "소
설이나 희곡 따위를 각색한 것이 아니라 처음부터 영화나 드라마를 위하여 쓰인 창작 시나
리오"로 규정되기 때문에, 한국영상자료원에서 시나리오를 분류할때 '오리지널'이라는 명칭
은 특수한 의미임을 다시 한 번 밝혀 둔다.

[22] 한편 〈아내는 고백한다〉는 오리지널 시나리오(한국영상자료원 관리번호: DCKO016430), 녹
음대본(한국영상자료원 관리번호: DCKN002215)과 심의대본이 보존되어 있는데, 후자 2종
은 동일하다.

성된 영화와 가장 가까운 버전이다. 〈아내는 고백한다〉의 녹음대본은 신을 생략하거나 대사나 지문 등이 상당히 각색된 버전으로, 각색자 이종택과 연출자 유현목이 협업한 결과일 것이다. 한일 각 버전의 시나리오 분석 작업 대상으로, 한국 쪽은 각색이 반영된 녹음대본을 중심으로 진행한다.

한일 각 영화를 모두 8개의 이야기 단위(시퀀스)로 구분해 볼 수 있다면, 두 영화 공히 시나리오의 #1~15까지가 도입부에 해당한다.[23] 아야코/미림이 법정에 출두하고 플래시백 장면을 통해 등반 사건을 보여 준 후 재판 증인으로 형사 주임까지 등장하는 장면이다. 한국 버전을 일본 시나리오와 비교하면 #4 '법정 입구의 게시' 같은 재판이 진행되는 공간의 디테일을 보여 주는 지문 내용을 생략했다. 또, 일본 원작의 #5 사고 당시 절규 소리에 귀를 막는 재명, #6 인근의 강(스미다가와)에서 모터보트를 타는 젊은이(인서트), #7 고다의 증언이 시작되는 신의 흐름에서, 한국 버전은 #6을 굉음을 내며 하늘을 나는 제트기의 모습으로 바꿨고, 영화 본편도 그렇게 처리했다. 영화 맥락과는 크게 상관없는 인서트로 처리함으로써 모더니즘영화의 분위기를 지향한다. 한편 일본영화 쪽은 #5와 #6을 삭제해 #71에서 아야코와 고다가 함께 놀러 간 바다에서 모터보트를 타는 장면으로 연결시켰던 장면의 구조화를 포기했다.

---

23) 이 책에서 한일 영화의 신 번호(#)는 각 시나리오가 기준임을 다시 밝혀 둔다.

한일 영화 시나리오의 #16~27은 이야기가 전개되기 시작해 긴 장축이 설정된다. 약혼 사이인 고다/재명과 리에/행자가 다투고, 아야코/미림이 고다/재명과 만나 그의 집까지 갔다가 리에/행자가 찾아오고, 그가 아야코/미림에게 유리한 증언을 부탁하기까지다. #16~18의 고다와 리에가 만난 장면에서 원작 공간은 레스토랑이지만, 한국 버전은 '한강 사장'으로 바꿨다. 한편 일본영화는 일본식 식당으로 장소를 바꾸고 여주인이 리에에게 언제 결혼할 건지 물어보는 장면을 추가해 아야코와 고다 사이를 의심하는 약혼녀 리에의 심리 상태를 더 풍성하게 그렸다.

한일 시나리오의 #28~44[24]는 법정에서 운동구점(일본영화는 등산용구점)을 하는 다키가와/박 교수 친구의 증언, 불행한 부부 생활에 관한 아야코/미림의 증언, 고다/재명과 아야코/미림의 친밀함에 대한 가정부의 증언, 다시 고다/재명의 증언까지 포함해 갈등 구조가 전개된다. 법정 장면을 기반으로 플래시백을 오가며 서사 정보를 제공한다. 한국 버전은 #35~36의 가정부 증언에 따른 목격(회상) 장면을 삭제했다가 영화에서는 다시 살렸다. 일본영화는 가정부의 증언에 이어 #44에서 고다의 회상에서 등장하는 고다와 아야코의 포옹 장면을 한 번 더 보여 주는데, 이때 가정부가 훔쳐보

---

[24] 한국영화에서 이미지와 사운드가 모두 유실된 곳이 4권이다. #28~30(법정에서 박 교수의 친구 증언), #31~34(미림이 박 교수와 결혼하게 된 사연, 불행한 부부 생활 증언까지)는 현재로서는 각본을 통해서만 확인할 수 있다.

는 모습이 다른 각도에서 재차 등장한다.

갈등이 더욱 심화되는 #45~62(#45~63)[25]는 리에/행자의 증언을 시작으로 아야코/미림의 집으로 찾아간 고다/재명이 그녀의 자살 시도를 말리고 마침내 좋아한다고 말한다. 두 버전 시나리오의 내용은 거의 같지만 완성된 일본영화는 이 시퀀스를 제일 많이 수정했다. 시나리오상 설정을 유지한 한국영화와 달리, #46의 대기실에서 아야코에게 정사 관계가 없었는지 확인하는 변호사 장면을 삭제했고, #62에서도 아야코가 먼저 고다에게 사랑한다고 고백하는 것으로 바꿔 그녀의 주체성을 강화한다.

#63~76(#64~77)에서 법정의 갈등은 절정으로 치닫고, 두 남녀의 사랑도 정점을 찍는다. 법정에서 등산 전문가가 직접 검증을 하고 검사의 추궁이 계속되자, 결국 아야코/미림의 감정이 폭발한다. 검사의 구형 후 자신은 무죄라는 그녀의 최종 발언이 끝나고, 최종 판결을 기다리는 동안 두 남녀는 바다로 놀러 가 관계를 갖는다. #66(#67)에서 "(방청인들의) 호기심과 모욕의 눈이 마치 표현파 회화에서 물고기의 눈처럼 느껴진다", "그 소리가 확대되어 에코가 되어 울린다"라고 일본 버전을 그대로 옮긴 한국 제작 착수용 시나리오의 지문은, 녹음대본에서는 에코로 처리된 기자들의 여러 목소리와 방청객들의 여러 눈초리 숏으로 몽타주 시퀀스를 염두에

---

25)  이하 괄호 속 신 번호는 한국 각본 번호이다. 고다가 아야코를 만나러 다키가와 교수의 집으로 간 장면(#55)에서 한국 버전의 신 번호가 하나 늘었다(#55~56).

**[표 3] 한일 영화의 시퀀스 내용 비교**

| 시퀀스 목표 | 일본영화 〈아내는 고백한다〉 | 한국영화 〈아내는 고백한다〉 |
|---|---|---|
| ① 상황과 주인공 소개 | #1~3 도쿄지방검찰청 간판. 재판소로 들어서는 다키가와 아야코(와카오 아야코)와 스기야마 변호사. 둘이 대기실에서 고다 오사무와 약혼녀 리에를 만남. #4~5 법정 장면을 배경으로 **오프닝크레딧 등장**. 피고 아야코에 대한 심리 시작. #6~7 기자들의 긴급피난 규정에 관한 대화(모터보트 장면 삭제). 고다의 증언 시작. 다키가와 료키치 교수와 고다, 아야코의 등반 시작(회상). #8~12 등반 사건 발생(회상). 고다와 아야코의 심리 계속. 안내인 증언. #13~15 (경찰서 회상 삭제) 형사 주임 증언. | #0 타이틀백(도봉산 배경). #1~3 오 변호사(김승호)와 함께 법원으로 들어서는 미림(김혜정). 대기실에서 기다리는 재명(김석훈). #4~5 미림에 대한 심리 시작. #6~7 굉음을 내는 제트기. 재명에 대한 심리 시작. 박 교수(박암)와 재명, 미림의 등반 시작(회상). #8~12 등반 사건 발생(회상). 재명과 미림의 심리 계속. 안내인 증언. #13~15 형사 주임 증언[#15부터 사운드 유실]. |
| ② 긴장축의 설정 | #16~18 식당에서 고다와 리에 대화. #19~23 아야코가 고다의 제약회사를 찾아감. 둘이 다방으로 가서 대화. #25~27 고다가 자신의 아파트로 아야코를 데려감. 변호사와 리에가 같이 찾아옴. 고다가 리에에게 증언 부탁. | #16~18[사운드 유실] 재명과 약혼녀 행자(태현실)의 다툼. #19~23[사운드 유실] 미림이 재명의 제약회사로 찾아감. 레스토랑에서 따로 앉아 대화. #25~27[사운드 유실] 재명이 자신의 아파트로 미림을 데려감. 행자가 찾아와 증언 관련 대화. |
| ③ 갈등의 전개 1 | #28~30 법정에서 등산용구점을 하는 다키가와 교수 친구의 증언[#31~34와 순서 바꿈]. #31~34 아야코가 다키가와 교수와 결혼하게 된 사연, 불행한 부부 생활 증언. 복도에서 대기 중인 가정부. #35~36 가정부 증언과 목격(회상). #37~39 고다의 증언. 고다와 아야코의 생명보험 건 대화(회상). 생명보험 가입 사연(회상의 회상). #40~44 다시 고다의 증언. 고다와 아야코의 생명보험 건 대화(회상). 다키가와 교수의 아야코에 대한 폭력(회상의 회상). 포옹하는 고다와 아야코. **이를 지켜보는 가정부.** | #28~30[이미지, 사운드 유실] 법정에서 박 교수 친구의 증언. #31~34 미림이 박 교수와 결혼하게 된 사연, 불행한 부부 생활 증언[이미지, 사운드 유실], 가정부 증언. #35~36 가정부 목격(회상). #37~39 재명의 증언. 재명과 미림이 만나 생명보험 건 대화(회상). 생명보험 가입 사연(회상의 회상). #40~44 다시 재명의 증언. 재명과 미림의 생명보험 건 대화(회상). 박 교수의 폭력(회상의 회상). 재명과 미림의 포옹(회상). |
| ④ 갈등의 전개 2 | #45 고다가 연애가 아닌 동정심임을 증언. 레이의 첫 증언. **#46 대기실서 아야코에게 정사 관계가 없었는지 확인하는 변호사(삭제).** | #45 재명과 미림의 심리 계속. 행자의 첫 증언[신 말미부터 이미지 유실]. #46 [이미지 유실] 대기실에서 미림에게 정사 관계가 없었는지 확인하는 오 |

| | | 변호사. |
|---|---|---|
| | #47 차에서 고다에게 잠시 이별을 고하는 리에. | #47~51 [이미지 유실] 재명에게 당분간 만나지 말자는 행자. |
| | #48~62 고다에게 전화 건 아야코. 상사가 위로금을 거부하자 가불하는 고다. 아야코를 만나러 간 고다. 아야코의 자살 시도. 둘의 사랑 확인. | #52~63 [이미지 유실] 재명이 미림을 만나러 집으로 감. 미림의 자살 시도. 둘의 사랑 확인. |
| ⑤ 갈등의 절정 | #63 법정에서 등산 전문가에게 검증. 감정이 폭발하는 아야코. | #64 [이미지 유실] 법정에서 등산 전문가에게 검증 감정 폭발하는 미림. |
| | #64~67 (신문 기사 인서트 삭제) 검사의 2년 구형과 최종 변론. 대기실에서 고다에게 판결 때까지 같이 있어 달라는 아야코. | #65~68 신문 기사. 검사의 10년 구형과 최종 변론(생략). 대기실에서 헤어지는 미림과 재명. |
| | #68~70 고다가 궁금해 회사에 전화 건 리에 모친. | #69~71 재명이 궁금한 항자와 모친. |
| | #71~76 바다로 놀러간 아야코와 고다. 호텔에서 둘의 사랑을 확인. | #72~77 바다로 놀러간 미림과 재명. 둘의 사랑을 확인. |
| ⑥ 갈등의 일시적 해결 | #77~84 법정에서 최종 판결. 무죄선고에 실망한 기자들. 재판소를 빠져나가는 아야코와 고다. | #78~85 법정에서 최종 판결. 굉음을 내는 제트기 장면. 무죄선고를 전하는 기자들. 재판소를 빠져나가는 미림과 재명. |
| ⑦ 진실이 드러남 | #85~96 아야코가 고다에게 전화. 치요다의 새 아파트로 고다를 초대한 아야코. 진실을 말하는 아야코. 등반 사고 중 자일을 자르는 아야코의 장면(회상). 떠난 고다. | #86~97 미림이 있는 집으로 간 재명. 진실을 듣고 집을 빠져나와 건널목에서 괴로워하는 재명. 남겨진 미림. |
| | #97~106 우중 공중전화에서 리에와 통화하는 재명. | #98~107 공중전화에서 행자와 통화하는 재명. |
| ⑧ 이야기의 결말 | #107~108 고다를 찾아와 매달리는 아야코(건물 내부). | #108~109 재명을 찾아와 매달리는 미림(외부). |
| | #110~119 리에가 찾아옴. 아야코의 자살. | #110~120 행자가 찾아옴. 미림의 자살. 행자가 떠남. |

두고 구체화된다. 결과적으로 두 영화는 달라졌다. 일본영화는 아야코가 최종 변론에서 남편이 산에서 죽어 행복할 거라며 이제는 자기가 행복한 결혼 생활을 하고 싶다며 불리하게 증언하는 모습을 보여 준 후 #66을 생략한다. 한국영화는 시나리오대로 미림이

자신은 무죄라고 말한 후(#66), 재판장을 빠져나오는 미림과 변호사에게 기자들이 질문을 퍼붓고 방청객들이 쳐다보는 장면(#67)이 각본에 기반해 표현되었다. 기자들의 목소리를 에코로 처리하고 방청객들이 미림에게 불신의 눈초리를 보낸다는 지문이 유현목의 미학적 연출로 이어진 것이다. 한국영화는 빅 클로즈업숏을 몽타주하는 방식으로 이 대목을 무척 강조했다. #71의 바다 장면에서 일본 버전(시나리오와 영화 모두)은 둘이 호텔에서 머물지만(#75~76), 한국 시나리오는 텐트 안에 둘이 누워서 얘기하는 것으로 바꼈고 영화도 그렇게 찍었다.

　#77~84(#78~85)는 무죄판결 후 기자들이 신문사에 소식을 전하고, 대기실에서 변호사에게 무죄 이유를 들은 아야코/미림과 고다/재명이 같이 재판소를 빠져나가는 대목이다. 일본 시나리오에서 재판장과 가까운 스미다가와에서 배의 경적 소리로 판결 내용이 들리지 않게 처리한 부분은, 한국 버전에서 앞의 #6처럼 제트기 소리로 변경했다. 일본영화는 이 같은 설정을 없애고 판결을 내리겠다는 판사의 장면에서 한 기자가 복도에 앉아서 기다리던 다른 기자에게 무죄라고 얘기하는 모습으로 건조하게 끝낸다. 무죄판결이 나면서 언론 입장에서는 더 이상 자극적인 사건이 되지 않기 때문이다. 반면 한국영화는 실제 제트기가 십자 편대로 날아가는 모습의 인서트 숏에 이은 복도의 정적으로 관객들에게 궁금증을 안긴 뒤, 기자들이 경쟁적으로 법정을 빠져나와 본사에 전화를 걸어 무죄판결을 알리는 모습을 보여 준다.

#85~106(#86~107)에서 진실이 드러난다. 고다/재명은 꽃을 사들고 아야코/미림의 집으로 가는데, 결국은 미워하던 남편을 죽이고 당신을 살리기 위해 자일을 잘랐다는 그녀의 고백을 듣고 충격을 받아 떠난다. 그는 리에/행자에게 전화해 사과한다. 일본과 한국 오리지널 시나리오는 #96(#97)에서 응접실에 놓인 꽃으로 신을 끝내지만, 한국 녹음대본은 미림이 테이블 위의 촛불을 불어서 끄는 극적인 장면(#95)을 추가한다. 결과적으로 한일 영화는 달라진다. 시종일관 속도감 있게 전개되는 일본영화는 이 장면을 과감히 생략했다. 반면 한국영화는 미림이 식사를 준비했던 응접실 테이블 위의 촛불을 끄고, 시나리오 지문과 유사하게 기차 건널목에 위태롭게 서 있는 재명을 보여 준 후, 다시 미림의 집으로 카메라를 옮겨 전경에 꺼진 촛불과 꽃을, 후경에 그녀를 포착한 후 암전한다. 멜로드라마적 정서를 강조하는 것은 단연 한국영화 쪽이다.

결말부는 #107~119(#108~120)이다. 아야코/미림이 고다/재명의 제약회사로 찾아와 매달린다. 그가 냉정히 밀어내자 그녀는 자살하고, 리에/행자는 그를 비난하고 떠난다. 일본과 한국 오리지널 시나리오는 엘리베이터를 이용해 고다/재명이 아야코/미림을 떠나게 하고, 그녀가 리에/행자와 마주치지 않게 극적인 설정을 만든다. 한편 한국 녹음대본은 촬영 여건이 힘들 것으로 판단했는지 엘리베이터 자체를 지문에서 지웠다. 결국 한일 두 영화도 달라졌다. 일본영화는 아야코가 힘겹게 계단으로 내려간 후 엘리베이터 앞의 리에를 알아보지만 몸을 숨기고, 리에는 엘리베이터를 타고 올라가 엇갈리는 것으로 처리한다. 한국영화는 재명과 미림이 만나는 장면을 각본과 달리 비 오는 외부에서 진행했다가, 그녀가 회사로 들어와 자살하자 재명과 행자가 계단으로 내려가 보는 모습으로 처리한다.

지금까지 살펴본 것처럼, 일본 원본을 그대로 번역한 한국 오리지널 시나리오는 일본어 시나리오를 읽지 않아도 무방할 정도로 거의 유사한 데 비해, 한국 녹음대본은 공간 설정이나 극적인 강화 등 연출 작업을 염두에 두고 추가로 각색한 부분을 확인할 수 있다. 한일 영화의 결과물 역시 각 시나리오와 달라진 점들이 있지만, 각본상 설정을 더 많이 유지한 것은 오히려 한국영화 쪽이다. 마스무라 야스조와 유현목이 각각 연출한 최종 영화는 어떻게 달라졌는지 구체적으로 확인해 보자.

## 영화화: 달라진 것들

한국영화 〈아내는 고백한다〉는 감독이 일본영화 시나리오를 베낀 (혹은 일부 각색한) 각본으로 연출했다는 점에서 당시 일본영화를 번안한 한국영화의 제작 방식을 공유했음을 확인했다. 바로 1960년대 초중반 한국영화계에 만연했던 표절 논란의 본질이다. 비교 분석의 다음 단계는 거의 동일한 시나리오에서 어떻게 한국영화 쪽이 다르게 연출되는지를 검토하는 작업이다. 유현목의 시청각적 디자인이 반영된 결과, 원작 일본영화와는 다른 영화로 창작된 지점을 주목하는 것이다. 이에 덧붙여 한일 각 버전의 〈아내는 고백한다〉비교 작업에서는 일본영화 역시 비중 있게 고려되어야 한다. 마스무라 야스조가 연출한 일본영화 〈아내는 고백한다〉는 계획했던 시나리오에서 상당 부분 플롯을 변경했기 때문이다. 즉, 두 영화화된 결과물은 마스무라와 유현목, 두 감독이 지향한 연출 방식과 미학을 확인하는 단초가 된다. "유 감독은 이 일본작품과는 거의 다른 자기대로의 플랜으로 다루었기 때문에 증촌 감독 작품을 볼 수 있었던 사람에게는 비교해 가며 보는 재미가 따른다. 그만큼 유·증촌 두 감독의 솜씨는 막상막하다"[74]라는 기사 문장에서, 주로 표절이나 비공식적 번안으로 진행된 한일 영화의 관계가 처음으로 공식적인 리메이크 차원에서 성사된 데 대한 기대감이 읽힌다. 이처럼 당시 언론이 설정한 구도에 따라 동 시기 일본과 한국의 영화미학을 대표하는 감독의 작품을 흥미롭게 살펴볼 수 있을 것이다.

첫 번째 시퀀스인 첫 법정 장면부터 두 감독의 스타일은 큰 차이를 보인다. 같은 이야기가 진행되지만 시퀀스 안의 세부적인 플롯은 물론이고, 근본적인 데쿠파주 역시 다른 방식이다. 일본영화는 한 영상 기자의 얼굴에서 시작하며 기록영화적 질감을 만들어낸다. 그 기자의 클로즈업을 전경에 두고 후경에 재판소 입구를 배치한 타이트한 프레임에서 카메라가 빠지며(동시에 영화 속 기자와 기자가 들고 있는 필름 카메라는 자동차를 쫓아 후경으로 시선을 향한다) 검정색 차가 도착하는 모습을 보여 준다. 관객을 실제 사건으로 초대하는 듯한 인트로다. 숏이 바뀌면 차에서 변호사와 아야코가 내려서 질문 공세를 퍼붓는 기자들에게 둘러싸인 채 재판장으로 들어서는 모습을 보여 준다.

일본영화 쪽 스타일은 시종일관 인물과 가깝게 밀착하는 카메라 거리를 원칙으로 한다. 기자들을 피해 실내로 들어온 아야코가 대기실 문 앞에서 안도의 한숨을 내쉬는 모습을 포착한 클로즈업숏은 아야코라는 캐릭터를 설명하는 동시에 상황을 압축하는 기능을 수행한다. 물론 시나리오의 지문을 넘어서는 연출의 결과다. 대기실에 들어서자 고다와 레이가 기다리고 있는데, 약혼녀 레이를 가장 안쪽의 후경으로 배치하고 전경에 아야코와 고다를 서로 마주 보게 배치한 것에서 이후 영화가 어떻게 진행될지 프레임 속 인물 구도를 통해 예상하게 만든다. 미장센을 통해 인물 구도를 설명하는 탁월한 연출이다. 마스무라는 영화 내내 와이드스크린의 가로 폭보다는 화면 깊이 축을 활용해 숏을 구성해 간다. 후술하겠지만, 이는 영화 속 인물들이 폐쇄적인 공간에 놓인 것 같은 효과를 내며 엔딩까지 긴장감을 유지하는 동력이 된다.

'도쿄지방재판소 제22호 법정'이라는 간판이 보이고, 다음 숏은 법정의 판사석을 와이드스크린으로 잡는다. '妻は告白する'라는 일본어 타이틀이 그 위로 넓게 깔리고, 불협화음조의 장식적인 영화음악이 등장하며 판사들이 들어와 착석하는 모습을 보여 준다. 영화음악은 1960년 전후 오시마 나기사大島渚 영화의 음악을 주로 맡았던 마나베 리이치로眞鍋理一郎가 담당해 영화 전반의 정서를 단단하게 유지해 낸다. 공간상 리버스(역)숏이 나오면 기자와 방청객으로

가득한 재판장이 나오고, 법정의 이곳저곳을 포착한 이미지 위로 크레딧 타이틀이 차례로 등장한다. 일본영화는 크지 않은 법정 공간을 카메라에 담고자 광각 렌즈를 사용하고,[26] 전경에서 후경까지 화면 깊이 축을 활용해 숏과 리버스숏으로 연결해 구성한다.

검사의 발언으로 사건의 개요가 설명되고, 고다의 증언 때 시나리오상 설계처럼 첫 플래시백이 등장해 등반 사고의 전모가 소개된다. 파노라마 숏을 활용해 산 풍경과 그들의 등반 모습을 보여 주고, 낙석 사고가 발생해 다키가와 교수와 아야코가 떨어져 로프에 매달린다. 등반 과정을 구체적으로 묘사해 무척 사실적이면서도 스펙터클하게 구성됐다. 고다가 필사적으로 두 사람이 매달린 로프를 잡고 있다가 힘겹게 끌어올리자, 아야코만 올라오는 모습을 보여 준다. 시나리오상에는 아야코가 로프를 잘라 남편이 떨어지는 장면이 묘사되어 있지만, 일본영화에서는 생략했다(대신 후반부에 진실이 드러나는 장면을 등장시켜 극적인 구조를 만든다). 일본영화는 형사 주임의 증언까지 첫 번째 법정 시퀀스에서 모두 13분 57초를 사용한다. 반면에 한국영화는 같은 시퀀스에서 22분 48초가량을 사용했다. 이는 한국영화 쪽이 대사에 의존하는 설명적 화법임을 말해 준다.

도봉산을 보여 주며 시작하는 한국영화는 암벽산을 중심으로 한

---

26) 법정 공간의 경우, 일본영화는 실제 법정을, 한국영화는 스튜디오 세트를 활용했다.

배경 이미지로 오프닝크레딧을 보여 준다. 크레딧이 프레임의 수직성을 강조하며 위로 올라가는 것이 인상적이다. 음악은 동 시기 한국영화에서 일반적인 경향인 관현악 연주곡으로, 1950년대 중반에서 1960년대까지 한국 영화음악가를 대표하는 인물 중 하나인 김용환이 맡았다.[27] 감독 유현목의 크레딧까지 마지막으로 보인 후, 기자들의 취재 열기가 뜨거운 재판소 건물 앞으로 자동차 한 대가 들어선다. 변호사가 내리자 안쪽에 있던 장미림이 버스트숏으로 보인다. 두 사람이 인파를 이끌고 계단을 오른 후, 미림이 먼저, 뒤이어 변호사가 대기실로 들어선다. 와이드스크린으로 넓게 잡힌 공간에서 오른쪽(창가)에 문재명이 담배를 피우며 기다리고 있고, 왼쪽(출입문)으로 미림이 들어선다. 인물들은 풀숏 사이즈 내외로 포착된다. 기본적으로 일본영화의 닫힌 공간 연출과는 상이한 방식으로, 말하자면 무대공간처럼 연출된다.

법정 장면을 포함해 한국영화는 실내 장면에서 유연한 촬영이 가능한 거대한 세트를 활용한다. 법정 신은 니(무릎 높이) 숏 사이즈의 미림의 모습으로 시작되어, 재판장 내부를 여러 각도로 보여 주는 숏들이 이어진다. 가장 넓게 전체 공간을 보여 주는 숏은 전경에 판사들의 뒷모습을 걸고 중경에 미림이 서 있고, 그 뒤 후경으로 방청객 모습이 보이는 것이다. 한국영화는 검사의 기소 사실

---

[27] 주제가 작곡은 이봉조가 담당한 것으로 크레딧에 기록되어 있는데, 현재 남아 있는 필름 분량에서는 주제곡이 확인되지 않는다.

낭독 때부터 회상 장면을 이용해 박용호와 장미림 부부, 문재명 세 사람이 등반하는 모습을 보여 준다(사운드는 검사의 목소리만 들린다). 이때 한국 버전의 각색 시나리오에는 검사의 대사 앞에, 화면 밖에서 들리는 소리를 뜻하는 이펙트Effect의 약어 'E' 표시를 했다. 어떠한 플래시백 장면이 나오는지 구체적으로 지시하지는 않았지만, 검사의 목소리 위로 다른 장면을 쓸 것을 미리 계획한 것이다. 재명의 증언이 시작되는 대목에도 'E' 표시가 있는데, 실제 영화에서는 박 교수의 연구실에서 재명과 만나는 장면을 보여 준다. 증언 목소리를 배경으로 회상 이미지를 노출하는 초반 플롯은, 유현목이 원작 일본 시나리오(한국 제작 착수용 시나리오도 동일) 그리고 일본영화와도 다르게 연출했다는 대표적인 표식이다.

재명의 증언이 계속 이어지며 도봉산 선인봉을 본격적으로 오르는 세 사람의 등반 장면을 보여 준다. 감독은 추락 장면을 영리하게 구축해 간다. 인물을 타이트하게 잡은 숏을 몽타주하며 긴장을 쌓아 가다가, 용호와 미림이 떨어져서 로프에 매달리는 모습은 익스트림 롱숏으로 잡는다. 물론 대역 배우를 쓰기 위함이다. 근접 숏으로 바뀌면 재명이 안간힘을 다해 로프를 잡고 있는데, 매달려 있는 미림의 숏은 스튜디오에서 촬영한 것이다. 매달려 있는 용호의 모습은 실제 산에서 촬영해 이어 붙였다. 영화는 재판장의 증언과 플래시백에서 묘사되는 사고 장면을 오가며 차근차근 사건의 전모를 전달하다가, 결국 미림이 나이프로 밧줄을 잘라 남편이 떨어지는 장면까지 보여 준다. 한국영화가 원본인 일본 시나리오 그리고 각색한 버전대로 연출되었음을 알 수 있다. 한일 영화의 등반과 사고 장면 묘사를 비교하면, 일본영화는 다큐멘터리 질감의 정교한 기록처럼 묘사했고, 한국영화는 서스펜스를 자아내는 장르영화 톤으로 연출했다. 양쪽 다 관객에게 생생한 현장감을 전달하기 위해 각자의 방식을 택한 셈이다. 한국영화의 기본적인 연출 톤은 멜로드라마를 중심으로 대중을 소구하는 장르 화법이다.

마스무라의 일본영화가 유현목의 한국영화와 결정적인 차이를 보이는 지점은 인물들이 공간 속에 갇힌 것처럼, 달리 말하면 폐쇄적으로 연출된다는 점이다. 예컨대, 일본식 식당 공간인 방에서 약혼녀 리에가 고다와 맥주를 마시는 장면이 그렇다. 인물들을 타이트하게 잡은 후 서로가 시선을 피하며 말하는 모습을 연출해 미묘한 긴장감을 발생시킨다. 아야코가 제약회사로 고다를 찾아갔다가 사람들의 시선이 부담스러워 자리를 옮긴 다방 장면도 인상적이다. '살인죄인가 무죄인가'라는 제명의 기사가 실린 잡지의 인서트 장면으로 시작한 신은 다방에 앉아 있는 남자들을 타이트하게 잡고 있다가 종업원이 빠지면서 가장 안쪽의 후경에 앉아 있는 아야코를 노출한다. 그 리버스숏은 전경에 고다와 아야코가 앉아 있고, 중경과 후경의 남자들이 그녀를 훔쳐보는 모습이다. 결국 고다는 자기 집으로 아야코를 데리고 가는데, 리에와 (시나리오와 달리) 변호사까지 찾아오며 역시 타이트한 숏이 이어진다. 일본영화는 러닝타임 내내 고다와 리에, 아야코와 고다, 다키가와와 아야코 등 인물들이 어떤 공간에 있을 때 그 속에 갇힌 것처럼 연출된다. 한

**[그림 2] 한일 영화의 미장센 비교**

| 일본영화: 아야코와 고다의 다방 장면 | 한국영화: 미림과 재명의 다방 장면 |
| --- | --- |
|  |  |

국영화와 같이 와이드스크린이지만 마치 스탠더드 사이즈의 화면인 것처럼 느껴질 정도이다. 그 결정적인 이유는 시네마스코프의 가로축을 이용하는 한국영화와 달리, 일본영화는 화면의 깊이 축을 활용하기 때문으로 보인다. 영화의 마지막, 과연 아야코가 남편을 죽이려고 자일을 잘랐는지 그 진실을 노출하기 전까지 서스펜스 스릴러의 톤으로 줄곧 긴장을 구축해 간다는 점에서 일본영화의 응집력 있는 구도는 탁월하게 선택된 스타일로 평가된다. 이 같은 미장센과 연계된 등장인물들에 대한 정교한 심리 묘사도 일본영화의 특징이다.

한국영화는 동일한 설정의 신에서 오픈된 공간을 활용하는 한편, 인물들 간의 거리와 그들이 오가는 동선도 역동적으로 사용한다. 원본의 레스토랑이 아닌 한강변에서 촬영한 재명과 약혼녀 행자의 장면은 소원해진 그리고 더 소원해질 둘의 관계를 설명한다.

재명을 만나기 위해 제약회사로 찾아간 미림의 장면도 오픈된 복도, 건물 현관 등 열린 공간에서 이뤄진다. 다방 장면 역시 마치 군중의 시선 속에 놓인 미림이라는 의미를 부여하듯, 세간을 상징하는 넓은 공간에 놓인 그녀를 포착한다. 둘은 다방 손님들의 눈을 피해 따로 앉는다. 이처럼 유현목이 연출한 〈아내는 고백한다〉는 그만의 해석과 문법으로 구축된다. 대체로 스튜디오의 세트 공간을 활용하고 로케이션 촬영도 비교적 넓은 곳을 활용하는 한국영화는, 기본적으로 인물들을 풀숏 사이즈 정도로 잡으며 무대공간처럼 장면을 구성해 나간다. 아파트인 재명의 집, 주택인 박 교수의 집 등 대형 세트 공간을 활용한 미장센도 인상적이다. 특히 박 교수의 집 세트는 마치 독일 표현주의 영화의 한국적 버전처럼 보이기도 한다.

무죄를 주장하는 미림이 최종 변론을 마치고 재판장을 나서자, 기자들의 질문 공세와 방청객들이 그녀를 쳐다보는 장면이 이어진다. 기자들의 입, 방청객들의 눈 그리고 미림의 눈을 사선으로 포착한 클로즈업숏들이 미림이 정신을 잃고 쓰러지는 모습까지 직조된다. 한편 일본영화는 시나리오에 설계된 이 장면을 생략하고 대기실에서 아야코가 고다에게 판결 전까지 자기 옆에서 사랑해 달라고 말하는 장면이 바로 이어진다. 뒤이어 연결되는 숏은 바다 위에서 모터보트를 타고 가는 고다와 아야코의 모습이다. 영화 전체를 관통하는 불협화음조의 영화음악이 두드러지며 해변에서 그들의 애정 행각이 묘사된다. 실험영화 톤의 영상으로 구축되는

데, 무척 관능적이다. 호텔 방에서 고다는 아야코에게 사랑한다며 결혼해 달라고 말한다. 일본영화는 시나리오 지문과 달리 둘의 애무 장면은 보여 주지 않고 둘이 대화하다가 포옹하는 장면으로 끝낸 후 최종 판결 날의 법정 장면으로 넘긴다.

한편 한국영화는 대기실에 쓰러지듯 들어온 미림을 재명이 부축해 앉힌다. 미림이 징역을 받으면 재명과 산이나 바다로 못 갈 거라고 낙담하듯 말하는 장면에 이어, 시나리오상 설정대로 행자의 어머니가 재명의 제약회사로 전화를 거는 장면이 나온다. 재명이 여행을 떠났을 거라고 들었다며 모친이 전하자, 행자는 근심스러운 표정을 짓는다. 다음 장면은 활기찬 음악과 함께 모터보트 위의 미림의 얼굴을 시작으로 바다로 놀러 간 두 남녀의 신을 시작한다. 바다에서 보트를 타는 장면을 다소 길게 전시적으로 보여 준 후, 할리우드 멜로드라마풍의 음악을 사용하며 해변의 한 텐트 속에 누워 있는 남녀를 보여 준다. 둘의 애정신 역시 시나리오대로 촬영됐다. 서로를 애무하는 모습을 보여 주는데, 그 묘사가 상당히 선정적이다.[28] 이때 인물들의 대사는 일본어 시나리오를 번역한 대로 진행된다. 애무를 받던 미림이 해변으로 뛰어나가고, 달빛이 비치는 바닷가에서 대화를 나누던 둘은 격렬하게 키스하고 애무한다. 바닷가 신은 배우 김혜정의 육체성이 가장 강조되는 장면이다. 페

---

[28] 텐트 속 애무 장면의 경우, 당시 개봉 버전에서는 검열로 삭제되었다.

이드아웃, 인하면 마지막 법정 장면으로 이어진다.

두 영화의 엔딩도 크게 다르다. 오사카로 전근 가게 된 고다에게 아야코가 찾아온다. 비를 흠뻑 맞은 그녀의 다소 광기 어린 모습에 사무실 사람들이 놀란다. 고다가 회사의 면회실 같은 공간으로 그녀를 데리고 간다. 옆모습의 고다가 전경에, 정면으로 앉은 아야코는 중경에 위치시키며, 대화하는 둘의 시선 방향을 다르게 둔다. 그녀는 고다에게 매달리는데, 역시 타이트한 프레임으로 둘을 잡아서 마지막까지 긴장감을 더한다. 고다는 복도로 나와 쳐다보는 사람들 앞에서 아야코에게 이별을 고한다. 아야코가 그를 잡으며 핸드백을 떨어뜨리고 그녀의 물건들이 쏟아진다. 그녀의 치부를 완전히 드러내는 듯한, 혹은 그녀의 자존감이 바닥까지 떨어졌음을 상징하는 장면이다. 그녀는 정신적으로 크게 충격을 받아 이미 약을 먹은 듯 힘겹게 계단을 내려오고, 엘리베이터의 리에를 피해 화장실로 들어가 거울 속 자신의 얼굴을 본 후 약을 꺼내 먹으려고 한다. 면회실의 리에는 고다에게 부인이 불쌍하다고 말하고, 밖에서 여자가 죽었다는 소리가 들린다. 죽은 아야코가 들것에 실려 의무실 침대에 눕혀지고, 고다는 경찰 조사를 받는다. 영화의 마지막은 전경에 놓인 그녀의 시체다. 중경의 사람들이 커텐을 치면 화면이 어두워져 그녀의 실루엣만 보이고 종終 자가 나온다.

한국영화의 엔딩은 묘사 방식이 다르다. 당대 한국 멜로드라마 화법에 전적으로 의존하며 대중 관객을 소구하는 연출이다. 미림이 비에 흠뻑 젖어 숨어 있는 듯 등장하는 모습은 일본영화와 같다. 기본적으로 한국영화가 원본 시나리오의 지문과 대사를 사용하며 진행하기 때문이다. 하지만 회사 복도가 아닌 비가 내리는 외부로 미림과 재명을 나가게 한 후 과잉된 멜로드라마 연기 톤을 설정해 원작과는 다르게 극화한다. 물론 시나리오상의 대사는 동일하다. 미림은 보름에 한 번, 한 달에 한 번, 일 년에 한 번이라도 만나 달라며 매달리고, 재명은 "부인은 밧줄을 끊은 사실을 잊을 수 있어요?"라며 완강히 거부한다. 미림은 떠나는 그를 따라가다 각본대로 단순히 핸드백을 떨어뜨렸다 줍는다. 원래 시나리오에 지시되어 있지 않으므로, 내용물이 쏟아지는 것을 보여 주는 일본영화의 연출과는 다르다. 이어 행자가 찾아와 재명을 만나는데, 어떤 여자가 약을 먹었다며 소동이 일어난다. 자살한 미림이 침대에 누여 화면 전경의 가로축에 놓이고, 의사와 간호사와 경찰이 침대 주변에 서 있고 후경의 문으로 다가오는 재명의 모습이 보인다. 카메라가 트랙인하면 미림이 프레임에서 빠지고, 마치 재명의 탓이라는 듯 그를 중심에 잡는다. 일본 시나리오의 대사와 지문을 사용해 연출했지만, 촬영 공간에서의 데쿠파주는 유현목의 방식대로 구성됐다. "미림의 아름답고 평화스러운 얼굴"이 사선의 버스트숏으로 보인 다음, 행자가 일본 원작 대사처럼 "미림씨를 죽인 건 미스터 문이에요"라고 말하고 떠난다. 재명은 미림의 시체 앞에 잡혀 있고, 할리우드 멜로드라마풍 음악이 나오며 우산을 쓰고 떠나는 행자의 모습으로 끝난다.

## 멜로드라마와 작가주의 미학 사이

지금까지 동명의 한일 영화 〈아내는 고백한다〉의 각 시나리오와 영화화된 결과물을 비교 분석해, 1960년대 중반 한국영화에서 작동한 표절과 번안의 양식을 검토함과 동시에 원작과 리메이크작을 각각 감독한 마스무라 야스조와 유현목의 연출 스타일까지 분석했다. 세기상사가 제작한 〈아내는 고백한다〉는 우선 일본영화 원작의 시나리오를 베껴 한국어 버전의 시나리오를 만들었다. 제작 착수용 시나리오는 스토리와 플롯의 차원뿐만 아니라 등장인물, 극 중 배경이 거의 동일하며, 대사와 지문 역시 유사하다. 번역과 동시에 한국적 상황으로 최소한의 번안이 이뤄진 결과다. 비교 분석 대상으로 삼은, 영화화 결과와 가장 가까운 녹음대본의 경우, 실제 영화 촬영을 위한 공간 설계와 감독의 미학적 표현을 반영한 일정한 윤색이 한 번 더 이루어졌다. 이러한 최종 시나리오를 기반으로 유현목의 시청각적 연출 작업이 진행됐다. 당대 한국의 대중 관객을 소구하는 멜로드라마적 화법이 주요한 방법론이었지만, 특별한 순간에는 모더니즘영화의 미학적 표현을 가동시킨다. 그 결과, 마스무라 야스조의 〈아내는 고백한다〉와 내용은 같지만 연출 스타일은 완전히 다른 방향으로 영화가 완성됐다.

　이처럼 1960년대 한국영화의 표절 문제는 시나리오를 베끼는 것과 영화화라는 창작적 측면을 구분해 고찰하는 것이 필요하다. 한국영화 〈아내는 고백한다〉는 공식적인 리메이크였지만, 그 출발은 일본 원작 시나리오를 표절한 각본에 기반한 것이 엄연한 사실이다. 하지만 영화는 또 다른 차원으로 전개됐다. 일본 스튜디오 시스템 내의 작가주의 감독으로 평가받는 마스무라 야스조와 한국 충무로 상업영화에서 예술성 높은 감독으로 인정받는 유현목 감독이 각각 스릴러와 멜로드라마 장르를 기반으로 각자의 미학적 스타일을 펼쳤기 때문이다. 한일 영화의 비교 텍스트 분석을 통해 한국에서 작동한 영화적 표절과 번안의 양식을 검토하는 작업은 당대 한국영화를 구성한 여러 요인 중 일본영화와의 영향 관계를 본격적으로 논의할 수 있는 기반이 된다. 좁게는 창작자의 연출 작업, 넓게는 대중 관객을 소구하는 화법과 장르성까지 연동되는 문제이다.

## 11장

# 〈춘몽〉과 〈백일몽〉의 비교
## : 예술적 실험과 모방

유현목 감독의 〈춘몽〉(1965)은 2004년 발굴 상영된[29] 이후 적지 않은 학술적 관심을 받아 왔다. 크게는 외설 이슈, 그리고 비교 텍스트적 관점의 두 가지 경향으로 파악할 수 있다. 첫 번째, 외설에 대한 국가검열이 작동하는 맥락을 살펴보는 과정에서 이 작품이 거

---

[29]  한국영상자료원이 이 영화의 네거티브(원판)필름을 제작사 세기상사로부터 입수한 것은 1983년이다. 전체 8권 중 사운드필름 두 릴(7, 8권)이 결권인 상태였다. 1999년 제4회 부산국제영화제에서 유현목 감독 회고전이 열렸을 때에는 상영작으로 포함되지 못했고, 2004년 제8회 부천국제판타스틱영화제에서 후반부 13분가량의 사운드 유실 부분을 복원해 근 40년 만에 다시 공개되었다. 현재 감상할 수 있는 71분 버전은 조성우 음악감독의 영화음악과 후시녹음 대사 등을 포함해 창조적으로 복원한 결과다. 특히 〈춘몽〉에서 신성일의 후시녹음 목소리를 맡았던 성우 이강식이 다시 참가했다. 이 과정은 〈나의 한국영화/에피소드 6: 춘몽/창조/복원〉(김홍준, 11분, 2005) 참조.

론된다. 박유희(2015)의 연구[75]가 대표적이다. 그는 1960년대 후반에서 1980년대 초반의 한국영화, 특히 〈춘몽〉부터 〈애마부인〉까지 통시적 관점으로 당국의 외설 검열과 영화 재현의 관계를 고찰했다. 이후 본문에서 살펴보겠지만, 이 논문은 1966년 1월 4일 유현목이 음화 제조 혐의로 불구속기소된 사건을 밀도 있게 구성하며, 당시 검열관들조차 예술과 외설의 기준 사이에서 동요하고 있음을 포착한다. 한편 조준형(2014)[76]은 박정희 정권기와 영화의 섹슈얼리티의 관계를 논하는 과정에서 한국 최초의 문화적 산물에 대한 음란 사건 판례로 〈춘몽〉을 언급한다.

두 번째는 원작 일본영화 〈백일몽〉과 〈춘몽〉의 비교 연구적 관점이다. 알렉산더 잘튼(2012)[77]은 〈춘몽The Empty Dream〉을 분석하면서 일본영화 〈백일몽Daydream〉을 표절했다는 관점이 아니라, "타자와 국가 형성이라는 환상들과 경쟁하는 것에 대한 자의식적 위치설정"으로 〈춘몽〉의 연출을 간주한다. 그는 1959년부터 1960년대 중반까지 한국영화계의 표절 이슈를 언급하지만 이 잣대로 〈춘몽〉을 평가하고자 함이 아니며, 상상된 타자an imagined other인 일본영화를 오리지널로 보는 인식도 불완전한 환상a partial fantasy에 불과하다고 주장한다. 〈춘몽〉의 분석에 방점을 찍은 이 글은 〈백일몽〉을 언급하지만, 두 영화의 비교 분석을 의도한 것은 아니다.

한편 홍진혁(2013)[78]은 원작의 외설적인 장면과 내러티브가 한국영화에서 어떤 방식으로 표현되는지 살펴본다. 이를 통해 두 영화 텍스트의 차이는 한일 각국의 영화제작 양식의 차이, 감독의 영화적 스타일의 차이 그리고 관객 수용의 문화적인 차이에 기반한다고 언급한다. 이 논문은 내레이션 이론을 적용해 〈춘몽〉을 중심으로 영화를 정교하게 분석하지만, 표절 문제와 관련한 미학적 가치판단은 추후 연구로 유보한다.[79] 데이비드 스콧 디피리언트(2023)[80]는 기존 두 가지 경향의 연구를 기반 삼아, 1960년대 한국영화 황금기의 '불법 리메이크illicit remake'가 성행한 맥락에서 〈춘몽〉을 〈백일몽〉과 비교 분석한다. 그는 상호텍스트적인 동시에 메타텍스트적으로 매우 꼼꼼하게 분석하지만, 기존 연구처럼 최종 영화에만 국한해 분석을 진행했다. 그리고 원작자인 일본 영화감독 다케치 데쓰지의 제작 허락을 구했다고 근거 없이 기술하는 등 사료 검증상의 결점도 노출한다.[30] 살펴본 바와 같이 여기서 검토하려는 시나리오 단계의 표절과 연출 단계의 번안을 동시에 분석하는 관점, 이를 적용한 두 텍스트 간의 비교 연구는 선행 작업에서 본격적으로 실행되지 않았다.

이 장에서는 〈춘몽〉(유현목, 1965)의 제작 과정을 검토해 1960년대 중반 한국영화계로서는 보기 드문 실험이었던[31] 영화의 성격을 규

---

30) 이는 Yecies & Shim이 세기상사의 국쾌남 회장이 〈백일몽〉의 리메이크 판권을 샀다고 근거 없이 서술한 것에 기반한 것으로 보인다. Brian Yecies & Aegyung Shim, *The Changing Face of Korean Cinema: 1960 to 2015*, Routledge, 2016, p. 51.

31) "나는 원래 에로티시즘하고는 거리가 먼 감독이지만 이 〈춘몽〉만큼은 내가 젊어서 해보고 싶었던 실험영화 스타일로 연출했다. 대중적으로는 어려워 이해가 가는 작품은 아니어서 흥행에는 실패했지만 나로서는 그 '실험성'이 성공했다고 자부하고 자위하고 있다." 유현목, 『예술가의 삶 20: 유현목 영화인생』, 혜화당, 1995, 150~151쪽.

명하는 동시에, 이 작품에서 유현목의 연출 스타일을 분석하는 것을 목표로 한다. 이 작업의 주요한 방법론은 이 영화의 원작인 〈백일몽白日夢〉(다케치 데쓰지武智鉄二, 1964)을 비교 텍스트 대상으로 삼아 분석하는 것이다. 〈오발탄〉(1961)으로 1960년대의 필모그래피를 시작한 유현목 감독은 멜로드라마와 코미디 같은 장르영화는 물론이고, 소설 원작의 문예영화를 연출하며 한국식 예술영화의 공간을 확보하려 애썼다. 또 다른 방향의 시도였던 〈춘몽〉은 한국 상업영화 지형에서는 매우 드문 사례인 실험적 예술영화의 성격으로[32] 만들어져 개봉했지만, 감독이 음화 제조죄로 기소되어 한국사회의 검열 문제를 부각시켰고 결국 유죄판결까지 받았다.

한편 다케치 데쓰지가 기획하고 연출한 일본영화 〈백일몽〉은 소설가 다니자키 준이치로谷崎潤一郎의 동명 희곡[81]을 원작으로 한 것인데, 역시 일본사회에서 예술과 외설이라는 기준을 모호하게 만든 영화로 화제가 되었다.[82] 〈백일몽〉이 1964년 6월 쇼치쿠계 영화관에서 개봉했을 당시 일본 언론에는 '영륜EIRIN' 무용론과 검열 부활론이 등장할 정도였고, 이 같은 분위기에서 '도쿄도청소년건전육성조례'가 7월 도쿄도의회에서 통과되기도 했다.[83] 또한, 〈백일몽〉 역시 당국의 검열을 받아, 여성의 음모에 '흐릿하게 보이는

---

32) 당시 〈춘몽〉의 심의서류에서 제작사는 "예술지상을 모토로 하는 베테랑 유현목이 다년간의 속망이었던 예술영화로 완성하는 하나의 실험작"으로 규정하고 있다. 「극영화 "춘몽" 제작에 대한 건의서」, 1965. 4. 28.

fogging' 처리를 한 첫 번째 일본영화가 되었다.[84] 이 영화는 일본 핑크영화ピ ンク映画의 초기 역사에서 일정한 지분을 차지하는 작품으로 평가된다.[85] 다케치라는 창작자와 풍속 질서의 수호자 간 갈등은 이것으로 끝난 것이 아니라 그때부터 시작이었다. 다케치가 감독하고 쇼치쿠가 배급한 〈백일몽〉이 예술과 외설 사이에서 흥행에 크게 성공하고, 〈홍규몽紅閨夢〉(1964) 역시 그 길을 따랐다. 다음 해에는 반미 정서까지 반영된 다케치의 연출작 에로틱 영화 〈흑설黒い雪〉(1965)을 닛카쓰가 배급했다. 이는 풍속취체법 위반 재판을 받는 것으로 이어져, 영화윤리규정관리위원회의 사무 담당자 7인이 자택근신을 하게 되는 사건까지 일어났다.[86]

이처럼 〈춘몽〉뿐만 아니라 일본영화 〈백일몽〉 역시 문제적인 텍스트였다. 두 영화의 비교 분석은 다음과 같이 진행된다. 본편 영화뿐만 아니라 그동안 학계가 천착하지 못한 한일 각 시나리오 문헌[33]을 비교 분석하고, 그 연결 고리로서 당시 한국 정부에서 생산된 이 영화의 심의서류 일체[87]를 검토할 것이다. 이를 통해 〈춘몽〉이라는 한국영화 텍스트가 당대의 상업영화 지형에서 엄연한 일본영화 시나리오 모방과 예술적 실험이라는 창작적 욕망 사이에서 구성되고 있음을 살펴본다. 특히 작가주의 영화를 지향하는 유현목

---

33) 일본영화 〈백일몽〉의 시나리오 출처는 다음과 같다. 「시나리오: 백일몽」, 『시나리오』 1964년 7월호(193호), 148~157쪽. 한국영화 〈춘몽〉의 경우 현재 한국영상자료원이 제작 신고 때 제출한 '오리지널' 시나리오와 최종 영화화 버전인 '녹음대본'을 보존하고 있는데, 이 글에서 유현목의 연출과 관련된 주된 분석 대상은 후자의 녹음대본이다.

이 1960년대 중반 시점, 세계영화사의 예술 사조와 일본의 섹스영화를 횡단하는 작업을 통해 어떤 스타일의 영화를 창작하고 싶어 했는지, 그 실질적인 연출 기반은 무엇이었는지 규명할 수 있다. 또한 브라이언 예시스와 심애경(2016), 데이비드 스콧 디피리언트(2023)의 선행 연구에서, 일본영화 〈백일몽〉은 포르노그래피적 텍스트로, 한국영화 〈춘몽〉은 실험적 예술영화 프로젝트로 대비적으로 설정한 후 결론적으로 〈춘몽〉이 실험영화 텍스트로서 성공했다고 주장하는 단순한 논의 층위를 더 복잡하게 구성해 볼 수 있다. 이에 더해 두 영화가 각기 지향하는 미학의 차이를 분석하는 작업까지 수행할 수 있을 것이다.

1960년대 한국영화에서 작동한 영화적 표절과 번안 양식Mode of Cinematic Plagiarism and Adaptation은 두 영화의 분석에서도 다음과 같은 층위들을 포함해 적용된다. 첫째, 1960년대 초중반 한국영화의 표절은 영화의 시청각적 차원이 아니라 일본어 시나리오의 비공식적 번안을 통해 이루어졌다. 〈춘몽〉 시나리오는 더 복잡한 양상을 보인다. 제작 신고 때 제출한(오리지널) 시나리오[88]는 일본 원작의 처음과 끝에 나오는 치과 공간을 스카이라운지로 바꿨을 뿐 그 외 내용은 거의 유사하다. 역시 그대로 번역한 것이다. 심의 초기에 〈백일몽〉이 표절이라는 지적을 받자 제작사는 윤색 과정을 거치는데, 도리어 프롤로그와 에필로그에 다시 치과 공간을 설정하는 등 역시 일본영화 버전과 거의 동일하게 신을 구성했다. 하지만 몽타주 기법 등 유현목의 예술적 설계가 반영되어 일본영화와 다른 성격의 창작물을 지향한다. 이는 현재 확인되는 녹음대본[89]에서 확인할 수 있다.

둘째, 원작 일본영화는 연출 과정에서 시나리오의 적지 않은 부분을 변경했는데, 한국영화는 도리어 일본 시나리오를 충실하게 따르는 대목들이 있다. 지워지지 않는 표절의 흔적이다. 일본영화 〈백일몽〉 역시 연출자 다케치 데쓰지의 영화화 과정에서 일정 부분 시나리오의 설정과 호흡을 변경한다. 유현목 또한 번안 시나리오를 넘어 그만의 시청각적 연출을 시도한 부분들이 인식되지만, 정작 〈백일몽〉에서는 취하지 않은 원본 시나리오의 묘사를 엄격하게 고수한 부분들도 발견할 수 있다. 본문에서 상술하겠지만, 비공식적 리메이크 작업으로 규정할 수 있는 유현목의 〈춘몽〉 작업은 당연하게도 〈백일몽〉의 원본성을 탈피할 수는 없었다. 하지만 표절과 번안, 모방과 창작 사이에서 영화적 실험 정신에 기반한 스타일적 모색이 더해지며 결과적으로 유현목의 영화로 완성되었다.

마지막으로 고려할 부분은 당시 한국의 영화감독이 일본영화의 시나리오가 아닌 실제로 본편 영화를 봤는지 여부이다. 결론적으로 1960년대 초중반 한국의 비공식적 번안 영화들은 일본영화 시나리오를 표절한 것이지 본편 자체를 확인하고 베끼기는 힘들었다. 하지만 1964년 유현목이 만든 〈아내는 고백한다〉의 사례에서 검토했듯이, 일본영화를 공식적으로 볼 수 있는 상황이 존재했다. 하지만 〈춘몽〉의 경우는 한국 내에서 공식적으로 상영되지 않아 연출 직전 유현목이 이 영화를 봤을 가능성은 높지 않다. 그 역시 발굴 상영이 있던 2004년 언론 인터뷰를 통해 일본영화 시나리오만 접했다고 증언한 바 있다.[34] 정리하면 유현목이 이 영화를 연출하는 과정은, 일본영화 시나리오를 표절·번안한 각본을 기반으로 그가 설계한 시청각적 차원으로 영화화하는 작업이었다.

## 〈백일몽〉의 비공식적 리메이크, 〈춘몽〉의 제작 과정

〈춘몽〉의 제작 과정은 충무로[35]의 상업영화 지형에서 시도된 유현목의 작가주의적 모험으로 규정할 수 있다. 유현목의 증언에 의하면, 〈춘몽〉 리메이크는 세기상사의 국쾌남 회장이 그에게 보내온 시나리오에서 출발했다.[90] 여성의 나체가 등장하는 〈백일몽〉을 일본에서 본 국 회장이[36] 선정적인 포르노그래피에 가깝더라도 유현

---

34) 「인터뷰: 40년 만의 감개무량한 복원, 〈춘몽〉의 유현목 감독」, 『맥스무비』(www.maxmovie.com/news/6017) 2004. 7. 29. 또한, 이 영상의 인터뷰에서도 확인할 수 있다. "처음에 일본 시나리오를 보고 … 대강 읽었는데", "(영화는) 못 봤지. 그땐 일본 가기 힘들 때라고. 봐서도 그걸 그대로 할 수는 없거든." 〈나의 한국영화/에피소드 6: 춘몽/창조/복원〉(김홍준, 11분, 2005).

35) 한국영화계는 성장기로 불리는 1950년대 후반부터 서울 충무로를 중심으로 터를 잡았고, 이러한 충무로 기반의 영화제작은 1990년대까지 이어졌다. 1990년대 후반 한국영화산업이 대기업과 벤처금융의 자본 구도로 재편되어 영화사들이 강남 등지로 거처를 옮기며 충무로를 벗어나게 된다. '충무로'는 한국영화계를 상징하는 말로 여전히 사용되고 있다.

36) 당시 국쾌남 회장은 1963년 도쿄에서 열린 제10회 아시아영화제에 참가했고, 1965년에는 방미민간경제사절단에 포함되는 등 국제적 행보가 가능했던 인물이었다. 한편 세기상사의 영화제작 부문의 실질적인 책임자는 우기동 사장이었다.

목 감독이 만들면 예술적인 영화가 될 거라고 설득했던 것으로 보인다. 물론 제작사 입장에서는 관객을 주목시킬 수 있는 에로티시즘 요소에 기댄 상업적인 성공 역시 계산했을 것이다.[37] 유현목은 아이템은 빌려 오되 감독이 만들고 싶은 영화로 만들게 해 준다는 제작자를 믿고 연출을 맡았다.[91]

당시 심의서류에 의하면, 세기상사가 공보부에 제출한 「영화제작신고서」가 수리된 날짜는 1965년 4월 27일이다. 신고서에 의하면, 원작자·기획 담당자·각색 담당자에 김한 이름이 올라 있는데, 김한은 제작사에서 일본영화 원작의 영화화 프로젝트를 진행한 주체다. 사실 김한은 〈여성의 적〉(1956)으로 데뷔, 1950년대 중후반 감독으로 활동한 김한일의 다른 이름이다. 그는 1964년 세기상사에 입사해 〈필사의 추적〉(전응주, 1964), 〈마의 계단〉(이만희, 1964) 등을 시작으로 소속 기획자로 활발하게 활동했다. 〈아내는 고백한다〉(유현목, 1964), 〈명동에 밤이 오면〉(이형표, 1964) 등 세기상사의 일본영화 시나리오 표절작이 모두 그의 기획이었다. 〈춘몽〉의 심의서류들을 살펴보면, 「영화제작신고서」에 반드시 첨부해야 하는, 본인 저작물임을 보증하는 '공연권취득증명서'의 날인 역시 김한의 것이다. 1965년 2월 1일자로 그가 '본인 저작물'이라며 직접 서명했다.[38]

---

37) 대표적으로 다음과 같은 기사를 통해 짐작해 볼 수 있다. "유현목 감독의 〈춘몽〉 히로인 박수정—5백여 명의 경쟁자를 물리치고 픽업된 신성일의 상대역으로 세미누드 신까지 보여 준다." 「연예화제」, 『조선일보』, 1965. 5. 2.
38) 영화제작신고서상의 원작자 '김한金漢'의 글씨체만 다른 점도 주목할 부분이다. 1965년 2월

하지만 심의서류 일체를 살펴보면, 제작사의 최초 제출일은 1964년 12월 31일임을 알 수 있다.[39] 처음 제목은 일본 원작 그대로인 〈백일몽〉이었다. 1965년 1월 29일 신고서가 반려되어, 3월 16일 제명을 〈춘몽〉으로 바꾸고 시나리오 내용을 개작한 제작 신고를 접수한다. 4월 22일 다시 신고서가 반려되는데, 그 이유는 "① 〈백일몽〉의 표절,[40] ② 내용 비속"이었다. 제작사는 우기동 사장 명의로 4월 26일 "이진섭으로 하여금 재삼 각색토록 하고 비속한 부분을 자진 삭제 내지 시정하였으니 수리해" 달라는 '극영화 〈춘몽〉 제작에 대한 건의서'를 제출한다. 방송극·시나리오 중진 작가 이진섭의 윤색으로 시나리오의 14군데 이상 개작했으니 "스스로 만전의 주의를 기울여서 촬영"하겠다는 내용이었다. 건의서에는 "이미지를 위주로 한 전위적인 영화표현", "영화예술의 새로운 단면을 제시하는 실험적 작품", 예술성 있는 감독 유현목이 "예술영화로 완성하는 하나의 실험작" 등의 표현을 써서 항변했다. 사실 제작사의 대응 전략은 ①은 언급하지 않고 ②에 집중하는 것이었다.

---

15일 사단법인 한국영화업자협회(공보부에 등록된 10개 영화제작사 협의체)를 경유해 1965년 4월 27일 접수한 「영화제작신고서」에 의하면, 원작자란을 처음에는 비워 뒀다가 다른 이가 뒤늦게 추가한 것으로 보인다. 세기상사가 〈아내는 고백한다〉 때처럼 〈백일몽〉의 원작 소설 작가에게 사용 승낙을 받으려다가, 제출 시점에 서류상 원작자 표기를 '김한'으로 기록했음을 추정해 볼 수 있다.

39) 「극영화 "춘몽" 제작 신고」(한국영상자료원 관리번호: RK01177004)에 "65. 12. 31"로 기록되어 있으나, 경위 내용 흐름을 보면 단순 오기임을 알 수 있다.

40) 이때 한 심의 위원은 일본 원작 〈백일몽〉의 프롤로그와 에필로그만 다소 변경한 수준이라고 지적했다.

# 映畫製作申告書

第一號書式

映畫法第四條의 規定에 依하여 國産映畫를 製作하고자 다음과
같이 신고하나이다

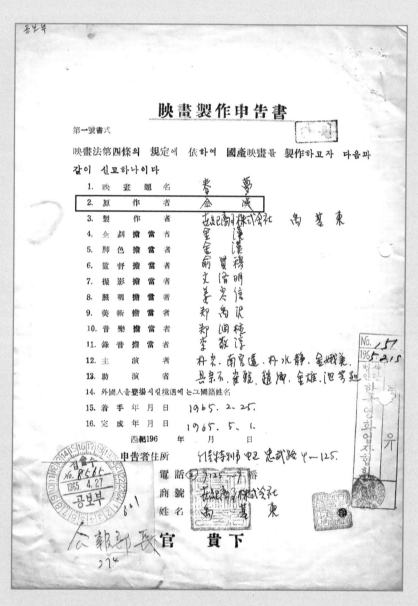

1. 映畫題名　　　　春夢
2. 原作者　　　　　金漢
3. 製作者　　　　　世紀商事株式會社　　南基東
4. 企劃擔當者　　　金漢洙
5. 脚色擔當者　　　金漢洙
6. 監督擔當者　　　兪賢穆
7. 撮影擔當者　　　文湾明信
8. 照明擔當者　　　姜滘澤
9. 美術擔當者　　　鄭禹澤
10. 音樂擔當者　　　鄭瀾棰淳
11. 錄音擔當者　　　李敬淳
12. 主演者　　　　　朴암. 南宮遠. 丹水静. 金娥瑩.
13. 助演者　　　　　吳宗禾. 崔乾. 趙卿. 金雄. 泗笑鈿
14. 外國人을 登場 시킬境遇에 는그國籍姓名
15. 着手年月日　　　1965. 2. 25.
16. 完成年月日　　　1965. 5. 1.

　　　　　西紀196　年　月　日

申告者住所　　　서울特別市中区 忠武路 4—125.

電話　　　　①125—一番
商號　　　　世紀商事株式會社
姓名　　　　南基東

合報部長官　貴下

# 기 안 지

| 기 안 자 | 공보부 영화과 박수원 | 전화번호 | 72-2760 | 공보 | 필요 | 불필요 |
|---|---|---|---|---|---|---|

| 계 장 | 과 장 | 국 장 | | 차 관 | 장 관 |
|---|---|---|---|---|---|

| 협조자 | | 보존기한 | |
|---|---|---|---|

| 기안년월일 | '65. 4. 12 | 시행년월일 | 65. 4. 22 | 공람 | 정 서 | 기 장 |
|---|---|---|---|---|---|---|
| 분류기호 문서번호 | 1733. 12  2467 | | | | | |

경유
수신　서기상사 주식회사
참조　대표 우기동

발신　장 관

제 목　극영화 "춘몽" 제작신고 반려

　귀하가 제출하신 극영화 "춘몽"의 제작신고를 접수하여 씨나리오 내용을 검토한바, 공보령 1733. 12~459 (65. 1. 27자)로 반려한바 있는 "백일몽"의 표절일 뿐 아니라, 그 내용이 비속하여 영화법 시행규칙 제5조 (상영허가의 심사기준) 제13. 14항에 저촉되므로 신고서류 일체를 반려하오니 양지하시기 바랍니다.
유 첨　제작신고서류 1건. 끝.

공통서식 1-2 (갑)　　　　　　　　　　　　　　(16절지)

「극영화 〈춘몽〉 제작 신고 반려」(한국영상자료원 관리번호: RK01177002).

제작 신고서는 다시 4월 27일자로 접수됐다. 이에 공보부는 5월 13일 제작 신고를 수리했다고 통보하며, 세 군데의 시정 사항을 전달한다. #13의 선정적 대사, #14에서 여인과 청년이 유리창을 사이에 두고 키스하는 장면, #22에서 의사가 여인의 옷을 벗기는 장면을 삭제하거나 개작하라는 통보였다.[41] 검열관이 내용 비속, 즉 외설 판단에 집중하는 사이, 일본영화 〈백일몽〉의 표절 논란은 수면 아래로 내려간다. 유현목의 전해 연출작인 〈아내는 고백한다〉 때처럼 표절이 아님을 증명하는 요식 행위인 일본 소설 원작자의 승낙서 같은 첨부 서류도 제출하지 않았지만,[92] 당국은 각색된 시나리오를 기준으로 표절 문제는 넘어갔다. 하지만 앞서 검토한 것처럼, 김한이 각본을, 이진섭이 윤색을 담당한 최종 시나리오는 원본 일본영화 시나리오의 그림자를 벗어나지는 못했다.

영화를 완성한 제작사는 1965년 5월 24일자로 상영허가 신청서를 제출했지만, 영화 본편 심의 역시 녹록지 않았다. 결과가 바로 나오지 않았는데, 이때 중앙정보부가 개입했다.[42] 정보부 보안과가 공

---

41) 사실 세 개의 신에 대한 지적 사항은, 제작 신고용(오리지널) 시나리오와 최종 영화화 시나리오(와 완성된 영화)를 비교해 보면, 장면을 삭제한 것이 아니라 묘사하는 톤을 순화하는 수준에서 반영됐다. 예를 들어 #14의 경우, 제작 신고용 대본의 "여인과 청년은 창문의 유리를 사이에 두고 뜨거운 키쓰를 나눈다"는 지문이 녹음대본(영화)에서 "유리에 키스하는 여인. 키스하는 청년. 키스에 도취되어 있는 두 사람"으로 표현된다.

42) 영화 심의에서 중앙정보부가 개입할 때는 반공영화 장르인 경우가 일반적이다. 반공 이슈와 관련이 없는 〈춘몽〉의 경우, 유현목 감독이 7월 13일 반공법 위반으로 입건되었기 때문으로 보인다. 그는 이만희 감독이 〈7인의 여포로〉 사건으로 재판을 받는 중인 3월 23일 세계문화자유회의 한국 본부가 주최한 '은막의 자유'라는 세미나에서 "(반공이라는) 국시를 최

보부 영화과로 보낸 6월 5일자 공문을 보면 "당부에서 영화 〈춘몽〉에 대한 재심 결과 그 내용이 자학적 변태성의 생태를 묘사한 것으로서 국민 대중으로 하여금 건전한 성도덕을 해할 우려가 지대한 것이며 형법 제243조 및 244조에 저촉되는 것으로 사료되어 검찰 기관과 협조하여 조치"하라고 통보한다. 이에 영화과는 6월 21일자 공문에서 화면 삭제 총 6개 처(소부분 16개 처)[43]라는 제한 사항과 함께 상영허가 조치할 것을 정보과에 알렸다. 이제 공보부 영화과 역시 〈춘몽〉을 "이색적 전위영화"로 규정한다.[93] 결국 개봉 단계에서 '외설'을 걷어 냈다는 전제로, 이 영화가 '예술영화'라는 제작사와 감독의 주장을 인정한 것이다. 완성본은 10권(100분)[94]이었는데, 상영 허가증 기록상으로 8권으로 줄었다. 현재 한국영상자료원이 보존 중인 영화가 네거티브필름(8릴)에서 만든 71분이므로, 당시 극장 상영본의 러닝타임과 유사했을 것으로 추정할 수 있다. 영화는 1965년 7월 3일부터 11일까지 명보극장에서 개봉했다. 하지만 〈춘몽〉의 외설 논쟁은 이렇게 마무리되지 않았다.

7월 13일 유현목이 이만희 감독의 〈7인의 여포로〉 사건과 관련해 반공법 위반으로 입건되며[95] 영화 〈춘몽〉을 감독한 그의 고초

---

고로 계몽 주입시킬 수는 없을 것이다'라고 발언해 반공법 저촉으로 당국의 주목을 받는 상태였다. 「유현목 감독 입건 논문 말썽」, 『조선일보』, 1965. 7. 14.

[43] 총 6개 처는 #54에서 여인의 가슴 노출 1개 처, #14 아파트 방 등에서 여인 린치 장면 1개 처, #26 백화점에서 여인 나체 장면 1개 처, #26 가슴 노출 화면 2개 처, #29 행인이 지폐 주워가는 장면 1개 처이다. 그리고 #14의 1개 처는 작게는 11곳이나 되어, 소부분 16개 처라고 별도 명기했다. #14 전체를 들어내지 않고 숏별로 잘라낸 것이다.

**[표 4] 〈춘몽〉 검열 관련 사건 경과**

| 일시 | 사건 개요 | 해당 서류 제명 | 비고 |
|---|---|---|---|
| 1964.12.31 | 세기상사주식회사가 제출한 일본 원작 〈백일몽〉의 「영화제작신고서」를 공보부 영화과가 접수 | 서류 미보존 | 「극영화 〈춘몽〉 제작 신고 수리통보」(1965.5.13)의 별지에 관련 내용 기술 |
| 1965.1.29. | 공보부 영화과가 〈백일몽〉 제작 신고 반려 | 서류 미보존 | 「극영화 〈춘몽〉 제작 신고 반려」(1965.4.22)에 관련 내용 기술 |
| 1965.2.15 | 세기상사가 제출한 「영화제작신고서」를 공보부 영화과가 접수 | 서류 미보존 | 「극영화 〈춘몽〉 제작에 대한 건의서」(1965.4.26)에 관련 내용 기술 |
| 1965.4.22 | 공보부 공보국 영화과가 〈춘몽〉 제작 신고 다시 반려 | 극영화 〈춘몽〉 제작 신고 반려 | 반려 이유는 영화법 시행규칙 제5조(상영허가의 심사기준) 제13, 14항 저촉 |
| 1965.4.26. | 세기상사가 제작 신고 접수를 앙망한다고 공보부 영화과에 건의서 제출 | 극영화 〈춘몽〉 제작에 대한 건의서 | 작품의 제작 의도 및 자체 시정 사항 14군데 기술 |
| 1965.4.27 | 세기상사가 「영화제작신고서」를 다시 제출하고 공보부 영화과가 접수 | 영화제작신고서 | 신고서에 첨부한 '공연권취득증명서'를 김한의 날인으로 제출 |
| 1965.5.13. | 당국의 제작 신고 수리 및 시정 사항 통보 | 극영화 〈춘몽〉 제작 신고 수리 통보 | 시정 사항 신 13, 14, 22의 세 곳 명기 |
| 1965.5.24. | 세기상사의 상영 허가 신청 | 영화상영허가신청서 | 원작자란에 각본 김한, 각색 이진섭으로 명기 |
| 1965.6.5. | 중앙정보부 보안과가 공보부 영화과에 검찰기관과 협조하여 조치 요청 | 전언통신문: 영화 재심 의견 통보 | 형법 제243조(음화 반포 등) 및 제244조(음화 제조 등) 저촉 의견 |
| 1965.6.5. | 공보부 영화과가 세기상사에 관계 기관의 심의가 계속되고 있음을 통보 | 영화 상영 허가 신청 조치 통보 | 1965년 5월 31일 중앙정보부와 공보부의 영화분과위원회의 심의가 동시에 진행됨 |
| 1965.6.21 | 공보부 영화과가 상영 허가 조치한다고 중앙정보부에 통보 | 전언통신문: 국산극영화 〈춘몽〉 재심 의견 처리 | 영화법 시행규칙 제5조 관련 외설 부분 대폭 삭제 |
| 1965.6.30. | 공보부 영화과가 세기상사에 상영 허가 | 국산영화 〈춘몽〉 상영 허가 및 영화상영허가증 | "이색적 전위영화"로 규정, 6개처 화면 삭제 명기 |

는 본격화된다. 영화 〈7인의 여포로〉 사건으로 반공법 위반 재판을 받던 이만희 감독에 대한 지지 의사를 표했기 때문이다. 유현목은 1966년 1월 4일 반공법과 함께 음화 제조 혐의로 불구속기소됐다. 영화감독이 음화 제조 혐의로 기소된 것은 한국영화사상 처음 있는 일이었고, 반공법 위반 기소는 이만희에 이어 두 번째였다. 음화 제조죄의 기소 근거는 "일본 작품 〈백일몽〉의 번역물인 영화 〈춘몽〉을 촬영할 때 변태성욕자를 나타내기 위해 상대역인 신인 여우 박수정 양을 세트 안에서 완전 나체로 소개한 다음 후면에서 촬영했다"는 혐의였다.[96] 특히 스튜디오에서 스태프와 배우 등 20여 명의 남성이 보는 가운데였다는 점이 거론됐다.[97] 이 기소 의견은 상당히 문제적이다. 현재 영화 버전에서 해당 장면을 자세히 보면, 여성의 드레스가 신사의 발에 밟혀 찢어지며 순간적으로 여성의 뒷모습 나신이 드러나지만 아래 속옷은 입은 상태이고, 바로 점프컷으로 비치는 옷을 걸친 채 도망가는 숏이 연결된다. 1967년 2월 3일 서울지검공안부 검사는 유현목 감독에게 징역 1년 6월에 자격정지 1년 6월을 구형했는데,[98] 1967년 3월 15일 1심 공판에서 결국 그는 유죄 선고를 받았다.[44]

　유현목은 이 장면을 찍고 나서 "자체검열 의식" 때문에 나일론 네글리제(잠옷)를 입은 숏들로 바꿨다며 항소한다. 당시 법조계 인

---

44) 반공법은 무죄, 음화 제조는 벌금 3만 원 선고를 받았다. 「영화 〈춘몽〉 음화로 판결」, 『조선일보』, 1967. 3. 16.

사들 역시 언론 지면을 통해 영화에 쓰지 않았는데 촬영했다고 해서 유죄라는 것은 음화 제조죄에 해당하지 않는다고 의견을 보냈다.[99] 이 장면은 대중은커녕 검열관에게까지 공개되지 않은 장면이었던 셈이다. 이 사건의 항소심 결과는 1969년 9월 24일에 나왔다.[100] "예술성이 인정된다 하더라도 그 작품이 정상인에게 성적 수치심을 일으킬 때는 음란범죄로 처벌돼야 한다"[101]는 판시였다. 비록 선고유예 판결이었지만, 유죄를 인정한 것이다.[45] 이렇게 〈춘몽〉은 한국의 외설 검열 역사의 대표적인 텍스트가 되었다.


## 〈백일몽〉과 〈춘몽〉의 장면 분석


심의 단계와 개봉 직전까지 외설 이슈가 더 부각되었지만, 〈춘몽〉의 표절 문제가 사그라진 것은 아니다. 1965년 6월 22일 한일협정 조인 직후이자 이 영화의 개봉관 종영을 앞둔 시점, 〈백일몽〉의 표절이라는 기사가 다시 등장했고[102] 1966년 1월 유현목의 기소 기사에서도 "일본의 〈백일몽〉 번역물" 같은 표현이 반복됐다. 하지만 감독이 음화 제조 혐의로 재판을 받는 과정에서 여성 배우의 알몸 노출이 논란이 되다 보니 "일본영화 〈백일몽〉을 본떠서 만든 것"[103]

---

45) 「〈춘몽〉 유죄판결과 영화계의 충격」, 『경향신문』, 1969. 10. 4. 박유희의 연구(2015)에서 확인할 수 있듯, 〈춘몽〉의 음화 제조 판례는 이후 한국영화의 외설 검열에 영향을 미치게 된다.

이라는 사실은 여전히 주목받지 못했다.

일본영화 〈백일몽〉의 시나리오는 28개 신으로 구성되었고, 본편 영화의 러닝타임은 93분이다. 한국영화 〈춘몽〉의 시나리오는 녹음 대본 기준으로 약 30개 신[46]이며, 러닝타임은 71분이다. 당대 일반 적인 극영화에 비해 시나리오의 신 숫자가 적은 것에서 짐작할 수 있듯이,[47] 두 한일 영화는 동일하게 ① 치과 진료실로 시작해 ② 나 이트클럽 ③ 호텔(아파트)[48] ④ 밤의 가로(한국영화는 사막 환상 장 면 추가) ⑤ 옥상정원 ⑥ 심야의 백화점 ⑦ 긴자銀座 거리(번화가) 그리고 다시 ⑧ 치과 진료실로 돌아와 ⑨ 거리라는 한정된 공간에 서만 진행된다. 일반적인 극영화에 비해 신 숫자가 적은 것은, 직 접 각색을 한 다케치 감독의 머릿속에 시나리오 텍스트를 시청각 적으로 확장시킬 아이디어가 이미 들어 있었음을 추정하게 한다. 이는 유현목 감독의 경우도 마찬가지일 것이다.

## 도입부: 성적 상징과 환상부로의 진입

영화 〈백일몽〉과 〈춘몽〉은 오프닝크레딧 화면을 통해 각 영화의 지향점을 보여 준다. 완전히 다른 콘셉트의 연출을 보여 주는데, 이는 양쪽 시나리오 모두 오프닝 화면에 관한 설계가 지문으로 들

---

46) 한 신이 A, B로 나뉘기도 하고, 결락된 신(#) 번호도 있다.

47) 일례로, 일본과 한국의 동명 영화 〈아내는 고백한다〉의 시나리오 신 수는 각각 119개와 120개, 러닝타임은 각각 91분과 100분이다.

48) 괄호 속은 한국영화의 공간.

어 있지 않은 것이 일차적인 배경이다. 〈백일몽〉은 배급사 쇼치쿠 영화, 제작사 제3프로덕션의 로고가 나온 후, ‘〈백일몽〉의 영화화에 부쳐’라는 원작자 다니자키 준이치로의 글이 나온다. 요약하면, 다케치 감독이 10여 년 전에 자신에게 상연 허가를 받은 후 오페라나 뮤지컬 등 여러 공연 형태로 모색했지만 결과적으로 영화로 완벽하게 만들었다는 칭찬이다. 다음으로 ‘작자의 말’이라는 텍스트를 통해 다케치 데쓰지가 노출이 강한 영화를 연출하게 된 변을 밝힌다.[49] 영화의 오프닝 화면은 노골적인 성적 상징을 전시한다. 회색 바탕에 하얀색 등 농도가 진한 액체가 흐르는 것을 배경으로 여성의 신음 소리가 샤미센 연주의 영화음악과 함께 들린다. 이 같은 시청각적 묘사는 치과 진료실 장면으로 이어지며 여성의 신체와 관련된 주요 요소들을 활용해 반복된다. 인트로에서부터 확인할 수 있듯이, 〈백일몽〉은 노골적인 성적 표현에 집중하는 것을 기본적인 목표로 삼으며, 영화 내내 공간적 상황을 바꿔 가며 고통과 쾌락 사이를 미묘하게 오가는 여성의 상태를 묘사한다. 〈춘몽〉 역시 원작 시나리오에 기반해 에로틱한 표현을 주요하게 다루지만, 연출하는 톤은 다르다. 유현목이 유사하지만 다른 방향을 모색하고 있음은 역시 오프닝에서부터 확인할 수 있다.

---

[49] “이 작품 〈백일몽〉에서 나는, 인간성의 문제와 사회성의 문제를, 표현의 이중구조 안에서 묘사하고 있다. 이 영화에서 나체는, 인간의 극한상황을 가리키는 동시에 인간소외의 조건이기도 하다. 그것은 표현을 사회성으로까지 높이는 매체인 것이다.”

〈춘몽〉은 세기상사주식회사 제작, 세기촬영소 작품이라는 크레딧을 시작으로 인공 선인장이 서 있는 무대에서 왈츠 음악과 함께 세 명의 어린이가 무용하는 장면이 보인다. 드레스를 입은 소녀가 신사와 미술가 복장을 한 아이들 사이를 오가는 모습은 영화 속 캐릭터 구도 그리고 플롯을 상징적으로 보여 주는 것이다. 또한, 이 영화가 노골적으로 에로티시즘을 전시하는 일본 원작과 달리 예술영화를 지향하고 있음을 공포하는 효과가 있다. 특히 오프닝은 유현목이 원작 〈백일몽〉과 차별되는 신으로 설정한 영화 속 사막 장면[50]과 직결된다. 이어 버드나무가 늘어진 이미지를 보여 주며 이 영화가 '한낮의 꿈(백일몽)'에서 '봄날의 꿈(춘몽)'으로 바뀌었음을 표시한다.

두 영화 모두 #1~5에 해당하는 치과 진료실 장면은, 〈백일몽〉의 경우 치과용 기구의 사용, 환자의 고통 등이 사실적으로 묘사되는 것에 더해 좀 더 적나라한 성적 뉘앙스를 만들어 내고, 〈춘몽〉의 경우 역시 치과 진료와 성적인 의미 사이에서 미묘하게 연출되지만 수사학적 상징을 앞세우는 것이 차이점이다. 진료 과정을 보여 주면서 연삭기의 불꽃과 굉음 같은 공장 장비의 시청각적 요소를 반복적으로 병치하는 식이다. 이는 〈백일몽〉의 일본어 시나리오에는 없고 〈춘몽〉 최종 영화화 대본(녹음대본)의 지문 설정에서 추가

---

[50]  신사와 청년을 선악 대결로 묘사하는 이 신은 《아리랑》(나운규, 1926)의 사막 장면을 환기시킨다.

된 부분이다. 〈백일몽〉에서 치료 장면은 클로즈업한 여성의 입과 진료를 넘어선 의사의 손놀림을 통해 노골적인 성적 상징으로 처리된다. 연출상 흥미로운 대목은 카메라의 시점은 정상적인 치료 장면으로, 의사의 시점은 성적 표현으로 읽히는 점이다. 이에 비해 〈춘몽〉은 여성이 치료받는 모습을 청년이 훔쳐보는 시점으로 연출된다. 여성의 입술과 치과 기구를 클로즈업하며 역시 남녀의 성교를 연상시키는 것은 동일한 연출이다.[51]

　도입부 진료실 신의 말미, 〈백일몽〉은 의식은 잃은 채 눈만 뜨고 있는 청년에게 카메라가 다가간 후, 이어 그의 눈을 빅 클로즈업한 숏에서 다소 길게 디졸브하며 환상의 초입인 나이트클럽 장면으로 넘어간다. 앞으로 펼쳐질 환상부가 그가 관찰하는 시공간임을 의미하는 것이다. 이 부분은 시나리오와 동일하게 연출됐다. 반면 줄곧 청년이 훔쳐보는 것을 강조하던 〈춘몽〉은 청년을 향해 줌인과 동시에 시점이 흐려지며 카메라가(감독 유현목이) 그의 무의식적 욕망의 동학 속으로 진입하는 것처럼 보인다. 〈춘몽〉의 최종 시나리오에는 "희미하게 눈을 뜨고 있는 청년"이라는 간단한 지문만 있다.

---

51) 〈춘몽〉 녹음대본 지문에서는 성적인 뉘앙스가 묘사되지 않지만, 유현목 역시 일본 원작 시나리오의 설정을 염두에 뒀다. "입 크게 나오는 거는 여자 성기고, 치과에서 기구는 남성. 그렇게 생각했다고." 〈나의 한국영화/에피소드 6: 춘몽/창조/복원〉(김홍준, 11분, 2005)

## 환상부: 환상적 현실 공간 VS 표현주의적 공간

두 영화 모두 환상이 펼쳐지는 공간은 크게 나이트클럽과 호텔(〈춘몽〉
은 아파트) 그리고 백화점의 옥상정원[52]과 심야의 백화점 내부로 구
성되며, 그 사이를 잇는 것이 극단적인 환상으로 표현되는 밤거리 장
면이다.[53] 시종일관 표현주의적 세트를 활용하는 한국영화 〈춘몽〉과
달리, 일본영화 〈백일몽〉의 무대는 현실적인 공간으로(실제 로케
이션을 활용한 것처럼) 보이지만 때때로 현실의 균열된 틈이 존재
하는 것처럼 연출된다. 다시 말해, 그 틈으로 환상이 비치는 것이
다. 신 전체를 사선 앵글로 프레이밍한 나이트클럽의 대기실 장면
(#9), 진료실의 접수 창구를 반복한 것처럼 읽히는 천장의 구멍에
서 여성과 신사(치과 의사)를 엿보는 청년의 모습은 시나리오가 아
닌 영화 〈백일몽〉에서만 설정된 것이다.[54]

이 같은 연출은 앞서 치과 신에서 여성이 등장하는 순간과 그 신
말미의 그녀가 고통과 쾌락 사이에서 신음하는 장면을 환상적 분
위기로 처리한 것과 같은 맥락이다. 현실 공간과 갑작스럽게 틈입
하는 환상적인 공간을 이접적으로 붙이는 것은 〈백일몽〉만의 특징
이다. 또 나이트클럽 장면(#6~9)에 이은 호텔 장면(#10~20)의 첫
번째 숏에서, 호텔 전경은 현실 공간이지만 심야의 롱테이크 촬영

---

52) 〈백일몽〉은 #22, 〈춘몽〉은 #25의 한 신에 해당한다.

53) 〈백일몽〉은(#21) 유일한 컬러 처리를 통해, 〈춘몽〉은(#24) 사막 장면 등을 추가하며 영화의
구조 속에서 가장 심연의 환상을 만들어 낸다.

54) 시나리오상 설정은 한국영화 〈춘몽〉처럼 준비실 밖에서 엿듣는 것이다.

으로 환상적인 분위기를 주조해 낸 것도 동일한 연출 맥락으로 이해할 수 있다.

〈춘몽〉은 〈백일몽〉보다 나이트클럽 장면(#6~12)과 자동차 이동까지 포함한 아파트 장면(#13~23) 신이 증가한다. 후경의 무대에서는 스포트라이트를 받은 여성이 등장해 원작에 등장하는 에로틱한 창법의 엔카演歌가 아닌 가곡 「파드레padre」를 부르고, 조명이 하나둘 밝혀지면 표현주의적 세트의 공간과 장난감 병정 같은 복장의 보이들이 드러난다. 일본 시나리오와 한국 제작 신고용 시나리오(녹음대본에서는 삭제)에서 '백색 제복을 입은 보이', '오브제같이 서 있는 보이'라는 설정은 정작 〈백일몽〉에서 활용되지 않지만, 〈춘몽〉으로 이어져 표현주의적 공간에 어울리는 복장으로 한층 포장된다. 또한, 진료실에서 여성의 가슴을 무는 등 드라큘라 백작처럼 묘사되는 〈백일몽〉의 의사와 달리, 〈춘몽〉의 의사는 나이트클럽 장면부터 높은 중절모를 쓰고 있어 지킬 박사의 이미지를 환기시킨다.[55]

여성의 노래가 끝나고 〈춘몽〉은 반라 무희의 춤 신을 추가해 2분 가까이 전시적으로 보여 준다. 이 신을 보면 유현목의 연출 역시 당시 한국영화에서 가능한 수위의 에로티시즘적 상업성을 예술영화로 포장하려는 혐의가 있지만, 무희의 기괴한 몸동작이 영화의

---

[55] 환상 장면에서는 이 둘을 '신사'로 지칭한다.

주조인 환상성을 강조하는 측면도 있다.

〈백일몽〉에서 호텔 장면과 함께 긴 분량(각 22분 이상)을 할애하는 백화점 내부 장면(#23~25)은 여성이 진열장 밑에서 나오는 것으로 시작한다.[56] 현실과 환상 사이의 연결 통로가 있음을 제시하는 연출의 연장선상이다. 신의 마지막, 여성은 백화점에서 도망치려 하지만 신사의 존재를 상징하는 전자음이 다시 들리며 그에게서 벗어나지 못함을 보여 준다. 전기 노이즈로 고통스러운 그녀가 겨우 계단으로 기어가는데, 완전한 누드여서 치부가 드러나지 않게 카메라 렌즈 앞에 망사 같은 천을 씌워 촬영했다. 원본 시나리오 역시 나체의 여성이 계단을 뛰어 내려가는 설정이어서, 한국 녹음대본과 영화화된 〈춘몽〉은 수위가 높은 이 장면을 생략할 수밖에 없었다.

〈춘몽〉의 경우, 10분 정도 할애하는 백화점 장면(#26~28)은 실제 공간을 이용한 〈백일몽〉과 달리 가장 무대적인 세트로 구축됐다. 마치 큐비즘 회화 속 같은 공간인데, 천장에는 우산을 비롯해 추상적 조형물이 매달려 있고 사람이 분장한 마네킹이 도열해 있다. 영화의 원작이 희곡인 점과 영화화 이전의 모색 과정을 감안하면 다케치 감독 역시 표현주의적 공간을 염두에 두었을 것으로 추정된다. 특히 백화점 신에서 "가지각색의 기괴한 매장의 밤의 모

---

56) 시나리오상 설정은 화장실 문을 밀치고 나오는 것이다.

**[그림 3] 한일 영화의 주요 장면 비교**

| 공간 | 일본영화 〈백일몽〉 | 한국영화 〈춘몽〉 |
|---|---|---|
| **도입부**<br>환상으로<br>진입 | 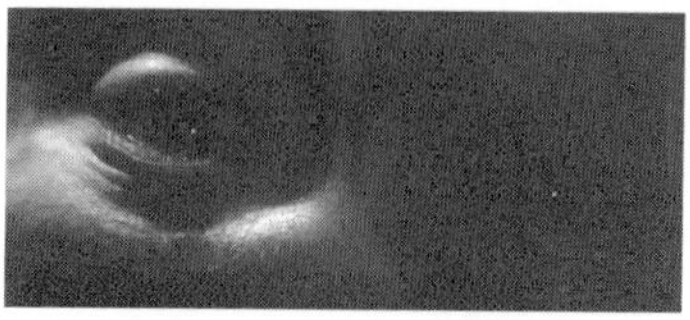 | 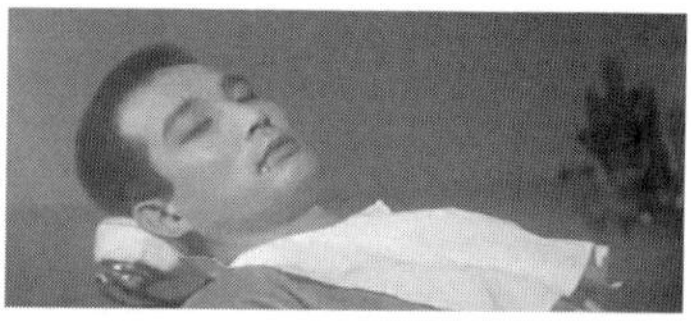 |
| **환상부**<br>나이트클럽<br>대기실 |  |  |
| **환상부**<br>백화점<br>내부 |  |  |
| **결말부**<br>거리 | 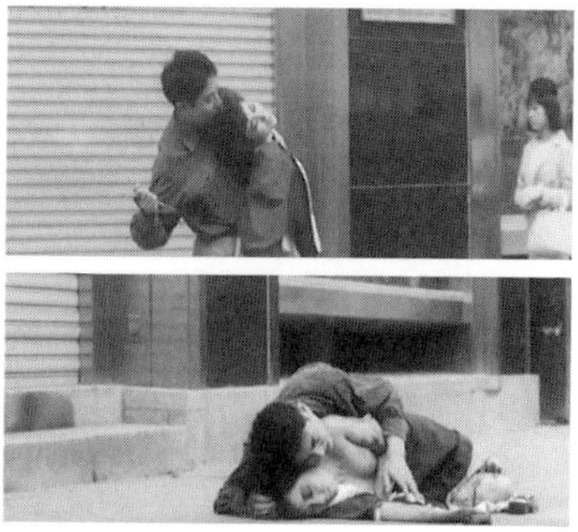 |  |

습. 멈춰 선 마네킹"[104] 같은 시나리오 지문과 해당 장면의 공간 연출을 통해 확인할 수 있다. 결과적으로 영화 전체를 양식적인 세트에서 촬영할 수 있었던 유현목의 작업이 희곡 원작과 더 밀접하게 연결된 것으로 평가할 수 있다.

두 영화 모두 호텔 장면이 청년의 시점을 빌려 여성의 고난을 보여 주는 것이라면, 백화점 신은 여성의 시점에서 수난을 반복하는 것처럼 구조화되었다. 〈춘몽〉에서 신사는 강압적으로 여성을 잡으려 하고, 그의 발에 밟힌 드레스가 찢어지며 그녀는 도망친다. 바로 감독이 음화 제조죄로 기소 받게 된 문제의 장면이다. 흥미로운 대목은 이 장면이 원본 시나리오의 지문을 충실하게 옮기는 과정에서 한국영화에만 반영됐다는 점이다. 〈백일몽〉은 해당 장면에서 신사가 직접 여성의 옷을 강제로 찢는 등 더 폭력적으로 묘사된다.

## 결말부: 현실로 이어진 환상

두 영화 모두 결말부는 현실로 이어진 환상을 묘사하지만, 세부적인 연출 방식은 다르다. 〈백일몽〉에서 결말부(#26~29)를 시작하는 긴자 거리 신은 도심의 실제 공간인 일본 도쿄의 가장 번화가를 배경으로 악몽 같은 환상이 연출된다. 지금까지 보여 준 환상부에서 현실의 진료실로 돌아가기 위한 완충적인 공간처럼 보이기도 하고, 환상 서사의 절정 순간을 현실에서 일어나게 함으로써 현실과 환상이 연결되어 있음을 극대화하는 의도로도 분석된다. 또한, 여성의 목소리를 현실로 복귀하는 신호로 삼은 설정은 청년의 관찰로 시작된 환상부가 그녀의 욕망에 관한 여정이었음을 강조하는 것으로 읽힌다. 처음과 끝의 치과 진료실 장면에서 시나리오상 설정을 넘어 간호사 역시 비밀을 공유한 의사의 조력자처럼 연출되는 것처럼, 〈백일몽〉은 현실과 환상의 연결 고리가 존재함을 분명히 전달한다. 또 다른 미모의 여성이 진료실로 호명되어 에로틱한 진료가 시작되고, 청년을 차에 태운 여성은 자신의 가슴에 물린 자국이 있음을 깨닫고 손수건으로 가린 후 미소 짓는다. 영화 속 현실에서 그런 일이 실제로 일어났음을 확증하는 것이다. 둘이 탄 차가 대로로 진입해 사라지며 현실의 균열로서의 환상은 수면 밑으로 가라앉는다. 이를 반영한 듯 엔딩에서 농도 짙은 액체 위로 종終자가 떠오른다.

〈춘몽〉의 결말부(#29~31)는 대형 스튜디오 공간에 만들어진 예의 표현주의적 세트에서 진행된다. 공간과 인물은 표현주의적 양식의 연장이지만, "이 여인은 제가 죽였소. 이 여인은 매춘부요" 같은 〈백일몽〉과 동일한 청년의 대사와 행인들이 무시하고 지나치는 상황이 반복된다. 여자의 시체를 부둥켜안은 청년의 버스트숏에서 줌인과 아웃(동시에 포커스 아웃과 인)으로 치과 진료실에 누워 있는 그의 얼굴로 돌아간다. 이처럼 〈춘몽〉은 청년의 욕망을 탐구한 여정이었음에 방점을 찍는다. 그가 여성의 차에 타면 두 사람의 입술이 빅 클로즈업되고 차가 대로로 들어선다. 이어 버드나무 그리고 벚나무 이미지를 보여 준 후 '일장춘몽'을 끝낸다.

## 한일 영화의 미학적 성취

지금까지 〈춘몽〉(1965)과 〈백일몽〉(1964)의 시나리오와 영화를 각각 비교 분석함으로써 두 한일 영화의 텍스트적 관련성을 검토하고, 각 영화의 연출 전략과 미학적 효과를 분석했다. 다케치 데쓰지 감독의 영화가 인간소외라는 추상적 주제를 파격적인 에로티시즘 묘사로 담아냈다면, 유현목 감독은 인간 사회의 윤리를 선악의 대결로 선명하게 상징화하면서 원작의 에로티시즘 요소를 당대 한국사회의 수위에 맞추려고 고군분투했다. 사실 〈춘몽〉은 영화를 통한 주제 의식보다는 감독의 창작적 욕망이 반영된 영화 스타일이 더 부각된 작품이다. 본질적으로, 〈춘몽〉의 창작은 일본 시나리오의 엄연한 모방과 감독의 예술적 실험 사이에서 구성된 결과물인 것이다.

　〈백일몽〉은 시나리오가 설정한 기본적인 서사 구조를 따라 연출된 시청각적 결과물이 당시 한국영화로서는 수용할 수 없을 정도로 선정적이고 충격적이었다. 〈춘몽〉 역시 에로틱한 분위기를 주조로 가져가지만 관음증적으로 처리되는 수준인 데 비해, 〈백일몽〉은 노골적인 에로티시즘 묘사는 물론이고 영화 후반부에는 여성의 나신이 계속 노출될 정도로 연출이 파격적이다. 현실 공간이지만 환상적인 분위기로 처리하거나, 두 영역 간의 연결 통로가 있는 것처럼 묘사해 현실과 환상이 이어지고 있음을 세련된 미장센으로 표현한 것은 〈백일몽〉의 미학적 성취로 평가된다.

〈춘몽〉은 일본의 시나리오상 초입과 말미의 치과 진료실 장면을 스카이라운지로 바꾸고 나머지는 거의 그대로 번역한 제작 신고용 시나리오(오리지널)와, 일본 원작의 뼈대는 그대로 둔 채 숏 간의 충돌을 강조한 편집과 표현주의적 공간 구성을 지문에 반영해 윤색한 최종 영화화 대본(녹음대본)을 거치면서 스타일적 목표가 변경되었다. 실제 연출 과정에서는 두 시나리오 버전의 요소들을 감독의 시청각적 스타일을 펼치는 기반으로 선택적으로 적용해, 당시 한국영화로서는 보기 드문 전위적 예술영화의 외양을 갖춘 유현목의 작품으로 차별화되었다.

영화미학을 실험해 보려는 감독의 야심이 실현될 수 있었던 것은, 성적인 요소를 예술로 포장해 흥행 영화를 만들려고 한 제작자의 욕망을 충족시켰기 때문이다. 〈춘몽〉에서 감독은 외설에 대한 검열을 의식하면서 제작자가 원하는 에로티시즘에 기반한 상업성과 자신이 추구하려는 미학을 합치시켰지만, 시나리오와 영화 본편에 대한 당국의 두 차례 검열 과정에서 선정적이라고 판단된 장면들을 계속 삭제해야 했고, 급기야 영화에 포함되지 않은 장면 때문에 유죄판결을 받기도 했다. 영화 〈춘몽〉은 섹슈얼한 묘사 때문에 발목이 잡혔고, 결과적으로 최종 영화는 당대 대중 관객의 주목을 받지 못했다. 한국영화사에서 〈춘몽〉은 모방과 재창작 사이에 개입한 외설 검열의 독특한 사례로 기록된다.

# 1960년대 표절과 번안,
# 그리고 재창작

1960년대가 끝나 가는 시점에도 한국영화계의 표절 담론은 사그라들지 않았다. 종합교양지 『세대』는 1969년 2월호에 '표절문화를 추적한다'라는 특집기사를 구성했는데, 건축·가요·방송·그래픽 디자인·출판 등 한국문화 전반을 다룬 기획이었다. 물론 영화도 포함되었는데, '필름의 컨닝이스트'라는 제목으로 평론가 변인식이 1960년대까지의 표절사를 정리하는 글을 실었다.[1] 그는 자신이 평론가로 데뷔한 1965년 시점에 쓴 글[2]을 인용하며, 다음과 같이 청춘영화의 표절에 대해 거론한다.

최근 2, 3년간이나 방화계를 거의 휩쓸다시피 한 이른바 청춘물이라는 것의 대부분이 저급한 작가정신이 빚어낸 국적 불명의 표절물이었다는 것을 적어도 부인할 용기는 우리에게 없는 것이다.

간혹 한국영화 가운데 청춘물의 바람을 일으킨 작품으로 김기덕의 〈가정교사〉와 김수용의 〈청춘교실〉 등을 꼽는 경우가 있는데, 그것 또한 일본의 인기 작가 석판양차랑의 원작을 영화화한 것으로, 말하자면 일본판 문예물이라고나 할까? 하여간 이들 작품 속에 등장하는 한국의 젊은 세대들이란 슬쩍 일본의 현실을 빌려 이민한 군상들에 불과했다.

그 이후에 홍수처럼 쏟아져 나온 본 적도 분명치 않은 사생아들의 면면을 대충 훑어보면, 〈배신〉(인용자 주-정진우, 1964), 〈맨발의 청춘〉(김기덕, 1964), 〈보고 싶은 얼굴〉(박성복, 1964), 〈잃어버린 태양〉(고영남, 1964) 등 헤일 수 없이 많다.[1]

변인식은 1965년작 청춘영화 〈가슴을 펴라〉(전응주)를 비평하면서 표절 전사로 운을 뗀 것이다. 그는 한국영화사적으로 보아 청춘영화의 효시는, 일본 작품의 복사판이라서 실격인 유두연의 〈조춘〉(1959)이 아니라 이성구의 〈젊은 표정〉(1960)이나 이형표의 〈아름다운 수의〉(1962)라고 기록한다. 각각 김지헌의 오리지널 시나리오와 『서울신문』 현상공모 당선작인 신희수의 소설을 영화화한 청춘물이다.

---

[1] 변인식이 언급한 작품 중에서 현재 〈맨발의 청춘〉과 〈보고 싶은 얼굴〉(김성복, 1964)만 원작 정보를 확인할 수 있다. 후자의 원작은 가와우치 고한川內康範이 작사한 동명의 가요이자 베스트셀러 소설, 방송극본인 『누구보다 그대를 사랑한다誰よりも君を愛す』이다. 일본영화는 1960년 다나카 시게오田中重雄이 연출했다. 한편 한국영화는 황영빈이 원작자에게 영화화권을 얻어 직접 각색했는데, 앞서 히트한 현미의 동명 가요 「보고 싶은 얼굴」을 주제가로 사용했다. 「영화에 나온 현미」, 『경향신문』, 1964. 1. 25.

이어 한국 청춘물 전반에 대해 '작가의 혼을 스스로 포기한 표절족'이라는 비판과 함께 '병든 청춘화원'으로 진단 내렸다. 하지만 1965년에 상영된 유현목의 〈푸른 별 아래 잠들게 하라〉와 〈가슴을 펴라〉는 종래의 청춘물과 다르며, 대학가를 배경으로 각각 '주인공의 대사회적인 몸짓'과 '젊은 세대의 낭만과 분노는 과연 무엇'인지 진지하게 문제 제기하는 영화라고 평가한다. 최일병 연서 사건을 영화화하려다 당국의 저지로 최금동이 새로운 이야기를 만든³ 〈푸른 별 아래 잠들게 하라〉는 4·19와 5·16 사이를 시간적 배경으로 신성일이 분한 기상학과 대학생이 학원백서를 발표하려는 고투를 그렸다. 한운사의 오리지널 각본인 〈가슴을 펴라〉는 〈푸른 별 아래 잠들게 하라〉처럼 무거운 톤은 아니었지만, 철학도 허약(김운하), 정치학도 반출세(임해), 불문학도 문학병(신성일)이라는 고학생 괴짜 그룹이 기성 질서와 부대끼는 이야기 구조를 빌려 가볍지 않은 메시지를 전달했다. 이처럼 1965년의 청춘영화에서는 한국 땅에 발 디딘 청년들의 이야기를 영화화하려는 움직임이 감지됐고, 이는 일본 시나리오의 표절과 번안을 통해 청춘영화를 제작하던 방식에서 벗어나는 일정한 실마리가 되었다. 1965년, 드디어 표절 제작은 그 정점에서 꺾이고 있었다.

하지만 1960년대가 끝나 갈 때까지도 표절이라는 방법론은 더 은밀하게 한국영화계에 잔존했다. 1969년 6월호 『영화TV예술』이 "요즘 와서 또다시 왜색영화의 표절 문제가 고개를 쳐들고 있다"며 지면을 할애한 배경은 신필림의 〈독신녀〉(이유섭, 1969)가 일본의 TV드

라마 〈사랑의 상처〉를 표절한 것이 드러났기 때문이다.[4]

"우리는 근원적으로 이러한 표절 행위가 회사를 가진 일부의 메이커의 손에 의해서 전파된다는 사실을 더욱 슬퍼한다. 외국여행을 하고 돌아오는 길에 몰래 트렁크 속에 넣고 온 외화外畫의 유인油印(인용자 주-등사) 대본들이 다음 날엔 거절하기 힘든 가까운 작가들을 괴롭히는 것이다"라는 기사 속 문장은 여전히 한국의 메이저 영화사들이 흥행 영화를 기획하고 제작 규모를 유지하는 비밀스런 수단으로 표절 방식을 활용하였음을 말해 준다. 국가가 적극적으로 산업에 개입한, 박정희 정권의 영화기업화 정책이 막다른 길에 달했던 1969년, 한국영화 제작 편수는 사상 최고인 229편(상영 편수 166편)을 기록한다. 청춘영화 장르가 붐을 일으킨 때처럼 확연한 모습은 아니었지만, 표절 제작은 잠복하고 있었다.

한국영화산업과 국가정책의 관계를 큰 흐름으로 보면, 1960년대는 정부의 기업화정책이, 1970년대는 국가 주도의 영화정책이 전면으로 부각된 시기였다. 일견 영화산업에 대한 국가적 간섭이라는 측면에서 비슷해 보이지만 그 본질은 다르다. 1962년 영화법 제정 이후 1970년 영화법 3차 개정까지, 어떻게든 영화산업의 규모를 확장하고 유지해 가려는 당국의 드라이브에 영화계도 동의했고, 그 결과 제작자부터 창작자까지 여러 욕망이 교차하면서 국산영화가 성장했다. 1972년 유신체제가 시작되고 1973년 4차 개정 영화법이 공포된 이후에는 규율과 통제라는 당국의 방법론이 그 어느 때보다 선명해졌고, 국책영화 제작이 노골적으로 진행되었으며, 대중영화 영역은 1960년대의 역동적 오락성과 예술적 기품 같은 건강한 가치를 급격히 잃어버리게 된다.

1960년대를 한국영화의 산업적·미학적 중흥기로 부를 수 있다면, 그 르네상스의 성분에는 표절과 번안이라는 필터를 통해 걸러진 독특한 요소들이 포함되었다. 그것은 바로, 지금까지 이 책에서 산업적 맥락과 텍스트를 가로지르며 분석하고 추출해 낸 장르성과 창작성 같은 부분이다. 이는 필자가 제시한 '영화적 표절과 번안의 양식Mode of Cinematic Plagiarism and Adaptation'이라는 관점으로, 당시 정부와 산업이 암묵적으로 동의했던 표현에 의하면 '화면변형'으로 설명된다. 물론 일본영화 시나리오를 베껴도 본편 영화에서 변형되므로 괜찮다는 당대의 판단 논리를 두둔하는 것은 아니다. 끝내 일본영화 시나리오의 원본성을 탈피하지 못하지만, 그렇다고 한국영화가 아니라고 말할 수는 없는 표절과 번안 사이의 영화들은 소극적으로는 한국적 상황으로 덧칠되어 그려졌고, 적극적으로는 영화제작의 여러 영역에서 한국영화만의 것으로 창작되었다. 배우의 연기부터 미술, 음악까지 감독의 시청각적 연출은 한국영화로 재창작re-creation하는 과정이었다.

결국 한국영화의 일본영화 모방은, 당시 한국 영화인들이 해당 영화를 봤는지의 여부보다는 그들이 당대 대중 관객과 소통하기 위해 그것을 어떻게 한국화했는지의 문제가 핵심임을 말해 준다. 그 재창작 과정을 통해, 사회문화적 측면은 물론이고 영화문법적으로 서구적 근대성을 장착한 청춘영화는 청년 관객을 한국영화의 새로운 팬으로 집결시켰고, 작가주의 감독 유현목은 멜로드라마의 장르성을 세련시키고, 상업영화 현장에서 시도하기 힘든 미학적 실험을 타진하는 기회로 삼기도 했다. 제작자는 오리지널 시나리오를 배양하려는 투자보다 손쉽게 일본영화 시나리오를 한국영화 속으로 가져오는 것을 택했지만, 역설적으로 창작자는 그것을 오리지널로 둔갑시키는 과정에서 한국의 오리지널리티를 새겨 넣었다. 1960년대 한국영화의 표절과 번안은 시대적 한계 안에서 아슬아슬하게 벌어진 일이지만, 그 자체로 한국 대중문화의 역동성을 보여 준다. 한국식 근대화의 일면임이 분명한 비공식적 리메이크, 그 숙련과 축적으로 빚어진 유전자가 2000년 전후 한국 영화산업이 단단해지고 다시 한 번 르네상스를 일구는 것으로 이어지지 않았을까.

부록

## 일러두기

- 신문이나 잡지에서 인용한 기사는 가독성을 높이기 위해 가급적 현대어에 맞게 수정했다.
- 인용문의 한자는 특별하게 필요한 경우에만 괄호 속에 표기했다. 인용자 주는 〔 〕속에 표기했다.

# 1959년 일본영화 시나리오 표절 논쟁

몰염치한 각본가군
〈인생차압〉, 〈오! 내고향〉도 한몫
외국 모작물이 수두룩

L. Y., 『한국일보』, 1959년 3월 8일자 4면

조남사 원작, 유두연 각색 감독의 〈조춘〉이라는 영화각본은, 일본영화 각본 그대로의 번역 각본이라는 여론이 명동 영화가 근방에서 내연(內燃) 중이었는데 최근은 산발적으로나마 이 여론이 표면화해 가는 기세를 보인다. 여론이 존중되어야 한다는 것은 현대사회의 하나의 법칙과도 같은 것이지만, 한편으로는 어떻게 치료될 수도 없는 어리석은 여론을 말살해야 하는 것도 법칙의 하나가 되어야 한다.

그러나 영화 〈조춘〉의 경우 그 여론은 사실이었다는 사실이 드러났다. 즉 여론에 따라 조사해 본 결과 〈조춘〉은 일본 영화잡지 『키네마 순보(旬報)』 1953년 1월 하순호에 소재된 목하혜개(木下惠介)〔기노시타

게이스케) 각본의 〈마고코로(眞心)〉의 약 90%의 번역이었다. 〈조춘〉의 각본이 일본 각본의 번역이었다는 사실만이라면, 문제는 비교적 간단할 수도 있는데 조남사라는 원작자가 그 뒤에 있으니까 문제는 더하여 착잡해진다. 영화계 소식통에 의하면 〈조춘〉에 대하여 물의가 생기자 〈조춘〉 제작자 측에서는 조남사 씨로 하여금 일본 각본을 분해(分解) 대중용 산문화하여 모 대중잡지에 발표케 했다. 조남사라 하면 최근까지 명 방송극작가로서 이름을 드높였던 분이다.

## 〈조춘〉의 내용과 원 각본의 내용

〈조춘〉의 이야기는 남씨 댁 일가와 남씨 댁 창에서, 역시 그 창이 보이는 옆집 아파트먼트 일실(一室)의 주인의 병행 묘사로써 진행되는데 목하혜개 원작 각본 또한 유사하고 등장인물은 등장 경의 위치까지가 유사하고 주제는 일분의 차도 없이 혹사(酷似)하다.

줄거리는 남씨 댁의 고등학교 졸업반 학생이 자기방 창 너머로 몇 번 본 아파트 일실의 폐를 앓는 소녀에게 소년다운 애정을 가졌다가 마침내는 그 소녀가 죽어 버리고 소년은 어른이 된다는 것이 골자가 되면서 양가의 분위기가 잘 그려져 있는 것인데 담담한 감상적 시정이 가슴을 치는 것이다.

일본 각본과 다른 점이 있다면 아파트 일실의 주인 자매를 괴롭히는 악질 숙부가 〈조춘〉에서는 악질 전 정부쯤으로 바꾸어 놓여 있는 사실쯤이고 일본 각본의 장면 수가 1백 77인 것이 〈조춘〉에서는 1백 44로 단축되어 있는 사실 정도다.

각색 감독자인 유두연 씨가 기자와 만난 사석에서 말한 바에 의하면 제작자 전모 씨가 각본을 이미 작성하고 감독할 것을 의뢰해 왔었다는 것인데 유 감독이 부분적으로 각색적 변조를 했을 것이라는 것은 짐작이 간다. 한편 이 〈조춘〉은 원제작자가 처음에는 한국영배주식회사와 제휴 제작하던 것이 재정적 의견 차이로 한국연예주식회사와 신규 제휴 제작할 것을 계약한 것으로 알려져 있는데 항간에서는 이러한 제작자 간의 반목이 〈조춘〉에 재앙을 초래했다는 견해도 있다.

## 난마처럼 번성한 왜(倭) 각본 번역 번안

한국영화 각본이 일본 각본으로부터 완전 번역 혹은 번안적 번역이라는 현상은 비단 〈조춘〉의 경우만에 한하지는 않는다. 예를 들면 유두연 각본 〈잃어버린 청춘〉은 일본 각본 〈요루노오와리(夜終)〉의 40% 번역이고, 이봉래 각본의 〈오해마세요〉가 일본 작가 원씨계태(源氏鷄太)〔겐지 게이타〕의 한 단편의 40% 번안이고, 무명적 신인 각본가의 〈종말 없는 비극〉은 일본 각본 〈부계도(婦系圖)〉의 약 50%의 번역이고, 임유 각본 〈그대는 돌아왔건만〉은 일본 각본 〈다키노시라이도(瀧之白糸)〉고, 이청기 각본 〈서울의 휴일〉은 일본 각본 〈스바라시키 일요일〉의 20% 번안이고, 유두연 각본 〈애모〉는 일본 각본 〈위장지성장(僞裝之盛裝)〉의 50%고, 하유상 각본 〈내사랑 영원히〉는 일본 각본 〈순정이중주〉의 50%고, 미개봉의 박성호 각본 〈나비부인〉은 주교성일(舟橋聖一)〔후나하시 세이이치〕 원작 〈가와마〉의 약 90%고, 심지어는 최근 주한미아세아재단이 준 각본상까지 타면서, 영화계 유일의 순수인으로 지목되던 오영진 원작 『살아 있는 이중생 각하』 각본 〈인생차압〉이 일본고화(古畵) 〈장군 새벽에 죽다〉의 약 20% 번안이고, 김소동·최금동 합작 각본 〈오! 내고향〉은 목하혜개 각본 〈카르멘 고향에 돌아오다〉의 약 20% 번안이고, 미개봉의 나소운 각본 〈다시 찾은 양지〉는 일본인 각본 〈인처춘(人妻椿)〉의 약 40% 번안 등인데, 상기한 사실만으로만 보아도 소위 '오리지날 시나리오'에 의한 한국영화가 얼마나 일본각본에 의존하고 있는가를 알 수 있다. 이상의 사실은, 기자가 조사 혹은 신빙할 만한 영화계 소식통이 제공한 정보를 종합평가한 결과에 의한 것이다.

## 각본 추문은 왜 항상 화제가 되나

소설가의 소설을 위시하여, 세계문학전집의 번역 같은 가장 권위가 있어야 할 간행물의 경우도 일본물로부터의 표절 번역이 성행하고 있는 사실은, 일종의 현대의 상식인데, 왜 영화각본만은 그렇게 항상 문제가 될까? 하는 데 대해서, 일(一) 영화인은 '그것은 영화가 거액의 금전과 관계가 깊으니까 그렇다'고 핀잔했는데, 일리가 없지 않은 말일 것이다. 우리는, 이러한 각본 표절의 문제와 직면할 때, 새삼스럽지만, 우선 예술에 있어서의 독창성의 문제와 상품에 있어서의 모방성의 문제 등 단순히는 논진(論盡), 혹은 해결할 수 없는 문제와 또다시 부닥치지 않으면 안 되는데, 이것은 그들이 순수하든 불순하든 당사자 각본가 혹은 사회정화 내지는 사회교육을 직업으로 하는 논객이 함께 타개 해결해야 할 문제일 것이다. 표절은 번역과 구별되어야 하며 번역은 번안과 구별되어야 하며, 번안은 또한 '아이디어'의 차용 혹은 절취와 구별되어야 할 것인데 이러한 타기할 부끄러운 문제를 조상(俎上)[도마 위]에 놓기 위하여 이번의 〈조춘〉 소동은 좋은 계기를 준다.

한편 바늘 도적이든 소도적이든 도적은 도적이라는 논리의 정당성 부여의 재음미와 함께 소위 각본가라는 족속의 제작자와의 공범적 관계도 규명되어야 할 것이며 표절 각본으로 예술가적 표정을 하고 대로를 횡행하는 사이비 순수 각본가도 땅에 떨어뜨려야만 할 것이다.

(L.Y)

# 사설:
# 영화제작의 표절 문제

『한국일보』 1959년 3월 12일자 1면

최근의 영화계의 화제는 모 미개봉 영화의 시나리오가 일본의 영화 시나리오와 비교해서 그 주제와 디테일이 대동소이하다는 것으로 물의가 분분하던 차에 상영허가권을 장악한 문교부는 지난 8일 문제의 두 작품을 화면만 가지고 대조하면서 장시간 토의한 적이 있더니 마침내 11일 해(該) 작품을 하나의 케이스로 삼아서 소위 '왜색모작'에 대하여는 절대 불허방침이라는 행정조처를 천명하였다.

우리가 국제저작권협약에 가입이 되어 있다면 이는 저작권을 침해당한 쪽으로부터 고발이 있을 것이니, 문교부가 관여할 바가 아닐 것이며 그런 구속력이 없는 이상 화면이 동일하지도 아닌 것이라면 단지 시나리오가 대동소이하다는 것으로 상영을 불허할 법적 근거는 문교부에는 없는 것이다. '행정조처'란 말이 여기서 나온 듯하다.

그러나 한편 이 문제를 제작자의 양심이나 또는 작자의 양해나 작자명의 표시 없이 표절하였다면, 이것은 도의적인 면에서 배격을 받을 수밖에 없다. 또 그렇듯이 거의 같은 시나리오에 의거한 작품의 정황을 알고서 이를 묵인한다면 이 또한 당국이 아무것이나 표절해도 좋다고 하는 견해를 밝히는 것 같아서 해당 작품의 처리는 극히 난처했을는지 모르므로 우리는 과연 문교부의 '행정조처'가 어느 방법으로 적용하는가를 당분간 귀추를 주시할 수밖에 없게 되었다.

다만, 우리는 상품에 있어 디자인과 같고, 건축에 있어 설계도와 같은 영화의 시나리오를 이렇게까지 표절할 수밖에 없었나 할 때에, 우리 영화계의 시나리오의 빈곤을 통감할 수밖에 없다.

한국영화는 주지하는 바와 같이 오로지 그 육성을 얻어서 현재도 면세조처의 혜택을 받고 있다. 그러면 그 육성이란 것은 시나리오도 포함된 전 제작과정에 미쳐야만 비로소 의의가 있을 것이다. 그런데도 불구하고 시나리오만은 남의 것을 표절하거나 차용하여도 무방하다고 하면, 우리나라의 제작계는 우선 그 설계도부터 발아하지는 못할 것이다. 이것은 법적인 문제보다 앞서 문화사업으로서의 윤리적인 문제가 되는 것이며, 전 영화인의 체면에 관계되는 문제다. 아직 '영화윤리규정'은 그 권위를 보장받은 일이 없지만, 이런 경우엔 당국이 선을 대기 전에 우선 영화종사자 간에 자율적인 조처로써 해결되지 않을까 싶다.

다음에 문교부가 행정조처의 적용을 원작이 일본 작품일 경우에 당분간 국한할 듯이 엿보이나 이는 우리와 일본과의 사이에 개재한 미묘한 숙연(宿緣)과 현상(現狀)을 고려한 것이라고 보아 틀림이 없다. 그렇지만 이것은 단순히 이것으로 다스리기 어려운 복잡성을 띠고 있다. 이를테면 표절인 경우에 일본 이외의 외국 작품은 그 도의적 배치(背馳)가 안 된다는 것을 은연중에 시인하는 것이요, 또 한편으로는, 출판물의 경우에 번역 혹은 번안도 불가하다는 것이 된다.

우수한 외국 작품을 번역 또는 번안할 때의 그 원작자의 이름을 밝힌다면 무방하지 않을까 우리는 생각된다. 이를테면, 미개봉 영화 중에 모 작품은 사전선전에 있어서 원작자를 뚜렷이 밝히고 있다. 이뿐 아니라, 우리는 『부활』이나 『레 미제라블』 같은 외국의 고전물, 또는 현재의 명작들도 우리 생리에 맞도록 요리할 수 있는 것이요, 이럴 때의 원작의 출처를 밝힌다면 오히려 그 제작 의도를 알리는 것이 되어 관객은 미리 선입견으로써 판단할 기회가 있다. 그러나 그것이 일본의 작품일 때에는 당국이 이를 기피할는지 모른다.

끝으로 우리가 기우하는 것은 어느 영화의 장면이나 착상의 모티브가 우연히 일본의 그것과 유사한 점이 있다 하여 무정견하게 처단하거나 고발하는 일이 없기를 당국과 영화계 인사에게 요청하는 바이다.

## 2%의 유사점도 없다
## 〈인생차압〉과 〈장군 새벽에 죽다〉
## 오영진 씨 본사에 항의

『한국일보』, 1959년 3월 18일자 4면

본사 3월 8일자(일요판) 4면에 게재되었던 「몰염치한 각본가군」 가운데의 한 구절에 대하여 오영진 씨는 변호사 이태희 씨를 통해 다음과 같이 본사에 엄중한 항의를 하여 왔다. 즉 그 기사 가운데 "오영진 원작 『살아있는 이중생 각하』 각본 〈인생차압〉이 일본고화(古畵) 〈장군 새벽에 죽다〉의 약 20% 번안이라"고 쓰여 있는 데 대하여 오 씨는 〈장군 새벽에 죽다〉라는 영화는 일본에는 없는 것이며 약 20년 전 미국영화에 게리 쿠퍼가 주연한 동명의 작품이 있었는데 그것은 중국의 군부의 일을 묘사한 것으로 자기의 작품과는 내용이 전혀 다른 것이다. 씨는 자기의 원작 『살아있는 이중생 각하』는 13년 전에 쓴 것인바 친일파를 그린 것으로 당시 평양에서 연극으로 공연한 사실도 있다. 근래 일본영화에서 〈장군 새벽에 죽다〉라는 것은 보지 못하였으며 전기 동명 미영화도 20%커녕 2%의 유사성도 없는 것이라고 말하였다. 본사에서는 이처럼 오전(誤傳)된 근거를 방금 문제의 두 원작품에 의거하여 조사 중이므로 근간 지상을 통하여 구체적으로 그 경위와 더불어 해명코자 한다(사진=오 씨).

지난 3월 8일자 본지 일요판 4면에 게재된 「몰염치한 각본가군」이라는 기사에 대하여는 앞서 오영진 씨로부터 항의가 온 바 있었고 작금 항간에 분분한 화제로 되어 있거니와 다시 이청기 씨로부터 본 게재문과 같은 엄중한 항의를 하여 왔다.

### 항의문

귀지와 가장 우의적인 협조를 지니고 있는 국제신보사에 적을 두고 있는 본인이 귀지 3월 8일자 「몰염치한 각본가군」이란 제목으로 된 조간 일요판 소재 기사에 의하여 중대한 명예훼손을 면치 못하게 되었사와 여기 엄중 항의치 아니할 수 없게 된 것을 유감천만으로 사료하는 바입니다. 귀지의 동 기사는 '난마처럼 무성한 왜각본 번역 번안'이라는 중간 제목 하에 본인의 과거의 졸작 〈서울의 휴일〉이 일본영화 각본 〈스바라시키 일요일〉의 20% 번안이라 단정하고 무자비하게도 소위 '몰염치한 각본작가'라고 낙인공표한 것입니다.

본인의 졸작 시나리오 〈서울의 휴일〉은 4288년(1955년) 6월경에 집

필하여 동년 말경 개봉된 작품으로서 비록 소기의 목적을 이루지는 못하였다 하겠으나 휴전 후 불안이 가시지 못한 혼돈한 서울 거리에서 고귀한 휴머니티를 추구코자 하였음이 그 명제였던 것입니다.

그러므로 가장 휴일을 얻기 어려운 주인공인 신문기자와 그의 처인 의사가 오래간만에 얻은 휴일을 즐기려 하였으나 남편은 돌발 사건의 취재로, 그의 처는 어떤 산모의 치료에, 그런데 그것이 공교롭게도 남편이 취재한 강도의 처의 분만을 그의 처인 산부인과 의사가 치료케 된다는–그러기에 그들의 모처럼의 휴일이 바람과 같이 날아 버린다는 이야기로 전개되어 그들의 직업을 통한 몇몇 에피소드를 몽타주 형식으로 구성하여 하나의 작품 세계를 형성하고 있는 것입니다. 그럼에도 불구하고 귀지의 기사는 일본 각본의 모작이라고 단정하였습니다.

본인은 동 기사가 지적한 일본 각본 〈스바라시키 일요일〉의 책자를 얻고자 백방 노력하였는데 약간의 시일을 요하였습니다. 그런데 작 17일 일친지(一親知)로부터 전기 일본 각본을 구득하여 면밀히 대조하였습니다. 그것은 졸작의 모작 장면을 대조한 것이 아니라 일본 삼립서방(三笠書房) 발간 『전후 대표 시나리오집 1945-1951』에 수록된 바 있는 식초규지조(植草圭之助)〔우에쿠사 게이노스케〕작인 동 작품과 졸작과의 '우연한 일치'점을 발견키 위한 노력이었던 것입니다. 그러나 발견된 것은 동 기사의 중대한 오류가 한갓 기자(집필)의 경솔 또는 착각에서 이루어진 것이 아니라 요즘 세간에 유포되고 있는 바와 같은 모종 사정(私情)에 의한 추잡추열한 보복 수단으로서 동 기사가 본인을 중상(中傷)한 것으로 볼 수밖에 없음을 유감히 생각합니다.

그만큼 그 각본과 졸작과는 주제, 작중 인물, 사건 전개 및 극적 경우, 대사 등이 판이한 것입니다.

이것은 확실히 언론계를 위해서 슬픈 일입니다. 그러므로 본인은 귀지가 본인의 명예를 훼손한 데 대하여 엄중 항의하는 동시에 동문제에 대한 석명(釋明) 및 사과를 귀지 지상을 통하여 공표하여 주시기를 강경히 요구하는 바입니다.

본인의 이러한 뜻이 이루어지지 못할 경우에 있을 최후적인 행동에 대하여는 그것이 본인의 책임이 아님을 천명(闡明)하는 바입니다.

단기 4292년 3월 18일

이청기

## 보도와 피해
## '몰염치한 각본가군'에 항의함

김소동, 『한국일보』, 1959년 3월 27일자 4면

『한국일보』는 명실공히 대신문이며 또 내 자신 그렇게 믿어 왔다. 3월 8일자 조간 4면에 '몰염치한 각본가군'이라는 제목을 내걸고 일본 각본 모작에 관한 경종을 울렸다.

단연 『한국일보』다운 과단 기사라고 생각했다. 사실을 사실대로 보도해서 그릇됨을 시정하려는 대일간신문이 의도한 바에 우선 경의를 표하는 바이다. 허나 그릇된 기사를 사실처럼 보도했으므로 물의와 파문과 피해가 발생했다.

물론 『한국일보』가 이에 대한 온당한 책임을 L.Y라는 몰지각한 일 기자에게만 전가하지 않으리라는 것을 믿고 싶다.

왜냐하면 『한국일보』 자체의 위신 문제와 아울러 보도의 정확성과 한계가 오직 지켜야 할 신문의 금과옥조로 사료되는 까닭이다.

영화 〈오! 내고향〉은 그 각본이 본인과 최금동 씨와의 합작이다. '오! 내고향도 한몫'이라는 커다란 서브타이틀이 우선 고의적인 장난인 것이며 도전적인 성격까지 띠고 있다. 20퍼센트를 일본 각본 〈카르멘 고향에 돌아오다〉에서 도둑질해 왔다는 논조를 위시해서 바늘 도둑은 도적으로 보아 소도둑과 같다는 결론으로 유전한 필치의 중상을 받은 피해 사실이 곧 그것이다.

본인은 전화로 『한국일보』 사장에게 이 사실을 통고하고 즉시로 본인 등의 각본 〈오! 내고향〉과 〈카르멘 고향에 돌아오다〉의 두 책을 가지고 『한국일보』로 뛰어갔다. 증거가 이 이상 더 명확하고 분명할 수는 없다. 물론 내용에 있어서도 전혀 판이한 스토리려니와 어구에 있어서나 한 신 한 커트의 유사점이 있을 리 없다. 인물 설정은 더욱 그러하다.

이와 같이 극단적으로 성격이 다른 내용을 도적질이라는 관사 밑에서 항차 부제에까지 내걸고 한몫 봤다는 것은 어느 모로 사고할지라도 고의 중상이라 아니할 수 없다. 허나 『한국일보』가 무엇을 위해서? 왜? 철저한 조사 없이 수십만 독자에게 허위 보도를 감행하는 것인지 오인(吾人)은 심히 의혹하는 바이다. 두 각본을 대조한 L.Y라는 기자는 본인에게 내용이 전혀 다르다는 것과 두 책의 대조를 처음 해 봤다는 사실을 전달했다. 본인은 수십만 『한국일보』 독자와 영화감독 김소동을 지원하는 영화 애호가들의 의혹을 풀어 줄 구체적인 해명 방안을 세워 달라고 누누이 부탁한 지 이미 20일이 경과하도록 『한국일보』는 묵과 상태를 지속하고 있다.

이상과 같은 본인의 피해가 그냥 용납될 것인가 아닌가는 현명한 독자가 능히 판단할 것으로되 또 하나 석연치 않은 것은 영화 〈조춘〉 문제를 중심으로 한 일본 각본 모작을 경계하는 기사에 주제 〈조춘〉을 대신해서 죄 없는 〈오! 내고향〉이 무슨 이유로 타이틀이 된 것이며 또 20퍼센트니 30퍼센트니 하는 지극히 불분명한 기산 숫자를 내걸고 소도둑 바늘 도둑으로 교묘하게 도적군 속에다가 왜 몰아넣으려는 것인지 알 수 없다. 이 부당한 기사가 일개인의 고의로나 혹은 불확실한 정보에서부터 발단했다 할지라도 『한국일보』는 응당 보도의 책임을 져야 할 것이며 피해자 본인은 그 책임 소재를 막론하고 신문 『한국일보』에 대하여 엄정히 항의하는 바이며 동시에 작가적 위치의 자기 보호를 단명하는 바다.

김소동

## 위자료 천만 환 청구 소송
## 지법에 제소된 '몰염치한 각본(작)가군'
## 오영진 씨 본사 사장 걸어

『한국일보』, 1959년 3월 28일자 3면

시나리오 작가 오(吳泳鎭) 씨는 27일 하오 "지난 3월 8일자 『한국일보』 조간에 실렸던 「몰염치한 각본(작)가군」이라는 기사는 몇 사람의 작가를 비방하기 위한 악의로써 씌어진 것"이라고 주장하고 그로 말미암아 입은 명예훼손에 대한 위자료 1천만 환과 사과문 게재를 청구하는 소송을 『한국일보』 사장 장(張基榮) 씨를 걸어 서울지법에 냈다.

이날 서울지법에 접수된 소장에 의하면 지난 3월 8일자 『한국일보』 조간에 실렸던 「몰염치한 각본(작)가군」이라는 기사는 ① 오 씨가 "양심을 속여 외국 작품을 모작하고 도둑의 마음을 가진 사이비 순수 각본가"인 것처럼 왜곡 보도함으로써 23년 동안이나 닦아 온 작가로서의 명예를 훼손했을뿐더러 ② 오 씨의 작품 〈인생차압〉이 일본 소설 〈장군 새벽에 죽다〉의 20퍼센트 번안이라고 허위보도함으로써 읽는 사람들로 하여금 원고는 사회적으로 매장되어 마땅하다는 인상을 주었다는 것이다.

때문에 피고는 ① 원고가 입은 명예훼손에 대한 위자료로써 1천만 환을 지불해야 되고, ② 〈인생차압〉은 독창적 작품이며 일본 각본의 번안이 아니라는 사과 기사를 문화면 머리에 실어야 한다는 것이다.

## 모작과 모작적 창작과 우연 유사
## 오영진 씨에게 보내는 글,
## 취재기자 입장에서

임영, 『한국일보』, 1959년 5월 1일자 4면

『한국일보』 3월 8일자 일요판 조간 4면 기사 「몰염치한 각본가군」은 시나리오 작가 제씨에게 유형무형의 피해를 끼치며 『한국일보』 사장을 상대로 일천만 환(圜) 위자료 청구소송 사건까지를 파생시켰다.

동 기사의 취재기자로서 동 기사가 유발한 사태에 대한 책임을 지기 위하여 신문사에 사표를 낸다고 그 책임이 메워진다고 생각하지는 않는다. 그러나 우선 그 책임의 일단이라도 지기 위하여 4월 30일자로 사표를 내고 물러가면서 동 기사의 취재 경위를 밝혀 부분적으로 오전된 의혹의 해명을 삼으려 한다.

일부 한국영화 각본이 일본을 포함한 외국물 모작이라는 사실은 사

실과 풍설로써 지적되어 온 지 오래지만 이러한 사실이 영화계에서 구
체적으로 논의되기는 영화 〈조춘〉이 처음이었다. 〈조춘〉의 모작 문
제를 증거와 더불어 취재한 기자는 외국물 모작 각본 문제를 보도하는
데 있어서 〈조춘〉만에 국한할 것이 아니라 최근 영화계 풍조의 하나로
표시되었던 다른 모든 모작 각본도 종합적으로 취재 보도하고 싶은 생
각이 들었다.

기자가 영화연예를 취재보도하기 시작한 지는 이미 수삼 년이 되는
지라, 직업상, 일본을 포함한 외국 각본도 읽어야 했는데 외국물 모작
으로 지칭되는 한국 각본의 모든 원본을 읽었던 정도로 많이 읽지는
못했었다. 그리하여 외국물 모작 각본 문제를 종합적으로 보도하기 위
하여는 사계에 정통한 소식통으로부터 취재하는 길밖에 없었다. 모작
자가 자기 작품을 모작물이라고 밝히는 일은 퍽 드문 일이고 일개인이
모든 모작 외국 원본을 단시일에 입수하는 것도 용이한 일은 아니었기
때문이다.

기사 「몰염치한 각본가군」 중에는 십여의 각본이 외국물 모작 각본
으로서 열거되어 있다. 이중의 반수 이상은 과거 열본 내외의 각본을
발표한 시나리오 작가인 두 명〔유두연, 이봉래〕의 영화계 소식통으로부터
취재한 결과였다. 기자의 취재 활동이 우선 정보에 입각하여 시작된다
는 것이 상식이기는 하나 한 사회인이나 한 작가의 명예훼손에 관하고
재산상의 손해까지 끼칠 수 있는 중대한 사실을 증거와의 대조 없이
정보만으로 보도할 수 없는 것도 상식이다.

그러면 기자는 왜 기사 「몰염치한 각본가군」 중의 일부를 외국 원
본과의 축자대조(逐字對照) 없이 정보만으로 보도하여 기자도(記者道)를
역행했을까.

기사 「몰염치한 각본가군」의 피해자로서 김소동, 이청기 양 씨는 자

신의 결백을 주장하는 항의문을 『한국일보』에 발표했고 오영진 씨는 자신의 결백과 재산상 손해를 회복하기 위하여 일천만 환 위자료 청구 소송을 제기했다.

기자 개인이 취재보도한 동 기사로 인하여 신문사가 전기 삼 씨로 부터 각각 직접적으로 받는 피해량의 다과(多寡)는 기자가 능히 추측할 수 없으되 동 기사를 취재보도한 기자의 입장에서는 항의문이든 일천 만 환이든 그 차이는 없을 것이라고 생각이 된다. 김소동 씨 항의에 대 하여는 불일(不日) 중 발표될 월간 영화지 『국제영화』 최신호에 답변 원고를 썼고 이청기 씨 각본에 대하여는 이 이상의 논의를 삼가겠고, 지금 재판에 의하여만 귀정(歸正)될 오영진 씨 각본 〈인생차압〉에 대 해서만 취재보도의 상세한 경위를 적는다.

해방 직후의 한 친일파가 서양인의 사기에 넘어가 부채를 갚을 길이 없어지자 의사인 자기 사위에게 사망진단서를 위조케하여 사망을 가 장하고 가(假)장례식을 거행한다는 것이 〈인생차압〉의 줄거리다. 〈인 생차압〉의 모작 원본은 일본 작품이라는 〈장군 새벽에 죽다〉(그 후 일 설에는 〈장군은 밤에 춤춘다〉가 맞는다고 한다). 패전 직후의 한 일본 장 군이 전쟁범죄자로서 스가모(巢鴨)형무소에 들어가게 되자 왕년의 부 하 군의관이었던 의사에게 사망진단서를 쓰게 하여 사망을 가장하고 가장례식을 지내고는 조의금을 가지고 북해도로 도망했다가 체포된다 는 줄거리다-라는 것이 기자가 신뢰할 만하다고 생각한 두 시나리오 작가로부터 들은 말이다.

상술(上述) 일본 각본의 줄거리는 그럴싸하다고 믿을 만한 개연성이 있는 이야기이고 기자가 이 이야기를 듣기는 두 명의 시나리오 작가로 부터 동 시각, 동 장소에서 들은 것이 아니라 따로따로의 장소에서 따 로따로의 시간에 들었으니까 이 이야기가 기자에게 작용한 신뢰도는 더한층 강했다. 동 일본 각본이 게재되어 있는 일본 잡지의 차용을 원했지만 동 일본 잡지는 6·25사변 전에 있던 것이라 보관은 안 되어 있으며 수삼 일 노력하면 입수는 가능할 것이라는 것이 기자가 신뢰할 만하다고 지금도 생각하는 양 영화계 소식통의 말이었다.

이때는 문교부 기자단이 〈조춘〉 모작 문제를 보도할 기색을 보이고 있을 때인데 기자의 직업적 경쟁의식은 보다 광범하고 보다 충실하고 보다 조속한 보도에로 기자를 몰아넣었다.

그러면 기자는 단순한 직업적 경쟁의식에만 사로잡혀 영화계 소식통의 정보만으로 오영진 씨의 명예에 관하고 재산상 손해를 끼칠 수 있는 폭거를 감행한 것일까-하면 그렇지 않다.

신영화의 리뷰를 직업적으로 해 온 기자는 독자에게 신영화의 가장 간결한 소개를 하기 위하여 한 영화를 구성하는 절정적 인자를 우선 포착 식별하고 동 영화의 장단점을 말하는 습성을 가지고 있다. 기자가 처음 문제의 영화 〈인생차압〉을 보았을 때 이 영화를 구성하는 절정적 인자는 가사망(假死亡)에 의한 가장례식이라고 직접적으로 느꼈다. 이러한 느낌은 가사망에 의한 가장례식의 수법을 주축으로 구성한 유명한 외국 작품들을 기자에게 연상케 했다. 벽두, 자기가 자기의 장례식을 다른 묘석(墓石) 뒤에 숨어서 목격하는 장면이 전개되는 불란서 희곡『살아있는 파스칼』이 그것이고, 서반아 지방 도시의 시장이 가사(假死)에 의한 가장례식의 침대에서 자기 처가 진주군 대장과 희롱하는 광경을 목격하지 않으면 안 되는 고배를 마시는 이야기로 되어 있는 샤를 스파크 각본, 자크 페데 감독, 루이 주베 출연의 불란서 영화 〈영웅적 제전(英雄的祭典)〉〔〈플랑드르의 사육제Carnival in Flanders〉(1935)〕이 그것이다. 이 영화는 〈여자만의 도시〉라는 일본의 개제(改題)로 왕년에 수도극장에서 상영된 적이 있다. 모파상의 단편에도 가사(假死), 가장례를 구성 인자로 한 이야기가 있다-하고 나열하면, 상기한 가사 장례식의 사실만으로, 〈인생차압〉을 외국물 모작이라고 단정하려는 인상을 독자에게 줄지도 모르겠지만 기자가 다만 지적하고 싶은 것은 〈인생차압〉의 구성 요인인 가사망, 가장례식은 세계 각국 문학 중에 흔히 있는 것으로 꼭 독창에만 의한 것은 아닐 것이라는 것이다. 오영진 씨의 이러한 모작적 독창성의 경향은 기자가 조사한 다음의 사실로써도 보다 강력하게 확인될 것이다.

즉 여원사(女苑社) 간행의 어느 고아의 수기인 『생일없는 소년』은 사회악의 저류를 방황하는 소년들의 생태를 고백체 문장으로 묘사한 것인데, 오영진 씨가 자신의 오리지날 시나리오라고 명기 발표한 『10대의 반항』은 『생일없는 소년』과 그 소재가 혹사(酷似)하고 있는 것이다.

상술한 사실들은 우연의 유사일지도 모른다. 그렇다면 오영진 씨의 작품들은 타국, 타인의 작품들과 유사성이 많은 작품들이다. 문학적 작품상의 유사성이란 그 의식적, 무의식적 소산 여부를 불문하고 식별 혹은 규정하기 힘든 일이고 개인의 견해에 따라서도 다를 것이다. 기사 「몰염치한 각본가군」에는 기자 성명의 이니셜인 L.Y의 서명을 했는데 이것은 동 기사가 상술한 바 관점 차이로 문제가 야기되는 경우 책임을 지겠다는 의미였다.

기자가 정보 취재한 〈장군 새벽에 죽다〉(일설 〈장군은 밤에 춤춘다〉)의 줄거리대로의 원본을 입수했다든지 혹은 그 정보를 액면대로 수입했었다면 기자는 〈인생차압〉을 90% 번안이라고 단정했을 것이다. 〈인생차압〉을 외국물의 20% 번안이라고 한 이유는 번안설 최소한도의 근거인 기자의 예비지식이었던 불란서 작품들의 가사, 가장례식의 구성을 연상한 데서 온 고려이었다. 가사, 가장례란 그렇게 흔한 일이 아니다. 물의 비난의 초점이 되었던 모작률 % 표기는 말하자면 〈인생차압〉이

〈조춘〉 등과 동량의 피해를 입는 것을 방지하기 위함이었다.

기자는 상금(尙今)도 일본의 개인적 지인을 통하여 문제의 작품을 원본을 모집 중에 있거니와 아직 이 시간까지는 입수되지 못하고 있음이 사실이다.

상술한 사실은 기자의 정보 취재 대상자 양 씨가 동 기사와 하등의 이해관계나 책임이 없고 동 기사가 아세아영화제 출품 심사와 유관했다고 일부 유포된 말도 오해였다는 것을 드러낼 줄로 생각한다.

기자와 친분이 없었다고만 할 수도 없으며 기자가 회원이기도 하였던『씨네팬』회장이며 가장 존경하는 분의 하나인 오영진 선생에게 사건의 시비곡직을 떠나서 송구스러운 마음을 가진다. 한국영화의 외국물 모작에 대해서는 그 후진성을 고려하여 비교적 관대해야 할 것이라는 취재 태도를 가져 오던 중 무슨 모작이든 모작에 변함은 없겠지만 그것이 안이하고 수치스러운 일본물 모작이라 하여 일괄 보도했다가 뜻하지 않은 소란을 야기하여 규탄받는 기자는 선배와 영화계 제씨에게 송구스럽기 짝이 없다. 이 기사는 견습기자로 출발한『한국일보』 기자 4년 끝에 처음이자 마지막으로 성명을 기명할 수 있었던 것으로 개인적인 감개가 절로 일어난다(4.30).

## 오 씨 시나리오 분규해결에 관한 해명

장기영, 『한국일보』, 1959년 10월 16일자 4면

단기 4292년 3월 8일자 일요판 4면 문화란 게기(揭記)「몰염치한 각본가군」이라는 제하의 L.Y 씨 논문(동 기사 중 오영진 작 〈인생차압〉이 일

본 작품의 번안이라는 지(旨)의 부분)이 오영진 씨의 명예를 훼손하였
다 하여 오 씨로부터 본사 사장인 본인을 상대로 서울지방법원에 위자
료청구소송을 제기하여 심리 중 법원 측의 권유도 있고 또 분규를 혐
오하는 폐사 창간 정신과 평화적 견지에서 양자 간 원만한 해결을 지
어 백지로 환원하였음을 양자를 위하여 심려하여 주신 각위에게 알려
드리는 동시에 그동안의 각위의 심려에 대하여 죄송함을 금치 못하며
우(右) 기고가 오영진 씨의 명예를 상(傷)케 하였다면 그것이 비록 당시
본사 기자이었던 임영 씨의 기자 논문이며 개인적 착오라 할지라도 문
화인을 보호하는 것을 목적의 하나로 하는 폐사로서도 본의 아닌 폐단
을 일으키게 됨에 대하여 도의적인 견지에서 오영진 씨에게 미안한 감
을 느끼는 바일 뿐 아니라 다년간의 친지이며 우리 영화계의 중진인
오영진 씨에게 발행인 개인으로서 미안한 감을 불금(不禁)하는 바이므
로 자에 우(右) 사건의 경위를 세간에 알리는 바입니다.

단기 4292년 10월 16일

한국일보사 사장 장기영

**특집: 시나리오 작가와 표절 문제**
**시나리오 파동과 저널리스트의 양식**
**지면은 '붓장난의 광장'이 아니다**

최금동, 『국제영화』 1959년 5·6월호, 32~35쪽

외국물을 복사모작하는 몰염치한들은 표절가지 시나리오 작가는 아니
다. 언론계가 던진 시나리오 파동을 둘러싸고 시나리오 작가와 집필자

가 대결하는 논박문.

## 한국영화의 전기(轉機)

요즈음도 무슨 얘기를 할 때는 흔히 '일제시대는 어쨌는데' 하고 오늘과 그때를 곧잘 비교하려는 버릇이 있지만. 지금으로부터 10여 년 전만 해도 신문기자나 아나운서 채용 시험 문제에 곧잘 표절이라 해 놓고 거기다 토를 달고 그 뜻을 쓰라 했던 것이다. 그러나 전문 대학을 나온 수재들도 대개는 좀 당황하거나 머리를 벅벅 긁었던 판인데, 오늘은 고등학교 졸업 정도만 되어도 이것쯤 무난히 알아 맞추게끔 되었으니 참 신통한 일이다.

요는 '글도둑질'이라는 말을 그만큼 귀에 익도록 듣게 되었다는 슬픈 사실일 게다. 옛날이라고 글도둑이 없었으랴만 오늘처럼 다방에서나 지상에서나 귀 아프게 듣게 되는 적이 또 있었을까 모를 일이다.

'누구의 소설은 어느 나라 누구의 것 고대루야' 또는 '누가 쓰고 있는 것은 바로 아무개의 무슨 글 속에서 쓱 뽑아낸 거야' 하는 등 아주 공공연하게 신문에나 잡지에 실리고 있는 소설을 두고도 이런 말이 떠돌고 있는 모양인데 국산영화의 각본 문제는 그보다 좀 더 귀 시끄러울 정도이니 참 기막힐 일이다. 내가 주로 영화계에 관여하고 있는 탓으로 유달리 귀에 거슬리는지도 모르겠지만 어쨌든 한 해 동안에 백 본 내외라는 한국영화사상 미증유의 풍년(?)이 들고 보면 부닥치는 바람도 셀 것이요, 별의별 잡음도 없을 수 없을 것이니 어떤 작품을 '어느 영화 그대로'라고 함부로 지껄이는 소리를 액면대로 받아들이기에도 곤란한 일이다.

허나, 이 문제가 작년 가을부터 몇몇 신문지상에 논의되었을 때 그것의 진부를 가릴 새 없이 나는 얼굴이 뜨거울 정도로 지극히 작은 위치를 차지하고 있는 한 사람의 영화작가로서 부끄러웠고 가슴이 아팠다.

더구나 그 '도둑질'이 대개 '일본 작품에서'라고 하였으니 이것이 만일 사실이라면 뻔뻔스럽다거나 파렴치하다거나 하는 정도가 아니라, 아직도 일본의 정신문화적인 영토가 우리 앞에 남아 있다는 말인가 하고 한숨을 내쉬었던 것이다. 그러나 그 글도둑의 혐의에 대한 한마디 반박─혹은 해명도 없는 것 같았다. 그것을 도시 '문제도 되지 않는' 중상이나 떠도는 소문이라고 치부해 버리는 태연한 태도에서라고 해석하기에는 너무도 우리들의 작가적 양식이 평안할 수 없었다.

이 지구 위에서 최대의 비극을 겪는 우리들이 어디가 소재가 없어 하필이면 일본 작품에서 따와야 할것인가?

그러나 70여 개 제작회사가 연산(年産) 2본 평균 제작해 내기로 든다해도 백 4, 50본의 각본이 수요되어야 한다는 구체적인 문제와 겨우 30명 내외의 시나리오 작가(한국시나리오작가협회 회원)의 수효를 헤아려 볼 때 더러는 외국 작품에서 힌트를 얻을 수도 있을 것이요 더러는 어느 일부분을 따 오는 경우도 있을 것이요. 또 어느 대목이 외국작품과 우연히 일치되거나 유사한 장면도 있으리라고 짐작은 간다.

그렇기 때문에 양심적인 제작자의 역량 있는 시나리오 작가 및 감독들이 이제야말로 서로 제휴하여 차츰 그 기반을 확고히 하여야 할 때가 온 것이다. 이것은 곧 한국영화가 양에서 질에로 일대 전환을 꾀하지 않으면 아니 될 전기이기도 한 것이다.

지금 우리에게는 재주가 비상한 사람도 필요하지만 토끼보다는 거북 같은 성실성을 지니고 결사적으로 깊이 파고들며 공부하는 노력가가 더 소중할 것 같다.

## 시나리오 파동

우리 영화인은 거개가 솔직히 말해서 뛰어난 선배나 완비된 시스템 아래서 체계 있는 공부를 한 사람이라곤 얼마 안 될 것이다. 어깨 넘어 공부가 아니면 주먹구구식으로 숭어가 뛰니 망둥이도 뛰는 희비극이 비일비재하다. 그러한 사람들 가운데는 뱃속에서부터 배워 가지고 나온 사람이 어디 있느냐? 돈 있으면 못 해낼 것이 어디 있어? 하고 대드는 사람도 있지만 적어도 창조사업을 그처럼 안가(安價)하게 생각하고 덤비는 태도부터가 스스로 실패를 계산하고 나서는 결과밖에는 아무것도 아니다. 이런 부류들이 흔히 안이한 길을 찾기 위해 의식적인 모작 행위를 저지르기 쉬운 법이다.

그런데 한 사람의 실력 있는 우리 동료가 그러한 기획에, 의리에 못 이겨 참여하였다가 마침내 파동을 일으키고 말았다.

지난 3월 8일자 H신문 문화면 특집이 그것이다. '글도둑' 물의가 귀시끄러운 때인 만큼 대담하게 이 문제를 취급한 H신문과 그 필자에게 공명되는 점을 느끼지 않는 바도 아니나 그 평자의 태도에 진중을 결한 이해하기 곤란한 점이 있다는 것이다. 어디까지나 가냘프고 불안전한 한국영화계를 바로잡아 세운다는 성실성을 가지고 대하는 당당한 것이라기보다는 '때려치운다' '얻어맞아 봐라' '갈긴다'는 식의 폭력적인 듯한 태도가 그 교양과 저의까지도 의아심을 갖게 하였다.

물론 이를 계기로 우리를 영화인 개개인 스스로가 반성하고 자계해야 할 일이지만 이를 육성해 내고 밀고 이끌어 가는 위치에 있는 사람 또한, 일체의 사적 감정이나 편견을 초탈하여 공정하고 신중하게 비판, 고무하여야 할 일이 아닐까 한다. 설사 어느 작품의 일부분이 일본의 어느 작품과 비슷하다고 해서 그것을 곧 20퍼센트니 30퍼센트니 하고 모작, 도작, 번안이라고 레테르를 공공연하게 붙일 수 있는 문제일까? 그것을 의식적인 행위라고 단정을 내리기 전에 우연의 일치 또는 극작에 있어서의 카테고리 안에서 생각할 수 있는 상식적인 것이냐 아닌가 하고 좀 더 선의로 해석하려 드는 성의쯤 있어도 좋지 않을까?

아리스토텔레스 이래, 세계의 어느 작품치고 엄밀히 따지고 든다면 36개 국면을 거의 벗어나지 못하기 때문이다.

## '죄 없는 사람' 고발자

시나리오를 쓰는 사람도 가장 많이 보고 들어 온 것이 일본 작품이기 때문에 그런 데서 힌트를 얻기도 쉬운 일이고 혹은 써 놓고 나서 보면 어느 부분이 비슷한 점도 없지 않아 있을 법도 한 일이다.

그러나 그것을 송두리째 또는 절반이라도 의식적으로 옮겨 놓지 않는 한 그 어느 부분, 그 어느 대사, 그 어느 처리가 비슷하다고 해서 '저 놈 잡아라' 식으로 떠들어 대는 것도 결코 한국영화를 키워 가자는 온당한 태도는 아니라고 본다. 여기서 이미 노출된 문제 작품은 언급할 필요가 없지만, 그 한 그물에 휩쓸려든 40퍼센트니 20퍼센트니 하는 작품들에 대해서는 시나리오 작가의 한 사람으로서 심히 유감의 뜻을 금치 못한다.

더구나 서브타이틀까지 붙여서 〈오! 내고향〉 그 운운하고 수십만 독자 앞에다 필자가 바늘 도둑이라고 고발을 당하고 보니 이 언론의 폭력 앞에 도둑의 누명을 뒤집어쓰고 벙어리가 되어 버릴 수 없다. 우리가 일상 사석에서 '너는 도둑이다' 하여도 법적 소동이 일어남직한 터인데 H일보 같은 대신문지상에다 '저놈도 도둑'이라고 선언을 해 놓았으니 분개하기 전에 필자는 그 까닭을 모르겠다. 필자는 결코 이러니 저러니 시비를 따지는 일을 제일 싫어하는 성격이다. 그저 조용히 내일에 충실하면서 말썽 없이 살아가기가 소원이다. 될 수가 있다면 양보도 하고 겸허하게 살고 싶은 것이 나의 신조이다.

필자는 지난 3월 8일 이래 이 파동이 일어난 뒤로도 입을 열지 않았다. 죄 없는 사람을 만천하에다가 죄가 있다고 허위 고발한 그 인간의 태도를 지켜보면서 입을 다물고 있었다.

〈오! 내고향〉과 20퍼센트가 같다는 일본 기노시타 게이스케(木下惠介) 작 〈카르멘 고향에 돌아오다〉를 말미에 참고로 그 스토리와 테마를 소개하므로 독자의 판단에 맡기거니와 필자가 통탄하는 것은 그 허위 고발 사실보다도 그 고발자의 지성인으로서의 양식이요, 인간적 태도이다. 이러한 경솔한 횡포가 허용되는 오늘의 세태를 슬퍼한다. 글도둑 고발자인 'LY'도 실은 두 각본을 읽어 본 일이 없었으며, 오영진, 이청기 양씨의 작품과 그가 주장하는 작품 역시 대조도 하지 않았었다고 하니 언어도단이다. 이것은 '붓대 하나만 들면 세상을 휘두를 수 있다'는 구세기적인 망상가가 아니라면 너무도 위험한 장난이다. 필자가 알고 싶어 하는 것은

① 소위 '몰염치한 각본가군'에서 80퍼센트니 90퍼센트니 스스로 지적한 작품은 싸고 돌아가며 왜 〈인생차압〉과 〈오! 내고향〉에다 공격의 중점을 둔 듯한 인상을 주도록 하였는가?

② 따라서 스스로 20퍼센트라고 지적한 〈인생차압〉과 〈오! 내고향〉을 하필 표제로 내걸었는가? 이것은 편집자가 데스크에서 붙였다고는 생각하기 어렵다. 'LY'라고 기명한 하나의 책임 있는 원고이기 때문이다. 만일 데스크에서 붙였다 하더라도 참고 표제 또는 의견은 첨부했으리라고 생각된다.

③ 'LY' 씨는 그 기사를 쓰고 나서 스스로 그가 사랑하는 H일보사와 피해 작가와 그 영화계와 또 일반 사회의 그리고 다른 영화평론가들에게 조금이라도 미안하다고 반성해 본 일이 있는가?

## 기사보다 평자의 태도

필자의 상식과 경험으로는 인신공격이나 명예훼손 같은 폭로기사를 취급하는 경우에는 의례 광범위한 자료를 수집하여 확증을 얻은 다음 그래도 그 본인의 말 한마디쯤은 들어보고 나서 붓을 드는 것이 기자로서의 예의요 순서였다. 또 아무리 살인강도의 기사를 보도하였더라도 취조를 받고 있는 그 범인 앞에 기자로서 얼굴을 내놓을 때는 미안한 생각이 들었던 것이다. 그리고 신문이 적어도 한번 발표한 기사를 정정한다는 것은 치명적인 오점인데 하물며 그것을 취소한다는 일은 그 신문의 권위와 신용에 관한 역사적인 문제이기 때문에 그래서 '바로 보고 바로 쓰자'는 것이요. 공정과 정확을 그 생명으로 삼는 소이라고 할 것이다. 오영진, 이청기, 김소동 제씨의 항의문을 게재하는 아량만으로는 만족할 만한 해명이라고는 볼 수 없지만 어쨌든 그 사실 자체가 결코 H일보의 명예에 상서로운 일은 못 되는 것이다. 아니 피해는 스스로 그 사에 있다고 할 것이다. 지면은 지극히 귀중한 역사의 거울이다. 어느 문학청년이 취미나 편견을 회롱하는 광장이 아니다. 필자는 'LY' 씨와 하등의 사감이 있을 리 없다. 아니 아직 일면식도 없는 터이다. 그러나 'LY' 씨가 나에게뿐만 아니라 다른 피해 작가들과도 사전에 만날 수 있는 기회나 장소가 얼마든지 있었다.

필자는 문득 저 영화 〈악의 종자〉(The Bad Seed, 1956)의 한 장면이 머리에 떠오른다. 소녀가 불을 놓아서 살인을 하고도 태연하게 제 방으로 들어가서 피아노를 치고 있는 것을 보고 그의 어머니가 몸부림을 치며 '저걸 보세요, 저, 저 어쩌면 저렇게 태연스럽게 피아노를 칠 수 있을까요? 저게 무서워요…'.

끝으로 부언해 두고 싶은 것은-필자는 1946년 겨울에 보국흥업회사 영화부의 요청으로 『견우직녀』에서 아이디어를 가져다 『새로운 전

307

설』이라는 시나리오를 쓴 일이 있다. 그때 프린트까지 하였으나 촬영 조건 관계로 부득이 보류되고 말았던 것인데 작년 여름에 김소동 감독의 요청으로 그 작품을 다시 고쳐서『강물에 꽃잎이 떠 흐르듯』이라는 제명을 붙여 넘겼던 것을 나중에 김 감독이 또 손을 보아 제명도『오! 내고향』으로 고쳐서 제작했던 것이다.

그런데『카르멘 고향에 돌아오다』는『일본영화연감』에 1951년 작품이라고 기록되어 있는 것이다. (4월 8일―제3회 신문주간에)

## 두 작품 비교

### 〈오!내고향〉

황룡강을 사이에 끼고 동촌과 서촌이 나누어 자리잡고 있는데 동촌에는 최고집이 살고 있고 서촌에는 김유들이 살고 있다. 최고집은 호리호리한 키에 바짝 마른 편이고 김유들은 뚱뚱보. 최고집은 고집쟁이인데 김유들은 유들유들한 성격의 소유자. 최고집은 제대되어 돌아온 윤수라는 외아들이 있는데 김유들에게는 딸만 6형제. 그 위에 또 그 마누라가 임신 중. 두 집안이 이렇게 대조적인 데다 곧잘 까닭 없이 싸우기 일수. 김유들이가 소가 있다는 것을 자세〔藉勢〕하면 최고집은 아들 있다는 것을 자세하는 판. 그런데 부모들 사이와는 정반대로 윤수와 김유들의 딸 연심과는 서로 사랑하는 사이. 부모네가 서로 불화하게 지내는 것은 이 황룡강이 두 마을 사이를 흐르고 있기 때문이라고 젊은 그들은 비관한다. 두 마을을 연결하는 징검다리 목에다 가게를 펼치고 있는 서주사가 이 마을에서 처음으로 기계방아를 차린 날. 최고집이 장에 가서 송아지 한 마리를 사가지고 돌아오다 징검다리에서 보리타작을 해 가지고 건너 오는 김유들과 맞부디쳐 옥신각신 투닥거리는 것을 윤수와 연심이가 떼어 말린다. 그리고 젊은 두 사람은 그날 밤 물레방아 있는 데서 만났으나 윤수는 농촌 일이 힘이 들 뿐 아니라 밤낮 두더지처럼 평범하게 살기가 싫다고 도회로 가고 싶어 하는 것을 연심은 열심히 그의 마음을 돌리도록 애원한다. 그때 마을의 불량배 형섭이가 이 광경을 엿보았는데 형섭은 평소부터 연심에게 야심을 품어 오는 청년이었다.

어느 날. 다리목 서 주사네 집에서는 지금은 전쟁미망인으로 댄서가 된 딸 춘자에게서 몸 치료를 하기 위해 고향으로 돌아오겠다는 편지가 온다. 실은 기계방아도 춘자가 사 준 선물이었다. 멋쟁이가 된 춘자가 돌아온 뒤에 마을에서는 구장 선거가 있었는데 현 구장인 최고집이 낙선을 하고 이번에는 김유들이 당선되었다. 그러자 춘자는 사나이다운 윤수에게 마음이 쏠리어 유혹을 하게 되고 그러지 않아도 서울을 동경하여 오던 윤수의 마음도 차츰 이끌리어 영농자금을 찾은 것을 기회로 연심의 애끓는 만류도 뿌리치고 둘이서 서울로 가 버린다.

그동안에 형섭은 연심이에 대한 야심을 버리지 못하고 최고집과 김유들이네 집에다 각각 윤수와 연심이가 좋아 지낸다는 고자질을 하여 두 집 부모들의 감정을 더욱 돋구어고 급기야는 물싸움까지 붙여서 두 마을의 패싸움으로 발전하려고 한다. 그러나 서울로 올라온 윤수는 그의 전후 박병호의 농기구 공장에서 일을 보게 된 것도 순간. 춘자의 마음도 어느새 박에게로 옮아 가고 결국 그는 야박스런 도회가 우정과 여인에게서 배신과 환멸을 안고 다시 고향으로 돌아온다. 그리하여 동서촌 마을의 숙제였던 징검다리를 철근 콘크리트로 가설하는 공사에로 새 출발을 한다는 이야기다. 순진한 제대 청년이 오래간만에 고향에 돌아왔으나 언제나 변화 없는 생활에 싫증이 나던 판에 도회에서 돌아온 댄서의 유혹에 현혹하여 도회로 가 보았으나 믿었던 우정도 품었던 문명에의 꿈도 그리고 군정까지도 생채기를 입고 다시 내 고향으로 돌아온다는 것이다.

## 〈카르멘 고향에 돌아오다〉

일본 천간산려에서 농사를 하고 있는 정일(正一)〔세이치〕은 데릴사위 일랑(一郎)〔이치로〕과 큰딸 유키를 데리고 살아가는데 어느 날 어렸을 때 집을 뛰어나가 지금은 동경 천초(浅草)〔아사쿠사〕에서 스트립걸이 된 딸 리리 카르멘이 극장 수리로 쉬게 되어 그 틈을 타서 그의 동료와 함께 금의환향하겠다는 편지가 오는데 아버지 정일은 집안 망신시킨 자식이라고 부녀의 연까지 끊다시피 되어 있으므로 유키 언니가 아버지에게 잘 말하여서 내가 돌아가도 역정을 내지 않도록 부탁한다는 유키에게의 사정 편지였다.

이 리리 카르멘이란 스트립걸은 어렸을 때 소에 치어서 머리가 좀 이상해진 여자인데, 그는 스트립을 마치 세상에서도 위대한 예술로 알고 그 자신 자칭 예술가라고 자부하고 있다.

그가 그의 친구 주실과 고향을 찾아와서도 옛날부터 그가 좋아하는 고향 청년 춘웅에게까지 그가 굉장한 예술가처럼 뽐낸다. 춘웅은 맹인으로 음악을 좋아하나 그곳의 세도가요 부자인 운송업 환십이란 자에게 빚 대신에 오르간을 빼앗기고 그의 젊은 처가 마을과 역을 왕래하는 마차를 부려서 생계를 유지하고 있는 터이었다. 그런데 돈벌이에 잇속 빠른 환십이 카르멘과 주실의 스트립을 읍사람들에게 공연하여 돈을 벌겠다고 나선 것을 기화로 카르멘들도 그들의 위대한 예술을 고향 사람들에게 한번 보여 주기로 작정하고 그곳 창고에서 벌거숭이 춤을 춘다. 카르멘은 거기서 번 돈을 그의 아버지에게 주고 동경으로 돌아간다는 이야기인데 아버지는 그 돈을 학교에 기부해 버리고 학교에서는 정재로서 받아들이는 한편 환십은 그 덕분에 막대한 돈을 벌었고

큰 인심이나 쓰는 듯 오르간을 도로 춘웅에게 돌려보낸다. 그동안 정
일은 딸의 발가벗고 춤추는 꼴이 차마 견딜 수가 없어 술을 마시고 환
십과도 싸우는 등 소동이 일어난다.

소박한 시골 사람들 눈앞에 얼치기 예술가가 나타남으로써 그를 중
심으로 야릇한 부성애와 맹인 음악가의 울분과 벌거숭이 춤을 이용하
여 돈을 벌려 하는 염치 좋은 지방 재벌과 촌선비 연하면서도 무식을
폭로하는 촌교장과 환십에게 아첨하기에 닳아진 심복 등 인간상들이
코미디 조로 사건을 엮어 내고 있다.

**특집: 시나리오 작가와 표절 문제**
**근절되어야 할 외국물 모작 행위**
**20% 이상의 모작 〈오! 내고향〉의 경우**
**모작치고는 상당히 서툰 모작**

임영, 『국제영화』 1959년 5·6월호, 35~37쪽

『한국일보』 3월 8일자 일요판 4면 게재기사 「몰염치한 각본가군」은
보도된 지 월여(月餘)를 지나는 사이에 수삼(數三) 논객과 도하 일간 주
간 십여 지의 관심을 유발하면서 『한국일보』 사장을 제소한 일천만 환
손해배상 청구소송 소동까지를 파생시켰다.

양의 동서를 불문하고 영화예술의 요람기에 처해 있는 국가에서 선
진 외국물을 모작하는 것은 그 모작 여부를 공언하든 은폐하든 간에
하나의 통폐처럼 창궐하고 있는 것이 사실인데 항상 고전이라는 것을
못 가지고 집단적 기술적 창조적 과정을 밟아야 하는 영화예술적 특수

성을 고려하면 이러한 점에 대해서는 비교적 관대해야 할 것이라는 것이 전문가들의 지배적인 견해다.

일본물 모작의 경우, 일본도 구미나 동남아 제국처럼 외국임에는 틀림없으니까 다른 외국물 모작의 경우보다 그 모작 행위에 수반하는 작가로서의 도의적 책임은 더하지도 덜하지도 않을 것이다.

그러나 민족적 견지에서 볼 때, 일본물 모작이란 특수하게 수치스러운 사실이라 기사 「몰염치한 각본가군」은 약일타(約一打)의 모작으로 생각되는 각본을 의거했던 것인데 외국물 모작 각본은 이 밖에도 아직 수두룩하다. 기자가 일본 각본을 총망라한 도서관을 소유해야 할 의무는 없고, 또한 일본 각본의 전문적 연구가 있어야 할 의무는 더욱 없는지라 동 기사 중 타이틀 지칭이나 내용에 있어서 약간의 착오가 없지 않았던 것은 동 기사의 취재보도 기자로서 책임을 지며, 유형무형의 부당한 피해를 입었을 각본가에게는 진심으로부터의 사과를 드린다. 그러나 외국물 모작이라는 것은 엄연한 사실로서 진리처럼 남는다. 본인은 취재기사 「몰염치한 각본가군」에 대해서 오영진 씨처럼 소송 소동까지를 일으키지는 않았지만 이청기 씨와 더불어 가장 맹렬한 반응을 표시한 김소동 씨의 경우를 우선 조금은 세밀히 재고찰하여 해명을 싣는다.

### 〈오! 내고향〉의 모작 행위 경우

김소동, 최금동 합작 각본 〈오! 내고향〉이 일본각본 목하혜개(木下惠介〔기노시타 게이스케〕) 작 〈카르멘 고향에 돌아오다〉의 정묘하지 못한 반복사식(半複寫式) 모작이라는 것을 식별하기 위하여는 우선 〈오! 내고향〉은 소위 진지 작품으로서 의장(擬裝)한 농촌 풍속물이고, 왜(倭) 각본 〈카르멘 고향에 돌아오다〉는 농촌 풍속을 무대로 한 슬랩스틱 희소극이라는 점을 유의해야 한다.

## 양 작품 개요

### 〈오! 내 고향〉

서울에서 창무(娼女)〔원문 그대로임〕 같은 정체불명의 직업을 가진 딸이 보내 준 돈으로 정미용 발동기 같은 것도 놓고, 시골서 구멍가게식 장사를 하는 김칠성 부부는 몹시 행복한데, 어느 날 서울의 딸로부터 휴양차 귀향하겠다는 편지가 온다.

이윽고 딸 강효실이가 버스에서 내렸는데, 색안경에 보청기까지 매단 딸의 모습은 몹시 이상하여 동리의 남녀노소가 퍽 진기해하지만, 그것이 존경이 아닌 것은 물론이다. 동리의 최남현 씨 댁에는 김종규 군의 아들이 있고 주선태 씨 댁에는 조향랑 양의 딸이 있는데 양 씨는 견원지간이고 자식들은 연애 중이다. 일종의 한국 농촌판 '로미오와 줄리엣'인데, 이 김 군 얼마 되지 않아 강효실 양에게 유혹되어 서울로 출발하고 조 양은 동리 건달 장동휘에게 피(被) 구애로 시달린다. 장동휘 군의 여우 같은 장난도 있고 하여 전기 양 씨는 국민학교 교사 신축 문제와 구장 선거 문제 등으로 더욱 비뚤어져 가는데, 면장 교장 등이 누차 등장한 후, 동리 중간을 흐르는 하천에 콘크리트 교량이 가설되면서 양 씨는 비뚤어졌던 사이를 풀고 화목해진다. 간사의 정체가 폭로된 장 군은 김칠성 씨의 유도에 의하여 벌 받고, 서울로 강효실 양 따라갔다가 환멸한 김 청년은 조 양 있는 자기 동리로 돌아와 '오! 내 고향'한다는 것이 압축 개략.

### 〈카르멘 고향에 돌아오다〉

도쿄로 달아나 창녀 같은 직업을 가지고 있는 딸을 부친은 몹시 부끄러워하며 노하여 딸이 보내 준 과자 같은 것은 먹지도 않는데 어느 날 도쿄로부터 잠깐 귀향하겠다는 딸의 편지가 온다. 색안경에 화려한 양장을 한 딸은 똑같이 화려 괴상한 차림을 한 동료 여자를 동반하고 오는데 그들이 동리 이목의 집중물이 되는 것은 물론이다.

두 여자는 도쿄서 나체 무용을 하는 '스트립티져(stripteaesr)'인데 그들은 그것이 예술이라고 하며 자신을 예술가라고 생각할 정도로 백치미다. 두 여자는 국민학교 운동회에도 출연하여 희극적 교태를 부리고 젊은 국민교 교사에게는 희극적으로 괴상한 구애도 하여 소동한다. 동리에는 마차운수업을 하면서 흥행 투기도 하는 반 사기한적 인물이었는데 이 인물(이) 전기 두 여자의 나체 무용을 흥행하여 한몫 보려 한다. 딸을 안 보려고는 하나 반백치인 딸을 보다 깊이 사랑하기 때문에 그러한 태도를 취하던 부친은 악질적 소행이 많은 전기 사기한이 딸을 동리의 웃음거리로 팔려는 데 격분하여 격투가 벌어지려는 순간, 국민교장이 출현하여 사기한을 유도징벌하고 두 여자는 귀향의 묘미를 씹으면서 도쿄로 간다는 것이 압축 개략.

## 20% 이상이 유사하다

상기한 대로 〈카르멘 고향에 돌아오다〉는 희소극이 있고, 〈오! 내고향〉은 의장품인 대로 농촌 풍속물의 형태를 가지고 있는지라 영화로서의 표현 형식은 자연히 표면적으로 유사할 수는 없는 성질의 것인데, 그러면서도 〈오! 내고향〉의 전반부는 〈카르멘 고향에 돌아오다〉와 같은 진행에 같은 분위기에, 같은 표현 양식을 취하고 있으니까 모작치고는 퍽 서툰 모작이다.

〈카르멘 고향에 돌아오다〉는 92장면이고, 〈오! 내고향〉은 128장면이라는 영화의 장단은 이 영화의 성질이 다르다는 것을 말하는 사실과도 같으나 이것은 〈오! 내고향〉의 전반부가 〈카르멘 고향에 돌아오다〉와 유사한 분위기를 내포하고 진행하다가, 후반부에 들어가서는 인물 성격까지가 달라지도록 통일 없는 진행을 하는 원인을 오히려 반증하고 있는 것이 사실이다.

양 작품이 도시에서 귀향하겠다는 딸의 편지로서 이루어지는 도입구의 혹사성(酷似性)은 가산을 하지 않는다 하더라도 도시로부터 괴물연한 희극적 여자가 동리에 출연함으로써 사건이 발생 진행하는 시추에이션의 설정은 두 작품이 희극과 농촌극이라는 표현 양식이 판이해야 할 작품인데도 유사하고 있다.

〈고향〉〔이하 〈오! 내고향〉을 지칭〕이 작품으로서 통일이 없는 것이기 때문에, 강효실과 김종규 양 인물의 성격이 전반에서는 판이한데, 전반에서의 강 양의 희극적 성격은 후반에서는 점차 변형하면서 주인공으로서의 김 군의 조연자처럼 되면서 비희극적인 뱀프적 성격의 여자가된다. 왜 각본은 상술한 김소동판 각본과는 달리 순전한 엎치락뒤치락식의 농촌 희극인지라, 인물과 장면에 대한 트리트먼트가 소위 농촌물로 내세운 〈고향〉과 그 각도가 다를 것은 물론이다.

반백치 일본 처녀 고봉수자(高峰秀子)〔다카미네 히데코〕는 왜 각본의 주인공으로서 도쿄로 가 버리지만 후반에서 강효실과 대치하여 주인공이 되어 버린 〈고향〉의 청년은 강효실을 따라서 서울로 갔다가 환멸 귀향한다. 이러한 점만으로 보면 양 작품의 테마가 피상적으로는 같지 않다고 볼 수도 있겠으나 동기와 시추에이션의 유사는 그대로 노정된 채 남는다. 한 신 한 커트의 유사가 없다 하더라도 테마가 같을 때는 100% 모작이라고 해도 과언이 아닌 것은 문필에 종사하는 모든 분야의 인물은 수긍할 만한 일일 것이며 도입구를 위시하여 동기와 시추에이션이 같고, 보다 긴 줄거리를 가진 〈고향〉의 전반부가 진행이 왜 각본과 같을 때 이것이 모작이 아닐 수는 없을 것이다.

## 양심을 속여서라도 순수는 주장되어야 할까?

『한국일보』 3월 27일자 석간 항의문 「보도와 피해」에 있어서 김 씨는 스토리, 다이얼로그, 신, 커트에 일분의 유사점도 없고, 몰지각한 L.Y 기자는 김 씨 자신에게 양 작품에는 유사점이 없다고 말했다고 주장하고 있다. 신과 커트와 다이얼로그가 다르다 할지라도 작품의 구성이 같을 때는 더 중대한 모작이 되는 것이며, 영화 형식이 희극과 소위 진지물일 때 표현 양식이 달라져야 할 것은 아동의 상식이다. 스토리에 관해서는 별명이 더 필요가 없겠거니와 모티브가 혹사(酷似)하고, 테마가 반유사할 때, 이것을 모작이라고 못 부를 하등의 이유도 없을 것이다.

김 씨는 대중영화 팬은 고사하고 투자의 눈을 대신하는 매스컴의 매개체까지도 우롱하는 태도를 취했다고 할 수밖에 없는데, 기자가 한국 감독협회장이기도 한 김 씨에게 침묵을 지킨 것은 한국영화 감독계의 체면을 고려하면서 반성의 여지를 준 것이지 『한국일보』의 보도를 허위라고 주장할 심리적 여유는 준 것은 아니었다.

설혹 「몰염치한 각본가군」 중 가장 논박의 초점이 되어 있는 %는 유사 모작량을 추상적으로 표현하여 다른 해적판과 동량의 피해를 주지 않고 부분적인 창작성을 설정하여 양 각본을 읽지 않았을 독자에게 혼란감은 주지 않겠다는 데서 사용한 기호였다.

끝으로 이러한 해명을 하지 않으면 안 된 기자의 처지를 스스로 슬프게 생각한다. (한편 왜 각본 〈카르멘 고향에 돌아오다〉는 『1945-1951 대표 시나리오집』이라는 삼립서방(三笠書房)(미카사쇼보) 간행에 수록되어 있다.) (필자 『한국일보』 문화부 기자)

# 표절 영화 후속 비판

## 영화계에의 공개장
## 표절 작가를 고발하라

최금동, 『한국일보』, 1962년 1월 19일자 4면

이제는 더 참을 수 없다. 언제까지 이 꼬락서니를 보고만 있을 수는 없다. 필자는 이 부르짖음이 공연한 수작이라고 일부의 비난을 사게 될 것을 각오한다. 도대체 우리 영화계가 과거 어느 때에 이렇게도 혼탁·파렴치한 적이 있었던가? 혁명 이래 모든 분야에서 줄기찬 고동과 싱싱한 호흡이 되살아나고 영화계도 일견 표면으로는 60여 개의 제작사가 17개사로 통합되고 또 제작 활동도 과거 어느 때에 못지않게 눈부신 듯 보이지만 도의는 땅에 떨어졌다.

금년 봄에는 아세아영화제가 우리나라에서 개최된다고 한다.

이웃집 손님을 잠깐 초대하는 데도 대문간을 쓸고 마당도 비질하고 마루나 방 안도 깨끗이 치워야 하는 것이 우리네의 손님에 대한 예의요 규모 있는 집안의 가도라고 할 것이다.

하물며 내 나라에서 수많은 외국 손님을 초대하는데 집안이 어지럽혀 있고 식구들끼리는 찬바람이 돌 지경이라면 아예 손님이 오기 전에 잔치 날짜를 변경하든지 그 안으로 급속히 집 안을 정돈하든지 서둘러야 하겠다.

우리가 일제의 사슬에서 풀린 지 16년이 지났다. 그리고 한일 간에 새로운 역사가 태동하려고 한다. 그러나 어느 시대에 가더라도 두 번 다시 그 몸서리쳐지는 악몽은 되풀이 말아야 하겠다. 두 번 다시 정치적, 경제적, 문화적 침략의 발길을 허용할 수는 없는 일이다.

그런데 영화계의 일부가 벌써 침략 아닌 침략을 스스로 자초하고 있다. 그것은 영화계의 지성을 리드해 가야 할 일부 시나리오 작가들에 의하여 범행되고 있다는 사실이다.

4·19 전 소위 〈조춘〉 파동으로 특히 일본 작품 표절 문제가 사회의 조소를 받았던 것은 아직도 기억에 새롭다.

그런데 지금은 어떤가? 현재-상영되었고 앞으로 개봉될 작품 가운데 일본 것을 표절한 것이 수두룩하다는 소리가 식자들 사이에 높아가고 있다.

실상 일부 작가의 요술에 의하여 일주일 내외에 '나까무라'가 이서방이 되고 '게다짝'이 고무신이 되고 '하오리·하까마'가 바지저고리가 되고 '다꾸앙'이 깍두기가 되어 나오는 판이다. '이찌까 빠찌까'가 '하나냐 여덟이냐?'로 '사이고노 도단바'가 '최후의 양철판'으로 '오까아상 오짜오 이레 마쇼까?'가 '어머니 차를 넣을까요?'로⋯ 뻔뻔스럽게 나오는 판이다. 그것도 내노라는 소위 일류 작가의 손에서 말이다.

현재 우리나라 안의 외국인 가운데는 상당한 수의 일본인, 특히 신문·통신기자 등 문화인들도 와 있는 모양이다. 그리고 그들도 우리나라 영화에 대해 깊은 관심을 가지고 때로는 구경도 하는 모양이다. 그리고 그들의 눈에 그 '도둑질'한 작품이 발견되는 모양이다.

그러나 그들이 한국에 와 있건 와 있지 않건 그것이 문제는 아니다. 잃어버린 작가의 양식이다. 일본에서도 베스트셀러에 속하는 작품을 입수하여 감쪽같이 베껴 가지고 제작자에게 들고 가면 값이 헐하고 짜여 있으니까 손을 내밀 수밖에… 뻔한 노릇이다. 때로는 제작자가 먼저 입수하여 작가와 공모하는 일도 있지만….

필자는 시나리오작가협회에 기회 있을 적마다 이 표절 문제를 내걸고 자율적인 방법으로 근멸할 수 있는 대책을 마련할 것을 요망하여 왔다. 그러나 아직도 이에 대한 구체적인 방안을 서두르지 않은 채 또 한 해를 맞이하였다.

작가협회가 자율적인 숙정(肅正)을 단행하지 못할 바엔 공보 당국에서라도 강력한 조처를 취하라고 호소하고 싶다.

'표절' 행위를 '불가'하다는 원칙이 선다면 수천만 환씩이나 들여서 제작해 낸 작품에 가위질을 하게 되거나 또는 '보류'를 내거는 일을 미리 막기 위해서라도 적당한 법규를 제정하거나 각본 심의기관 같은 것을 두는 것도 필요한 일이 아닐까 생각한다. 그 구성은 영화계뿐만 아니라 시인, 소설가, 화가, 음악가, 언론인, 교육자 등 범위를 넓혀 10명 내외로 만들어도 좋을 듯하다. 불행히도 어떤 작품이 그 기관을 통과되어 제작되었다 할지라도 사후에 표절인 것이 발견된다면 응당 그것도 '불가'로 들어가야 할 것이다. 그러기 위해서 사회 전반의 협조와 진정으로 한국영화를 걱정하는 인사들의 기탄없는 고발을 기대해야 할 것이다.

또 기왕 개봉된 작품이나 제작 도중에 있는 작품이라 할지라도 그것이 표절이라는 것이 확실하다면 단연 중단되어야 할 것이다. 통합 문제도 좋다. 아세아영화제도 좋다. 영화금고도 좋고 대작 붐도 좋다. 그러나 무엇보다도 화급한 것은 한국영화계에서 도둑을 몰아내는 일이다. 도둑맞은 작가의 양식을 도로 찾는 일이다. 희망과 보람찬 새해를 맞이하여 무엇보다도 먼저 이 중대한 문제가 엄격하게 그리고 시급히 다루어지지 않는다면 필자는 또 한 번 실증을 들고 사회에 고발하고야 말 기회를 가질 생각이다. (필자—시나리오 작가)

## 논단: 표절 영화에 방화한다
## 곡(哭)! 팔려간 작가정신

김종원, 『일요신문』, 1963년 5월 12일자 2면

마땅히 소각되어야 할 밀수품이 아직도 범람하고 있다.

다만 자랑처럼 붙어 다니던 레테르만이 잘렸을 뿐 오히려 국산품으로 위장되어 오늘도 우리들의 시야 속에 살아 있다는 사실은 무엇을 음미하는가.

치외법권의 예술, 그렇다.

아직까지 한국영화는 침범당하지 않는 밀수의 온상이었다. 밀수선의 갑판 위에서 소비자(관객)의 허영을 만족시킬 리스트만을 주판 놓기에 바쁜 독선과 기만에 찬 곡예사. 그것이 한국영화였을 때 도대체 작가정신은 호텔에서 낮잠이나 자고 있었단 말인가?

아직 한국영화계에는 혁명이 오지 않았다. 매명(賣名)이라는 고랑에 채인 작가정신, 오물투성이 그대로인 모럴로 새로운 구악에 신풍의 기미조차 찾아볼 수 없는 것이다.

그러고도 한국영화는 적잖이 성장했다고 한다.

대단치도 않은 아시아영화제에서 B급의 일본영화와 겨루어 겨우 상 몇 개를 차지했다고 국제 수준을 논해온 우리다.

동시녹음이라는 신화를 아득히 버려둔 채 대역으로도 주연상까지 받을 수 있는 특전을 누려 왔으니까 작가라고 구태여 오리지널만을 내놓아야 할 필요성이 없었기 때문에서일까?

그럴듯한 캐치프레이즈로 우리 관객들은 한국영화가 꽤 발전했다고 믿어 온 것이다.

그러나 얻은 것이랑 수공업화한 표절가뿐이 아니던가.

영화의 모체를 이룰 시나리오가 거의 표절로 메워진 이상 우리의 관점을 출발점으로 돌려 다시 논의할 수밖에 없다.

표절 작품이 사회문제화되기는 1950년대 〈조춘〉(조남사 각본), 〈오! 내고향〉(최금동 각본)에서였다고 기억된다.

의욕적이고 순수해야 할 작가정신에는 곰팡이가 슨 지 오래다.

스폰서의 노예로서 복사기로서 작가적 양심은 지방 흥행사에게 저당 잡힌 채 실로 어처구니없게도 그동안 〈견습부부〉(강대진 각본), 〈정부〉(유한철 각본), 〈산색시〉(전범성 각본), 〈마음대로 사랑하고〉(김강윤 각본), 〈불한당〉(박성호 각본) 등과 같은 복사품을 세기 번거로울 만큼 대량 생산해 놓았다.

물론 한국영화 가운데 〈사랑방손님과 어머니〉, 〈오발탄〉, 〈10대의 반항〉, 〈열녀문〉과 같은 가작도 없진 않았으나 한국영화를 정상적으로 발육시키지 못하고 좀먹게 한 원인은 아무래도 이러한 표절 행위에 있었다고 보아야 할 것이다.

나는 여기서 두 가지 유형으로 표절작가를 나누어 보기로 한다. 그

하나는 소위 네임 밸류를 이용해서 매명만 하는 간접 표절 행위자요, 다른 하나는 흥행사의 말초신경을 자극해서 박리다매하는 표절상습형이 그것이다.

그것이 전자는 스폰서와의 사이에 묵계로, 후자는 도외시된 인기를 일시적인 눈가림으로 표절 행위를 합리화하려는 얌체들이다.

그러면서도 오리지널 시나리오는 이들 최대의 수사어가 되어 왔다.

우선 유한철 씨의 〈정부〉에 대해서 논의해 보는 것이 어떨까?

두말할 것도 없이 이 작품은 에밀 졸라 작, 마르셀 카르네 감독의 〈테레즈의 비극〉이다.

시추에이션만을 불란서에서 한국으로 옮겼을 뿐, 극작 구성이나 인물 성격 심지어는 대사까지도 같은 것이다.

유한철 씨는 이 문제에 대해서 작년 모지상(某紙上)에 수긍이 갈 수 없는 변명을 구구히 늘어놓은 바 있지만, 표절이 아니라는 실증은 내세우지 못하고 있다.

〈테레즈의 비극〉이 〈정부〉 개봉 무렵 상영만 아니었다면 씨는 자신의 오리지널이라는데 아무런 이의가 없었을 것이다.

프린트에 엄연히 각본자의 이름이 밝혀진 이상에는.

그 가운데서도 대표적인 예는 신필름의 〈아버지 결혼하세요〉(김지헌 각본)와 동아흥업의 〈오색무지개〉(김영수 각본)를 들지 않을 수 없다.

이 두 편 모두가 일본 작가 겐지 게이타(源氏鷄太)의 〈가정의 사정〉의 도용임은 두말할 여지조차 없다.

경작이 아니었다면 이 작품들은 버젓이 오리지널 행세를 했을 것이다. 아니, 해 왔다.

넌센스는 이것만이 아니다.

임희재 각본으로 되어 있던 대본 〈아버지 결혼하세요〉가 신문광고로 나오면서 별안간 원작자가 튀어 나오고 김지헌으로 변경된 것이다. 거기다 약삭빠르게 원작자의 추천문이라는 것이 깃들인 채.

무색한 것은 수고(?)까지 해 놓고 삭제당한 임희재 씨뿐일까?

천만의 말씀이다. 본의든 본의가 아니던 아직껏 오리지널 구실을 해야 했던 〈오색무지개〉의 김영수 씨가 있다. 두 작품에서 다른 점을 구태여 찾는다면 〈아버지 결혼하세요〉가 세 딸을 중심으로 한 아버지 얘긴데 비해서 〈오색무지개〉는 다섯 딸을 테마로 한 부분뿐이라는 점이다.

있을 수 있는 일을 있을 수 있는 이야기로 꾸미고 그것이 우연히 남의 것과 일치될 때 표절이라는 오해를 받을 수 있다는 경우를 고려하고 나는 여기에 표절 작품을 공개하는 데 조금도 주저하지 않는다.

별표(別表)에 나타나고 있는 19편 외에도 재료 미비로 찾지 못한 것과 제작 중인 대본까지 가산하면 굉장한 수에 달한다. 특히 그 가운데서도 일본 작품이 압도적이라는 사실은 묵과할 수 없는 현상이다. 아무리 일본 작품이 우리 생활구조에 적용할 수 있는 공통점을 갖고 있다고 하더라도 작가정신과 모럴의 상실을 초래시키면서까지 도작 행위를 해야만 옳단 말인가. 한국영화는 표절 작품으로 난사당하고 있다. 아니 밀수입 복사까지 겹친 이중사기로 만신창이가 되고 있다. 이 사실을 누가 부정하겠는가.

어리지만 싱싱한 영화를 때 묻히지 않고 성장시킬 순 없단 말인가. 남에게 의지하지 않고 스스로 창작욕을 키우고 선의의 독주를 해 나갈 작가는 없단 말인가?

영화법이 미약하고 윤리위원회가 관권에 넘어갔다고 강 건너 불로만 방관해 버릴 수는 없다.

불을 끄자. 무기준하고 무궤도한 영화정책의 불을 끄고 표절 작품에 방화하자.

그러기 위해서는 영화계 내부에 일대 수술을 감행하지 않으면 안 된다. 표절 작가를 심판하고 관객 자신이 그 집행자가 되어야 한다. 이들의 영화를 거부하는 일에 과감하자.

한 제작사에 의해서 움직이는 영화정책이어서는 안 되듯이 스폰서에 좌우되는 작가가 근절될 때 비로소 새로운 오리지널리티를 확립할 수 있을 것이다.

이러한 영화계 내부의 정리와 동시에 이에 호응한 영구적인 영화정책의 밑받침이 있어야 할 것이다.

당국이 이 문제에 소극적인 한, 표절 근절을 기대한다는 것은 당분간 어려운 일이기 때문이다.

그러나 최근 당국이 신필름의 〈아버지 결혼하세요〉를 상영 허가해 준 사실은 매우 우려되는 일이다.

표절 경작임을 알면서도 그 취득권 문제에 근본적인 단안을 내리지 못하고 〈오색무지개〉보다 앞서 이 작품을 허가해 준 조치는 표절 영화를 사실상 권장하는 모델케이스가 되었다는 점에서 영화정책의 맹점으로 지적하지 않을 수 없다.

나는 여기서 표절 근절을 작가의 양심에 기대하는 것보다는 영화법으로써 막는 적극책을 강구할 것을 제안한다.

물론 표절 작품을 일일이 가려낸다는 것은 어려운 일이다.

그러나 상영된 후에라도 표절임이 밝혀졌을 때 제작권을 취소한다든지 몇 개월 쉬게 하는 조항을 삽입하는 방법으로 이 난제를 극복할 수도 있는 것이다.

표절 영화 퇴치운동의 선풍이 불 때가 왔다. 고무신이라는 누명에서 벗어나기 위해서라도 눈물에 젖었던 객석에서 일어나 관객들 자신이 이 운동에 앞장서야 할 때가 왔단 말이다.

간사한 기모노나 일본도에 팔려 값싼 눈물을 흘리지 않고 고유한 한국 정서, 물들지 않는 생활 스스로의 미덕을 기르게 하는 한국영화에서 참으로 어려운 눈물을 흘릴 때 비로소 표절 영화는 근절되고 말 것이다.

오리지널리티의 확립은 이 분기점에서 시작되어야 하고 또 결실을 맺어야 한다.

표절 작품을 방화하고 새로운 작가정신의 씨앗을 뿌려야 한다.

잃어버린 것은 작가의 양심뿐이었을까. 값싼 회고 취미에 젖어 자기가 설 땅마저 잃어버렸던 작가들이 얼마나 많았던가. 치외법권 밖에 표절 행위를 방임해 두어야만 했던 이유를 찾는 것보다 현실적인 통로를 찾는 작업에 집착해야 할 것이다.

이제 진단은 내려졌다. 부패한 우리 영화계에 나타나는 선의의 투석자는 멀지 않은 곳에 있다고.

지금은 고독하지만… 나는 이렇게 믿고 있다. (영화평론가)


**영화 명단**

| 한국영화명 | 작자 및 제작사 | 외국영화명 | 소재 |
|---|---|---|---|
| 오! 내고향 | 최금동 | 카르멘 고향에 돌아오다<br>〔カルメン故郷に帰る〕 | 일본 |
| 조춘 | 〔원작〕 조남사<br>〔각색 유두연〕 | 조춘<br>〔マゴコロまごころ(真心)〕 | 일본 |
| 정부 | 유한철 | 테레즈의 비극<br>〔Thérèse Raquin〕 | 불란서 |
| 슬픔은 나에게만 | 〔각본 유한철〕 | 애수<br>〔Waterloo Bridge〕 | 미국 |
| 오인의 해병 | 〔각색 유한철〕 | 오인의 저격병<br>〔오인의 돌격대五人の突撃隊〕 | 일본 |

| | | | |
|---|---|---|---|
| 이 세상 어딘가에 | 신필름<br>〔각본 전범성〕 | 이름도 없이 아름답고 가난하고<br>〔이름도 없이 가난하고 아름답게 名もなく<br>貧しく美しく〕 | 일본 |
| 산색시 | 전범성 | 달구지의 노래<br>〔荷車の歌〕 | 일본 |
| 애란 | 조광영화<br>〔각본 이이령〕 | 숨은 요새의 세 악인<br>〔隠し砦の三悪人〕 | 일본 |
| 견습부부 | 후반기 프로<br>〔각본 강대진〕 | 신혼 다꾸앙 부부<br>〔新婚たくあん夫婦〕 | 일본 |
| 구름이 흩어질 때 | 후반기 프로<br>〔각본 이영일〕 | 구름이 흩어질 때<br>〔雲がちぎれる時〕 | 일본 |
| 그리움은 가슴마다 | 〔각본 최금동〕 | 부계도<br>〔婦系図〕 | 일본 |
| 주유천하 | 〔각색 송태주〕 | 수호황문만유기<br>〔水戸黄門漫遊記〕 | 일본 |
| 가족회의 | 신필름<br>〔각본 송태주〕 | 이인의 아들<br>〔二人の息子〕 | 일본 |
| 마음대로 사랑하고 | 신필름<br>〔각본 김강윤〕 | 이 하늘가에<br>〔이 넓은 하늘 어딘가에 この広い空のどこ<br>かに〕 | 일본 |
| 삼등과장 | 후반기 프로<br>〔각본 전범성〕 | 삼등중역<br>〔三等重役〕 | 일본 |
| 불한당 | 박성호 | 요짐보<br>〔用心棒〕 | 일본 |
| 오색무지개 | 김영수 | 가정의 사정<br>〔家庭の事情〕 | 일본 |
| 미행자 | 〔각본 나소운〕 | 밤을 찾아라<br>〔夜を探がせ〕 | 일본 |
| 잊을 수 없는 애정 | 〔각본 유두연〕 | 아이젠가쓰라<br>〔愛染かつら〕 | 일본 |

※ 인용자 주: 김종원이 작성한 영화 명단에서 빈칸과 오기, 그가 원작 영화로 지목한 작품(으로 추정되는) 원제를 〔 〕로 보완했다. 시나리오 작가를 채우지 않은 빈칸은 파악하지 못한 정보라기보다는 어떤 사정에 의해 누락한 것으로 보인다.

# 주석

**프롤로그 _ 한국영화, 모방과 창작 사이에서 길을 찾다**

1 「살려라 한국의 예술」, 『조선일보』, 1962. 5. 20.
2 「국교정상화 앞둔 문화의 대일 자세③ 영화: 무엇을 막을 것인가/표절 경쟁으로 비대/본색이라야 흥행된다는 미신 때문에/마련돼야 할 각본의 심사 기구」, 『한국일보』, 1964. 4. 30.
3 「표절 작품은 스스로 처리/영화업자협회 자체 정화 논의」, 『경향신문』, 1965. 2. 27.
4 「표절 붐/영화에 방송극에 비평한다/번안이란 미명 아래/버젓이 베껴 창작인양/이젠 참을 수 없다, 과감한 응징, 규탄 받아야/지능적인 요술, 사기성 100%」, 『서울신문』, 1963. 5. 24.

## 1부 일본영화 시나리오 표절 문제와 한국영화계

### 1장 _ '시나리오 파동'과 한국영화

1 오영숙, 「한일수교와 일본표상-1960년대 전반기의 한국영화와 영화검열-」, 『현대영화연구』 6(2), 현대영화연구소, 2010.11, 271~312쪽.
2 이화진, 「'65년 체제'의 시각 정치와 〈총독의 딸〉」, 『한국근대문학연구』 18(1), 한국근대문학회, 2017. 4, 277~306쪽. 이화진, 「할리우드에서 온 '왜색영화'-〈8월 15야(夜)의 찻집〉과 탈식민 냉전 한국의 영화 검열」, 『상허학보』 59, 상허학회, 2020. 6, 401~449쪽.
3 「국산영화 연도별 제작 편수」, 『한국영화자료편람(초창기~1976년)』, 영화진흥공사, 1977, 46쪽.
4 최금동, 「특집: 시나리오 작가와 표절 문제/시나리오 파동과 저널리스트의 양식/지면은 '붓장난의 광장'이 아니다」, 『국제영화』, 1959년 5·6월호, 32~35쪽.

### 2장 _ 일본영화 시나리오 표절의 경과

5 「몰염치한 각본가군/〈인생차압〉, 〈오! 내고향〉도 한몫/외국 모작물이 수두룩」, 『한국일보』, 1959. 3. 8.
6 「사생대본과 국산영화/한국영화의 당면한 문제 하나(1)」, 『경향신문』, 1958. 10. 16.
7 「신영화: 모방(模倣)에서 독창(獨創)으로/〈잃어버린 청춘〉」, 『조선일보』, 1957. 9. 21.
8 「사생대본과 국산영화/한국영화의 당면한 문제 하나(3)」, 『경향신문』, 1958. 10. 17. 기사가 16일에서 바로 이어진 것으로 보아 (3)은 (2)의 오기로 보인다.

9 오영진,「1958년 문화계 결산/영화계/풍년 기근의 제작계」,『동아일보』, 1958. 12. 29.

10 「시나리오작가협회 결성」,『조선일보』, 1959. 1. 8.

11 「로터리」,『동아일보』, 1959. 2. 10.

12 「시나리오 감찰반 출현」,『동아일보』, 1959. 2. 27.

13 「내무부선 항의키로」,『조선일보』, 1959. 3. 12.

14 「사설: 영화제작의 표절문제」,『한국일보』, 1959. 3. 12.

15 「2%의 유사점도 없다/〈인생차압〉과 〈장군, 새벽에 죽다〉/오영진 씨 본사에 항의」, 『한국일보』, 1959. 3. 18.

16 「우연의 불일치도 불발견/〈서울의 휴일〉과 〈스바라시키 일요일〉/이청기 씨 본사에 항의」,『한국일보』, 1959. 3. 21.

17 김소동,「보도와 피해/'몰염치한 각본가군'에 항의함」,『한국일보』, 1959. 3. 27.

18 임영,「특집: 시나리오 작가와 표절문제/근절되어야 할 외국물 모작 행위/20% 이상 의 모작 〈오! 내고향〉의 경우」,『국제영화』1959년 5・6월호, 35~37쪽. 한편 임영(37 쪽)은 다음 책에서 해당 시나리오를 확인했다고 명기했다. 시나리오작가협회 편シナリオ作家協会 編,『전후대표시나리오집 1945-1951戦後代表シナリオ集1945-1951』, 미카사쇼보 三笠書房, 1955.

19 최금동, 같은 기사,『국제영화』1959년 5・6월호, 32~35쪽.

20 「오 씨 시나리오 분규 해결에 관한 해명」,『한국일보』, 1959. 10. 16.

21 「과반수 넘는 오리지날 속에서 소재 빈곤으로 고민하는 영화계/다시 고개 드는 표절 작 품/번안 붐도 별로 효과 없었고/유일한 길은 신인의 등장」,『조선일보』, 1960. 12. 10.

22 최금동,「영화계에의 공개장/표절 작가를 고발하라」,『한국일보』, 1962. 1. 19. 이 기 사는『씨네팬』, 1962년 4월호, 72~73쪽에 다시 게재됐다.

23 「저작권침해 방지/영화제작 신고 때 엄중 검토할 터/공보부서 경작(競作) 방지책도 강 구」,『경향신문』, 1962. 2. 28.

24 「연예: 올해 영화계 5제(題)/해외 교류에 자극 준 아주영화제/제작된 건 백편 넘고/관 객은 주는데 대작 붐」,『동아일보』, 1962. 12. 10.

25 서울에서 개최된 아시아영화제에서 일본영화에 대한 대중적 관심은 다음 논문을 참 조할 것. 정종화,「일한 영화 〈아내는 고백한다〉의 관계성 분석: 표절과 번안의 문제를 중심으로」,『영화연구』93, 2022, 92~95쪽.

26 「일본소설을 영화화/작가의 승낙을 얻어/석판(石坂) 씨의『양지바른 비탈길』을 제작/ 한때는 역출(譯出)도 안 되더니」,『한국일보』, 1962. 9. 2.

27 〈가정교사〉 심의서류(한국영상자료원 관리번호: RK00839).

28 같은 기사,『한국일보』, 1962. 9. 2.

29 같은 기사,『동아일보』, 1962. 12. 10.

30 「연예오락: 길 트이는 한・일 영화 교류/일 소설을 영화화/현지로케도 계획」,『동아일 보』, 1962. 9. 3.

31 「연예오락: 일본색채영화 말썽/검열기준 아직 모호/국내 상영에 여러 문제점」,『동아 일보』, 1962. 10. 18.

**32** 「영화: 결산 1962/양과 질의 괴리/조제 남조(濫造)도 얼려 백본에 육박/군소영화사 통합을 추진」, 『한국일보』, 1962. 12. 9.

**33** 김종원, 「논단: 표절영화에 방화한다/곡(哭)! 팔려간 작가정신」, 『일요신문』, 1963. 5. 12.

**34** 「63년의 좌표 ⑦ 영화: 양 많았으나 질 저하/허울뿐인 전속제 · 스타는 의연 횡포/날치기 제작, 작품 빈곤이 탈」, 『경향신문』, 1963. 12. 11.

**35** 「연예: 인기소설 뒤쫓는 영화/방송극 붐서 벗어나/〈김약국의 딸들〉〈추적의 피날레〉〈북간도〉〈산불〉〈가을에 온 손님〉〈난세비화〉〈부부〉/제작 중인 것만 6편」, 『한국일보』, 1963. 3. 22.

**36** 〈햇빛 비치는 언덕길〉의 시나리오는 『키네마준포』 200호(임시증간, 명작시나리오집, 1958년 3월)에 게재되어 있고, 〈가정교사〉의 시나리오는 한국영상자료원에 보존되어 있다.

**37** 「새 영화: 낯 간지러운 번안물/〈불한당〉」, 『경향신문』, 1963. 4. 27.

**38** 〈오색무지개〉 심의서류(한국영상자료원 관리번호: RK00867), 〈아버지 결혼하세요〉 심의서류(한국영상자료원 관리번호: RK00870) 참조.

**39** 「작품 내용 유사로 말썽/〈5색 무지개〉와 〈아버지 결혼하세요〉/일 〈가정의 사정〉 각색한 것/동아영화선 당국에 제작 신고/신필름은 원작자와 계약하고」, 『경향신문』, 1963. 4. 29. 이후 『한국일보』(1963. 5. 3.), 『서울신문』(1963. 5. 22.)으로 기사가 이어졌다.

**40** 「〈가정교사〉 광고」, 『경향신문』, 1963. 3. 5.

**41** 「연예: 경작은 말리지 못하는가?/불쾌 · 모순 · 무모 관객을 우롱/〈성춘향〉과 〈춘향전〉의 비극 아직도 생생한데/같은 내용의 영화 〈5색 무지개〉, 〈아버지 결혼하세요〉 곧 개봉」, 『서울신문』, 1963. 5. 22.

**42** 「첫 프로는 〈청춘교실〉/아카데미 방화관으로 전향」, 『조선일보』, 1963. 8. 23.

**43** 「쇼맨십: 청춘영화 절정 이룬 〈맨발의 청춘〉/외화 흥행에도 대단한 솜씨/붐으로 한몫 본 차태진 씨」, 『신아일보』, 1965. 10. 12.

**44** 「한국을 넘보는 일(日) 영화/합작영화 미끼/수입 앞선 전초전」, 『경향신문』, 1965. 7. 10.

**45** 「연예: 후퇴하는 국산영화계/질 · 양 모두 신통찮아/기업의 토대 잡히지 못한 탓」, 『동아일보』, 1964. 8. 12.

**46** 「64년 레뷰⑥ 영화 · 방송: 양쪽 다 질로는 불모의 해/청춘물은 거의 외화의 표절품, 영화법 존폐 싸움 계속/RSB · DTV 개국 등 양으론 푸짐」, 『조선일보』, 1964. 12. 29.

**47** 「국교정상화 앞둔 문화의 대일 자세③ 영화: 무엇을 막을 것인가/표절 경쟁으로 비대/일본색이라야 흥행된다는 미신 때문에/마련돼야 할 각본의 심사 기구」, 『한국일보』, 1964. 4. 30.

**48** 「해적판 영화/관계자들이 말하는 근절책」, 『동아일보』, 1964. 11. 17.

**49** 「출품작 대체로 저조/조선일보사영화제 제2회 청룡상 심사를 마치고/심사위원장 윤봉춘」, 『조선일보』, 1964. 12. 3.

**50** 「특집: 한국청춘영화의 배경과 현실/청춘영화기수들의 대담/청춘영화 왈가왈부」, 『실버스크린』, 1964년 8월호, 100쪽.

51 「모습 달라질 방화계/공보부, 새해 육성방침을 발표, 표절 등 엄중히 단속」, 『동아일보』, 1965. 1. 12.

52 「'반항' 등 3편의 접수 거부/공보부 표절 각본에 첫 조치」, 『조선일보』, 1965. 1. 28.

53 「표절 작품은 스스로 처리/영화업자협회 자체 정화 논의」, 『경향신문』, 1965. 2. 27.

54 최금동, 「발언: 표절 작품과 결재/공범이란 의혹 받지 않기 위해」, 『영화예술』, 1965년 11월호, 97쪽.

55 「31일에 대종상 시상식 시민회관/16개 부문, 표절·변작(變作)·번안 제외」, 『서울신문』, 1965. 3. 4.

56 「현해탄에 물결 높다/한일협정조인 뒤에 오는 것(8): 대중문화의 침투」, 『동아일보』, 1965. 7. 6. 하지만 한일영화 교류시책은 백지화되었다. 「문제점 많은 한일영화교류」, 『동아일보』, 1966. 11. 10.

57 호현찬, 「일본 영화계 보고 듣고」, 『실버스크린』, 1965년 4월호, 104쪽.

58 「65년도 상반기 영화 결산/청춘물 물러서고 오락 위주의 관객」, 『대한일보』, 1965. 6. 17.

59 「논픽션은 잘 팔린다/한국일보 지면 거친 뉴스스토리들의 영화화/〈저 하늘에도…〉의 히트에 자극/표절서 방향 돌린 새 소재원」, 『한국일보』, 1965. 7. 20.

60 「문화계 1965 영화: 황량한 질 안고 과잉생산」, 『동아일보』, 1965. 12. 27.

61 「방화계의 고질적인 독소, 일본작품 표절의 난무/일본영화 〈뺑소니(轢き逃げ)〉가 한국판 〈파문〉으로 둔갑되고」, 『내외영화』, 1966년 9월호, 33쪽.

62 「일(日) 각본서 일부 표절 혐의/〈마적〉 심의위 추심서 드러나」, 『동아일보』, 1967. 9. 26.

63 「연예계」, 『신아일보』, 1967. 10. 28.

**3장 _ 일본영화 시나리오라는 레퍼런스**

64 「해적판 영화/관계자들이 말하는 근절책」, 『동아일보』, 1964. 11. 17.

65 「스크린에 담긴 빌려 온 청춘상/우리의 현실을 외면한 왜곡된 제2의 현실/국적불명이 수두룩/흥행 위주로 '3s' 대명사 취급」, 『조선일보』, 1964. 8. 28.

66 김종원, 「특집: 한국청춘영화의 배경과 현실/왜색에 뿌리박은 사이비 청춘상」, 『실버스크린』, 1964년 8월호, 94~97쪽.

67 김종원, 같은 기사, 『실버스크린』, 1964년 8월호, 94쪽.

68 「특집: 한국청춘영화의 배경과 현실」, 『실버스크린』, 1964년 8월호, 93쪽.

69 이화진, 같은 논문, 2017, 283쪽.

**2부 충무로의 새로운 장르, 청춘영화**

**4장 _ 1960년대 중후반 청춘영화 장르의 역사적 고찰**

1 이영일, 『한국영화전사(개정증보판)』, 소도, 2004, 390~396쪽. 초판은 이영일, 『韓國映

畵全史』, 삼애사, 1969.

2 정수완, 「1950~60년대 한일 청춘 영화 비교 연구—청춘 영화에 나타난 근대/국가를 중심으로—」, 『영화연구』 73, 한국영화학회, 2005, 338쪽.

3 노지승, 「대학생과 건달, 김승옥 소설과 청춘 영화에 나타난 1960년대 청년 표상」, 『한국현대문학연구』 22, 한국현대문학회, 2007. 8, 406쪽.

4 강성률, 「신성일, 청춘(영화)의 표상」, 『영화연구』 73, 한국영화학회, 2017, 113~114, 124쪽.

5 〈가정교사〉 심의서류(한국영상자료원 관리번호: RK00839).

6 「일본소설을 영화화/작가의 승낙을 얻어/석판(石阪) 씨의 『양지바른 비탈길』을 제작/한때는 역출(譯出)도 안 되더니」, 『한국일보』, 1962. 9. 2.

7 관련 분석은 다음 논문을 참조할 것. CHUNG Chonghwa, "Mode of Cinematic Plagiarism and Adaptation: How Ishizaka Yojiro's Novels Launched Korean Youth Film", KOREA JOURNAL Vol.57 No.3, *KOREAN NATIONAL COMMISSION UNESCO*, Autumn 2017.

8 다야마 리키야田山力哉, 「닛카쓰 청춘영화의 계보日活青春映画の系譜」, 『키네마준포キネマ旬報』 1982년 10월 상순호(845호), 56쪽.

9 〈푸른 꿈은 빛나리〉 심의서류(한국영상자료원 관리번호: RK00923).

10 〈푸른 산맥靑い山脈〉 시나리오(와세다대학 쓰보우치박사기념연극박물관 소장).

11 「'석판' 작품=〈푸른 꿈은 빛나리〉 '극동'서 영화화」, 『서울신문』, 1963. 5. 22.

12 「연예: 경작은 말리지 못하는가?/불쾌·모순·무모 관객을 우롱/〈성춘향〉과 〈춘향전〉의 비극 아직도 생생한데/같은 내용의 영화 〈5색 무지개〉, 〈아버지 결혼하세요〉 곧 개봉」, 『서울신문』, 1963. 5. 22.

13 「첫 프로는 〈청춘교실〉/아카데미 방화관으로 전향」, 『조선일보』, 1963. 8. 23.

14 「저조하지만 20만 선도/하반기의 방·외화 관람수」, 『한국일보』, 1963. 11. 29.

15 「영화평: 정사(情死)로 끝맺은 애련비극/〈맨발의 청춘〉(극동)」, 『조선일보』, 1964. 3. 10.

16 「한국을 넘보는 일(日) 영화/합작영화 미끼/수입 앞선 전초전」, 『경향신문』, 1965. 7. 10.

17 〈맨발의 청춘〉 심의서류(한국영상자료원 관리번호: RK00984).

18 〈맨발의 청춘〉 시나리오의 번안 내용에 대해서는 다음 논문을 참조할 것. CHUNG Chonghwa, "Topography of 1960s Korean Youth Film: Between Plagiarism and Adaptation", *Journal of Japanese and Korean Cinema* 8(1), January 2016.

19 「영화계의 이면③: 실속 없는 시나리오 라이터/한번 잘 걸려야 고작 백만 환/그나마 제때 못 받고/표절선수들만 염다대로 한몫」, 『조선일보』, 1962. 5. 22.

20 「표절 붐/영화에 방송극에 비평한다/번안이란 미명 아래/버젓이 베껴 창작인양/이젠 참을 수 없다, 과감한 응징, 규탄 받아야/지능적인 요술, 사기성 100%」, 『서울신문』, 1963. 5. 24.

21 같은 기사, 『서울신문』, 1963. 5. 24.

22 CHUNG Chonghwa (2017), Op. cit., pp. 68–69, 77.

23 「해적판 영화/관계자들이 말하는 근절책」, 『동아일보』, 1964. 11. 17.

24 「모습 달라질 방화계/공보부, 새해 육성방침을 발표/표절 등 엄중히 단속/국제무대 진출에 더욱 주력」, 『동아일보』, 1965. 1. 12.

25 「65년도 상반기 영화 결산/청춘물 물러서고 오락 위주의 관객」, 『대한일보』, 1965. 6. 17.

26 「쇼맨십: 청춘영화 절정 이룬 〈맨발의 청춘〉/외화 흥행에도 대단한 솜씨 붐으로 한몫 본 차태진 씨」, 『신아일보』, 1965. 10. 12.

27 「금주의 영화: 추구된 테마/〈불타는 청춘〉」, 『경향신문』, 1966. 3. 5.

28 「새영화: 교훈적인 홈드라마/〈가정교사〉」, 『동아일보』, 1963. 3. 11.

29 사토 다다오佐藤忠男, 『증보판 일본영화사2: 1941~1959增補版 日本映画史2 1941-1959』, 이와나미쇼텐岩波書店, 2006, 324쪽.

## 5장 _ 표절의 콘텍스트와 청춘영화의 작법

30 「과반수 넘는 오리지날 속에서 소재빈곤으로 고민하는 영화계/다시 고개드는 표절 작품/번안 붐도 별로 효과없었고/유일한 길은 신인의 등장」, 『조선일보』, 1960. 12. 10.

31 「일화 표절 작품의 상연」, 『조선일보』, 1959. 3. 13.

32 같은 기사, 『조선일보』, 1960. 12. 10.

33 "새봄의 청춘은 맨발로! 25일간 밀려든 관객! 물경 15만 인파 쇄도!", 〈맨발의 청춘〉 광고, 『동아일보』, 1964. 3. 25.

34 이영일, 『한국영화전사(개정증보판)』, 소도, 2004, 390~391쪽.

35 「일본 작품 처음 마이크에/KY 23일부터 『가정교사』 낭독」, 『서울신문』, 1962. 7. 22.

36 「일본소설을 영화화/작가의 승낙을 얻어/석판(石坂) 씨의 『양지바른 비탈길』을 제작/한때는 역출(譯出)도 안 되더니」, 『한국일보』, 1962. 9. 2.

37 〈가정교사〉 심의서류(한국영상자료원 관리번호: RK00839).

38 〈가정교사〉 광고, 『동아일보』, 1963. 3. 5.

39 「새 영화: 다사로운 젊은 세계/〈가정교사〉」, 『경향신문』, 1963. 3. 8.

40 「새 영화: 교훈적인 홈드라마/〈가정교사〉」, 『동아일보』, 1963. 3. 11.

41 「신영화: 스토리의 흥미가 위주/김기덕 감독 〈가정교사〉」, 『한국일보』, 1963. 3. 8.

42 같은 기사, 『동아일보』, 1963. 3. 11.

43 〈가정교사〉는 오리지널 시나리오(한국영상자료원 관리번호: DCKO000149)와 심의대본 (한국영상자료원 관리번호: DCKD006191)이 한국영상자료원에 보존되어 있다.

44 〈햇빛 비치는 언덕길〉 시나리오의 경우, 『키네마준포』 200호(임시증간, 명작시나리오 집, 1958년 3월)에 게재되어 있다. 또한, 와세다대학 쓰보우치박사기념연극박물관에 보존된 시나리오를 열람할 수 있다.

45 「5월의 베스트셀러/사회통계센터 조사」, 『동아일보』, 1963. 6. 12.

46 김근성, 「2. 무엇이 번역되었나」, 윤상인 · 김근성 · 강우원용 · 이한정, 『일본문학 번역 60년: 현황과 분석 1945-2005』, 소명출판, 2008, 31, 40쪽.

47 「낙서: 석판양차랑(石坂洋次郎) 붐」, 『한국일보』, 1963. 5. 3.

**48** 『키네마준포』163호(임시증간호, 전후10년걸작시나리오집, 1956년 12월)에 게재되어 있다.

**49** 와세다대학 쓰보우치박사기념연극박물관에 보존된 시나리오를 열람할 수 있다.

**50** 〈푸른 꿈은 빛나리〉오리지널 시나리오(한국영상자료원 관리번호: DCKO002950).

**51** 〈청춘교실〉심의서류(한국영상자료원 관리번호: RK00909).

**52** 「스크린에 담긴 빌려 온 청춘상/우리의 현실을 외면한 왜곡된 제2의 현실/국적불명 이 수두룩/흥행 위주로 '3s' 대명사 취급」, 『조선일보』, 1964. 8. 28.

**53** 「저조하지만 20만 선도/하반기의 방 · 외화 관람수」, 『한국일보』, 1963. 11. 29.

**54** 같은 기사, 『서울신문』, 1963. 5. 24.

**55** 〈햇빛 비치는 언덕길〉DVD(209분, 닛카쓰, 2003).

**56** 〈그 녀석과 나(あいつと私)〉시나리오, 『키네마준포』1961년 7월 상순호(289호).

**57** 한국영상자료원 엮음, 『한국영화를 말한다: 한국영화의 르네상스 2』, 이채, 2006, 108쪽.

**58** 〈청춘교실〉오리지널 시나리오(한국영상자료원 관리번호: CKO002082). 심의대본(한국 영상자료원 관리번호: DCKD006214). 영화의 오프닝크레딧에도 이시철, 신봉승 순으로 명기되었다.

**59** 『청춘교실』광고, 『경향신문』, 1963. 5. 10.

**60** 〈그 녀석과 나〉DVD(105분, 닛카쓰, 2005). 〈청춘교실〉은 한국영상자료원 KMDb VOD 에서 감상할 수 있다. http://www.kmdb.or.kr/vod/vodMain.asp

**61** 나카히라 마미中平まみ, 『검은양 영화감독 나카히라 고 전(ブラックシ_プ映画監督中平康伝)』, 와이즈출판ワイズ出版, 1999, 120쪽.

**62** 「새 영화: 빌려 온 현실/〈청춘교실〉」, 『동아일보』, 1963. 8. 26.

**63** 「새 영화: 허위대만 멋진 영화/〈청춘교실〉」, 『경향신문』, 1963. 8. 28.

**64** 〈청춘교실〉광고, 『동아일보』, 1963. 8. 10.

**65** 『동아일보』, 1963. 8. 12.

**66** 같은 기사, 『조선일보』, 1963. 8. 23.

**67** 『한국일보』, 1963. 8. 31.

**68** 같은 기사, 『동아일보』, 1963. 8. 26.

**6장 _ 일본영화 〈진흙투성이의 순정〉과 한국영화 〈맨발의 청춘〉의 관계성**

**69** 「일본 트러블(6)/번지는 왜색무드」, 『동아일보』, 1964. 2. 6.

**70** 전자와 후자에 대한 대표적인 학위논문으로는 다음을 참조할 것. 이우석, 『1960년대 청 춘영화 형성 과정에 대한 연구』, 중앙대 석사학위논문, 2004. 2, 김수미, 『1963년 전후 한 국영화관객층의 변화: 아카데미 극장을 중심으로』, 중앙대 석사학위논문, 2003. 8.

**71** 「국교정상화 앞둔 문화의 대일 자세③ 영화: 무엇을 막을 것인가/표절 경쟁으로 비 대/일본색이라야 흥행된다는 미신 때문에/마련돼야 할 각본의 심사 기구」, 『한국일 보』, 1964. 4. 30.

**72** 〈진흙투성이의 순정〉두 영화〈진흙투성이의 순정泥だらけの純情〉DVD(91분, 닛카쓰, 2008), 〈김기덕 컬렉션: 맨발의 청춘〉DVD(117분, 한국영상자료원, 2013).

73 〈진흙투성이의 순정泥だらけの純情〉 시나리오 준비고, 1962, 와세다대학 쓰보우치박
사기념연극박물관 소장. 〈맨발의 청춘〉 오리지널 시나리오(한국영상자료원 관리번호:
DCKO000583).

74 「영화평: 정사(情死)로 끝맺은 애련비극/〈맨발의 청춘〉(극동)」,『조선일보』, 1964. 3. 10.
「새영화: 신·엄 컴비의 순애보/김기덕 감독〈맨발의 청춘〉」,『서울신문』, 1964. 3. 4.

75 「연예: 후퇴하는 국산영화계/질·양 모두 신통찮아/기업의 토대 잡히지 못한 탓」,『동
아일보』, 1964. 8. 12.

76 심혜경 구술연구,「김기덕 편」, 한국영상자료원 엮음,『한국영화를 말한다: 한국영화
의 르네상스 1』, 이채, 2005, 47쪽.

77 심혜경 구술연구,「김기덕 편」, 한국영상자료원 엮음, 같은 책, 48쪽.

78 심혜경 구술연구,「김기덕 편」, 한국영상자료원 엮음, 같은 책, 49쪽.

79 심혜경 구술연구,「김기덕 편」, 한국영상자료원 엮음, 같은 책, 49쪽.

80 심혜경 구술연구,「김기덕 편」, 한국영상자료원 엮음, 같은 책, 52쪽.

81 「몰염치한 각본가군/〈인생차압〉,〈오! 내고향〉도 한몫/외국 모작물이 수두룩」,『한국
일보』, 1959. 3. 8.

82 이영일,『한국영화전사(개정증보판)』, 소도, 2004, 396쪽.

83 「'64 역점/신·엄 콤비/관객연령을 젊게 해/청춘스타서 연기파」,『한국일보』, 1964. 2. 1.

84 「쇼맨십: 청춘영화 절정 이룬〈맨발의 청춘〉/외화 흥행에도 대단한 솜씨/붐으로 한몫
본 차태진 씨」,『신아일보』, 1965. 10. 12.

85 「방화를 압도하는 외화대작들」,『경향신문』, 1965. 9. 15.

86 이영일, 같은 책, 394쪽.

87 「핑크빛 짙은 코미디〈말띠 신부〉」,『경향신문』, 1966. 1. 17.

**7장 _ 한일 영화〈폭풍의 사나이〉와〈폭풍우를 부르는 사나이〉의 장르성 비교**

88 〈폭풍의 사나이〉 심의서류(한국영상자료원 관리번호: RK01620).

89 「〈폭풍우를 부르는 사나이〉 화보」,『키네마준포』1957년 12월 하순호(193호). 후카자
와 데쓰야深沢哲也,「일본영화비평:〈폭풍우를 부르는 사나이〉」,『키네마준포』1958년
2월 하순호(197호), 81쪽.

90 다야마 리키야,「닛카쓰 청춘영화의 계보」,『키네마준포』1982년 10월 상순호(845호),
55~56쪽.

91 현재 일본영화〈폭풍우를 부르는 사나이〉 시나리오 중 공식적인 발간물로 확인되는
것은 1957년 영화 버전이다. 시나리오작가협회シナリオ作家協会 편찬,『일본시나리오대
계 제3권日本シナリオ大系 第3巻』, 에이진사映人社, 1974.

92 〈폭풍우를 부르는 사나이嵐を呼ぶ男〉(1966, 95분) DVD, 닛카쓰주식회사, 2019.

93 〈폭풍의 사나이〉 오리지널 시나리오(한국영상자료원 관리번호: DCKO000924).

94 〈폭풍의 사나이〉 녹음대본(한국영상자료원 관리번호: DCKR003698).

95 〈폭풍우를 부르는 사나이嵐を呼ぶ男〉(1957, 100분) DVD, 닛카쓰주식회사, 2011. 〈폭풍의

사나이〉(105분), 한국영상자료원 영상도서관 VOD.

96  같은 기사, 『키네마준포』 1958년 2월 하순호(197호), 81쪽.

97  「〈폭풍우를 부르는 사나이〉 화보」, 『키네마준포』 1957년 12월 하순호(193호).

98  다나카 준이치로田中純一郎, 『일본영화발달사4: 사상 최고의 영화시대日本映画発達史4 史上最高の映画時代』, 추오코론샤中央公論社, 1976, 205쪽.

99  사토 다다오, 같은 책, 325쪽.

100  「신정에 즐길 영화/선전 열 올려도 택일 어려워/방화 6편 모두 경향 달라/외화 6편 전쟁물로 판쳐」, 『대한신문』, 1967. 12. 30.

101  「국산영화 〈폭풍의 사나이〉 검열합격」, 〈폭풍의 사나이〉 심의서류(한국영상자료원 관리번호: RK01620).

102  「신정 영화가」, 『경향신문』, 1967. 12. 29.

103  「극장가: 신정맞이 영화프로」, 『신아일보』, 1967. 12. 30.

104  사토 다다오, 같은 책, 325쪽.

105  이영일, 같은 책, 390~396쪽.

# 3부 표절과 번안 사이, 리메이크의 양상

## 8장 _ 1960년대 한국영화계와 일본

1  「재빨리 일본영화수입 신청/일부 업자 태도에 당국자들 당황」, 『동아일보』, 1960. 5. 5.

2  「일(日)영화 수입불허」, 『조선일보』, 1960. 5. 6.

3  「일(日)영화 상영 말썽/수입허가 없이 들어온 〈성화〉」, 『동아일보』, 1960. 9. 25.

4  「자꾸 퍼지는 왜곡(倭曲)음반/원반(原盤) 한 장 가지고 막 찍어먹는 판/레코드 작협, 가수협회서 큰일 났다고 요로(要路)에 진정」, 『경향신문』, 1960. 7. 2.

5  「연예오락: '일본색채' 외화 규준을 작성/미묘한 한계점/상영찬반여론에 대비」, 『동아일보』, 1962. 11. 9.

6  「일본소설을 영화화/작가의 승낙을 얻어/석판(石坂) 씨의 『양지바른 비탈길』을 제작/한때는 역출(譯出)도 안 되더니」, 『한국일보』, 1962. 9. 2.

7  「일본로케 허용/공보부서 방침 수립」, 『경향신문』, 1962. 9. 7.

8  「우리 연예인 일본서 대활약/한 · 일 합작영화도 제작/도일 중인 '김치 · 캣츠' 등 출연/〈일본이여 안녕히〉 교포 문여송씨 연출로」, 『조선일보』, 1962. 3. 6.

9  「활개 치는 '왜색(倭色) 증명'/방화에도 파고들어/'일본이야기' 부제처럼 내세우고」, 『서울신문』, 1963. 1. 4.

10  「국교정상화 기미 보일 때까지 일영화 상영 안돼」, 『경향신문』, 1962. 5. 19.

11  「국교정상화 앞둔 문화의 대일 자세③ 영화: 무엇을 막을 것인가/표절 경쟁으로 비대/일본색이라야 흥행된다는 미신 때문에/마련돼야 할 각본의 심사 기구」, 『한국일보』, 1964. 4. 30.

12 「현해탄에 물결 높다/한일협정조인 뒤에 오는 것(8): 대중문화의 침투」,『동아일보』, 1965. 7. 6. 하지만 한일영화 교류시책은 백지화되었다. 「문제점 많은 한일영화교류」,『동아일보』, 1966. 11. 10.

13 「일영화 상영 허가 내년부터」,『동아일보』, 1966. 5. 4.

14 「일영화 감상회 연기/문화 교류 전반 검토/문공부」,『동아일보』, 1970. 2. 14.

15 한국영화계의 입장에서 아시아영화제와의 역학 관계는 다음 논문을 참조할 것.

16 미국의 문화냉전 구도에서 아시아재단과 아시아영화제의 관계성에 대한 정교한 고찰은 이상준의 연구를 참조. 이상준 지음, 김지은 옮김,『영화와 문화냉전: 미국 외교정책과 아시아 영화네트워크의 기원』, 소명출판, 2023.

17 윤봉춘, 「우리 영화계의 현황/금년도에 제작된 작품을 위주하여」,『서울신문』, 1955. 4. 21.

18 「우리 스타에게 시선 총 집중/제7차 아시아영화제의 상황/보도 등은 냉담/의식적일만큼의 묵살, 서글픈 지역적 스케일/조동재(趙東宰) 씨 귀국담」,『동아일보』, 1960. 4. 13.

19 공영민,『아시아영화제를 통해 본 한국영화: 1950~60년대 해외 진출을 중심으로』, 중앙대학교 석사학위논문, 2009.2, 43~44쪽. 1962년과 1966년 서울에서 개최된 아시아영화제에 관한 구체적인 내용은 이 논문과 함충범,『한일 영화 교류·관계사』, 한국학술정보, 2021, 257~260쪽을 참조할 것.

20 「출품신청이 40편/태·인니는 불참할 듯/아시아영화제〉,『동아일보』, 1962. 4. 27.

21 「아세아영화제에 참가할 일본배우 10명」,『경향신문』, 1962. 4. 27.

22 「색연필」,『조선일보』, 1962. 5. 12.

23 「아시아의 영화산업(4) 일본」,『동아일보』, 1962. 5. 13.

24 「낙서」,『한국일보』, 1962. 5. 8.

25 「독창성 없는 일본영화/아세아영화제 출품작 총평」,『조선일보』, 1962. 5. 23.

26 「메아리」,『한국일보』, 1962. 4. 25.

27 일본영화 상영작은 청춘영화 〈위를 보고 걷자〉였다. 「아시아영화제: 오는 12일에 개회식/각국 영화 한 작품씩 선정시사」,『동아일보』, 1962. 5. 6.

28 같은 기사,『한국일보』, 1962. 5. 8.

29 「가제보」,『서울신문』, 1962. 5. 21.

30 「아시아영화제 지상(紙上)시사회/일본 편」,『경향신문』, 1962. 4. 16.

31 「아세아영화제 심사후문」,『조선일보』, 1962. 5. 17.

32 「살려라 한국의 예술」,『조선일보』, 1962. 5. 20.

33 「독창성 없는 일본영화/아세아영화제 출품작 총평」,『조선일보』, 1962. 5. 23.

34 「잡담이 아니라 호외감을」,『조선일보』, 1962. 5. 3.

35 다이에이(大映)에서 수입 배급했다. 「우리영화 〈성춘향〉 래(來) 13일부터 상영」,『동아일보』, 1962. 5. 6.

36 「66년의 영화계: 그 전망을 말하는 좌담회/공보부 정책과…일 영화 수입과…아시아영화제와…/방화의 차원을 높여야 할 시기/해외시장도 작년의 배로 늘어날듯/일과의 교류… 단계적으로/영화수입은 앞으로 1년 뒤에나」,『대한일보』, 1966. 1. 6.

37 「아시아영화제: 일반공개작품 20편 선정/5일부터 시민회관」, 『경향신문』, 1966. 5. 2.

38 「제13회 아시아영화제: 영화제 일정표」, 『조선일보』, 1966. 5. 1.

39 「만물상」, 『조선일보』, 1966. 5. 6.

40 「아시아영화제 초대권을 암표」, 『한국일보』, 1966. 5. 7.

41 「영화수출입 일원화 추진/한일 영화제작자협회 합의」, 『매일경제』, 1967. 1. 7.

42 「서울서 막 올릴/일본영화주간/제협서 주관…민간베이스로는 광복 후 처음/앞으로
의 일화 수입문제 진단하는 계기로」, 『조선일보』, 1969. 11. 2.

43 「수출 전제 아닌 작품 위주로/일본영화감상회 5편 선정」, 『중앙일보』, 1969. 11. 25.

**9장 _ 〈명동에 밤이 오면〉과 〈여자가 계단을 오를 때〉 비교**

44 양윤모, 「표절 논쟁으로 본 해방 후 한국영화」, 이연 외, 『일본 대중문화 베끼기』, 나무
와 숲, 1998, 53~110쪽

45 L.Y., 「몰염치한 각본가군/〈인생차압〉, 〈오! 내고향〉도 한 몫/외국모작물이 수두룩」,
『한국일보』, 1959. 3. 8.

46 「한국 속의 일본을 고발한다: 4.해적판」, 『신동아』, 1964년 11월호, 동아일보사,
86~95쪽.

47 이효인 · 김재성, 「표절, 자기 타자화를 통한 묘사〈여자가 계단을 오를 때〉와 〈명
동에 밤이 오면〉, 비교를 통하여」, 『비교문화연구』 12(2), 비교문화연구소, 2008. 12,
189~219쪽.

48 이효인 · 김재성, 같은 논문, 207쪽.

49 이순진, 「〈명동에 밤이 오면〉 작품론—욕망의 거리, 여성들의 생존투쟁」, 『1960년대 숨
은 걸작』, 부산국제영화제 · 한국영상자료원, 2015, 19~25쪽.

50 이순진, 같은 글, 21쪽.

51 〈명동에 밤이 오면〉 심의서류(한국영상자료원 관리번호: RK01074).

52 「추석의 영화가/구수한 이야깃거리」, 『경향신문』, 1964. 9. 5.

53 「광고」, 『경향신문』, 1964. 10. 15.

54 같은 기사, 『신동아』, 1964년 11월호, 95쪽.

55 "세기촬영소 창립1주년 기념특작!"으로 10월 28일 시사회 개최 후 29일부터 개봉했
다. 『경향신문』, 1964. 10. 24.

56 〈아내는 고백한다〉 「영화제작신고서」(한국영상자료원 관리번호: RK01079001).

57 〈아내는 고백한다〉 「영화상영허가신청서」(한국영상자료원 관리번호: RK01079004).

58 〈명동에 밤이 오면〉 「영화상영허가신청서」(한국영상자료원 관리번호: RK01074003).

59 1959년 10월 19일에 작성된 준비고 버전의 경우 114신인데 거의 유사하다. 〈여자가
계단을 오를 때〉 시나리오 준비고, 1959, 와세다대학 쓰보우치박사기념연극박물관
소장. 이 책에서는 기쿠시마 류조 시나리오 선집에 실린 버전으로 비교할 것이다. 기
쿠시마 류조, 『기쿠시마류조시나리오선집2菊島隆三シナリオ選集2』, 산레니티サンレニティ,
1984.

60 현재 한국영상자료원이 보존 중인 〈명동에 밤이 오면〉 시나리오는 오리지널 시나리오(DCKO000673)와 심의대본(DCKD006276)의 두 종인데, 내용은 동일하다.

61 〈가정교사〉의 일본영화 시나리오 표절에 관한 구체적인 내용은 다음 논문을 참조. CHUNG Chong-hwa, op. cit.(2017), pp. 60-66.

62 두 감독의 영화 세계는 이효인·김재성, 같은 논문, 195~198쪽을 참조.

## 10장 _ 동명의 한일 영화 〈아내는 고백한다〉 비교

63 「모방에서 독창으로/잃어버린 청춘」, 『조선일보』, 1957. 9. 21.

64 김초문, 「〈자유부인〉〈피아골〉〈유전의 애수〉의 한국영화사적 위치」, 『한국일보』, 1956. 9. 9.

65 같은 기사, 『조선일보』, 1957. 9. 21.

66 L.Y., 「몰염치한 각본가군/〈인생차압〉, 〈오! 내고향〉도 한 몫/외국모작물이 수두룩」, 『한국일보』, 1959. 3. 8. 현재 시점에서 표절 대상이 된 일본영화 각본을 특정하기는 힘들지만, 유두연 본인의 작업에 대한 양심선언이므로 사실로 판단할 수 있다.

67 「현해탄에 물결 높다/한일협정조인 뒤에 오는 것(8): 대중문화의 침투」, 『동아일보』, 1965. 7. 6.

68 김성민, 『일본을 금하다: 금제와 욕망의 한국 대중문화사 1945-2004』, 2017, 글항아리, 63쪽.

69 「문제점 많은 한일영화교류」, 『동아일보』, 1966. 11. 10.

70 조혜정(채록연구), 『한국 근현대예술사 구술채록연구 시리즈 15: 유현목』, 한국문화예술위원회, 2004, 141쪽.

71 「차용한 일본원작 〈아내는 고백한다〉」, 『경향신문』, 1964. 11. 4.

72 "일본 원작가 원산아야(圓山雅也)의 승인을 얻었다는 번안작품", 「추석 대목을 노리는 스크린 진단」, 『조선일보』, 1964. 8. 26.

73 이데 마사토井手雅人, 〈아내는 고백한다妻は告白する〉 시나리오, 『시나리오シナリオ』, 1961년 10월호(160호), 16~46쪽.

74 「차용한 일본원작 〈아내는 고백한다〉」, 『경향신문』, 1964. 11. 4.

## 11장 _ 〈춘몽〉과 〈백일몽〉의 비교

75 박유희, 「'검열'이라는 포르노그래피-〈춘몽〉에서 〈애마부인〉까지 '외설' 검열과 재현의 역학」, 『대중서사연구』 21(3), 대중서사학회, 2015. 12, 95~145쪽.

76 조준형, 「박정희 정권 후반기 영화와 섹스 그리고 국가-독일 성교육영화 〈헬가〉의 수입과 검열과정을 중심으로」, 『한국극예술연구』 45, 한국극예술학회, 2014. 9, 163~211쪽.

77 Alexander ZAHLTEN, "Daydreams", M. Downing ROBERTS ed, *Place and Space in Japanese Cinema: From Inside to Outside the Frame*, UTCP, 2012, pp. 43~55.

78  홍진혁, 「유현목 〈춘몽〉의 서사화법(narration)과 성적소구(sex appeal) 표현 스타일 분석」, 『씨네포럼』 17, 영상미디어센터, 2013. 12, 157~185쪽.

79  홍진혁은 각주 11과 결론부에서 "〈백일몽〉과 〈춘몽〉을 둘러싼 표절(또는 리메이크)에 대한 문제"를 제기하고 있으나, 표절이 내레이션에 미친 영향에 대한 분석은 차후 심도 깊은 연구를 통해 이루어질 수 있다고 적는다. 홍진혁, 같은 논문, 161, 180쪽.

80  David Scott Diffrient, "Against Anaesthesia: An Empty Dream, Pleasurable Pain and the 'Illicit' Thrills of South Korea's Golden Age Remakes," David Scott Diffrient & Kenneth Chan ed, *East Asian Film Remakes*, Edinburgh University Press, 2023, pp. 49~72.

81  『중앙공론中央公論』 1926년 9월호에 게재됐고, 총 4막으로 구성됐다.

82  재스퍼 샤프, 최승호·마루·박설영 옮김, 『일본 섹스 시네마』, 커뮤니케이션북스, 2013, 91~92쪽.

83  야마다 카즈오山田和夫, 「군국주의 지향한 영화통제에의 길-〈예외일명〉과 〈백일몽〉의 사이軍国主義めざす映画統制への道-「列外一名」と「白日夢」の間)」, 『문화평론文化評論』 1964년 10월호, 신일본출판사新日本出版社, 101쪽.

84  Thomas Weisser & Yuko Mihara Weisser, *Japanese Cinema Encyclopedia: The Sex Films*, Vital Books, 1998, p. 90, 102.

85  재스퍼 샤프, 같은 책, 88쪽.

86  다나카 준이치로田中純一郎, 『일본영화발달사(5) 영상시대의 도래日本映画発達史(5) 映像時代の到来』, 추오코론샤中央公論社, 1976, 82~85쪽.

87  〈춘몽〉 심의서류(한국영상자료원 관리번호: RK01177).

88  〈춘몽〉 오리지널 시나리오(한국영상자료원 관리번호: DCKO016255).

89  〈춘몽〉 녹음대본(한국영상자료원 관리번호: DCKR001799).

90  조혜정(채록연구), 『한국 근현대예술사 구술채록연구 시리즈 15: 유현목』, 한국문화예술위원회, 2004, 137쪽.

91  「인터뷰: 40년 만의 감개무량한 복원, 〈춘몽〉의 유현목 감독」, 『맥스무비』(www.maxmovie.com/news/6017), 2004. 7. 29.

92  정종화, 「일한 영화 〈아내는 고백한다〉의 관계성 분석: 표절과 번안의 문제를 중심으로」, 『영화연구』 93, 2022, 96~97쪽.

93  「국산영화 "춘몽" 상영허가」(한국영상자료원 관리번호: RK01177010).

94  한국영화데이터베이스(KMDb) 기준이다.

95  「영화감독 유현목 씨 입건」, 『경향신문』, 1965. 7. 13.

96  「유현목 씨를 기소/반공법 위반·음화 제조 혐의로」, 『중앙일보』, 1966. 1. 4.

97  「영화계 화제」, 『신아일보』, 1967. 2. 7.

98  「유현목 감독에 1년 6월 구형」, 『조선일보』, 1967. 2. 5.

99  「공개 전 삭제…유죄로 보기 힘들어」, 『조선일보』, 1967. 3. 21.

100  「음화 부분 선고유예」, 『조선일보』, 1969. 9. 25.

101  「영화 〈춘몽〉 선고유예/항소심 "예술성 인정하나 음란하다"」, 『동아일보』, 1969. 9. 25.

**102** 「한국을 넘보는 일(日) 영화/합작영화 미끼/수입 앞둔 전초전」, 『경향신문』, 1965. 7. 10.

**103** 「영화 〈춘몽〉 유죄」, 『경향신문』, 1967. 3. 15.

**104** 「시나리오: 백일몽」, 『시나리오』 1964년 7월호(193호), 155쪽.

### 에필로그

**1** 변인식, 「특집: 표절문화를 추적한다/필름의 컨닝이스트/영화」, 『세대』, 1969년 2월호.

**2** 이 글은 다음 영화평론집에서 확인할 수 있다. 변인식, 「가슴을 펴라: 움추린 사자들, 그 분노의 행방」, 『영화미의 반란』, 태극출판사, 1972, 158~162쪽.

**3** 「〈푸른 별 아래 잠들게 하라〉/우회한 최영오 소재」, 『동아일보』, 1965. 4. 27.

**4** 「표절 작품을 근절하라/문화인의 양식과 긍지 지켜야」, 『영화TV예술』, 1969년 6월호
(43호), 32쪽.

CHUNG Chonghwa, "Topography of Korean Youth Films in the 1960s: Between Plagiarism and Adaptation from Japanese Films", *Journal of Japanese and Korean Cinema* Vol. 8 No. 1, Taylor and Francis Ltd., May 2016.

CHUNG Chonghwa, "Mode of Cinematic Plagiarism and Adaptation: How Ishizaka Yojiro's Novels Launched Korean Youth Film", *KOREA JOURNAL* Vol. 57 No. 3, KOREAN NATIONAL COMMISSION UNESCO, Autumn 2017.

정종화, 「〈명동에 밤이 오면〉과 〈여자가 계단을 오를 때〉 비교 연구-표절과 번안의 문제를 중심으로」, 『한국예술연구』 37, 한국예술연구소, 2022. 9.

정종화, 「일한 영화 〈아내는 고백한다〉의 관계성 분석: 표절과 번안의 문제를 중심으로」, 『영화연구』 93, 한국영화학회, 2022. 9.

정종화, 「1960년대 중후반 번안 청춘영화 장르에 대한 고찰-〈폭풍의 사나이〉와 원작 일본영화의 비교 분석을 중심으로」, 『한국예술연구』 44, 한국예술연구소, 2024. 6.

정종화, 「일본영화 시나리오 표절 문제와 한국영화계-1950년대 후반부터 1960년대 중반 국면을 중심으로」, 『대동문화연구』 126, 대동문화연구원, 2024. 6.

CHUNG Chonghwa, "Yoo Hyeon-mok's Artistic Experimentation and Imitation in The Empty Dream (1965): Scene Comparisons with Daydream (1964)", *KOREA JOURNAL* Vol. 65 No. 1, The Academy of Korean Studies, Spring 2025.

참고문헌

## 1. 자료

### (1) 신문
『경향신문』,『대한일보』,『동아일보』,『매일경제』,『서울신문』,『신아일보』,『일요
신문』,『조선일보』,『중앙일보』,『한국일보』 각 기사.

### (2) 잡지
『국제영화』,『내외영화』,『세대』,『시나리오シナリオ』,『신동아』,『실버스크린』,『영
화예술』,『영화TV예술』,『주간한국』,『씨네팬』,『키네마준포キネマ旬報』 각 기사.

### (3) 심의서류
〈가정교사〉 심의서류(한국영상자료원 관리번호: RK00839).
〈맨발의 청춘〉 심의서류(한국영상자료원 관리번호: RK00984).
〈명동에 밤이 오면〉 심의서류(한국영상자료원 관리번호: RK01074).
〈아내는 고백한다〉 심의서류(한국영상자료원 관리번호: RK01079).
〈아버지 결혼하세요〉 심의서류(한국영상자료원 관리번호: RK00870).
〈오색무지개〉 심의서류(한국영상자료원 관리번호: RK00867).
〈조춘〉 심의서류(한국영상자료원 관리번호: RK00449).
〈청춘교실〉 심의서류(한국영상자료원 관리번호: RK00909).
〈춘몽〉 심의서류(한국영상자료원 관리번호: RK01177).
〈폭력지대〉 심의서류(한국영상자료원 관리번호: RK01210).
〈폭풍의 사나이〉 심의서류(한국영상자료원 관리번호: RK01620).
〈푸른 꿈은 빛나리〉 심의서류(한국영상자료원 관리번호: RK00923).
〈후회하지 않겠다〉 심의서류(한국영상자료원 관리번호: RK01134).

### (4) 시나리오
#### ① 한국어
〈가정교사〉 오리지널 시나리오(한국영상자료원 관리번호: DCKO000149).

〈가정교사〉심의대본(한국영상자료원 관리번호: DCKD006191).

〈맨발의 청춘〉오리지널 시나리오(한국영상자료원 관리번호: DCKO000583).

〈명동에 밤이 오면〉오리지널 시나리오(한국영상자료원 관리번호: DCKO000673).

〈명동에 밤이 오면〉심의대본(한국영상자료원 관리번호: DCKD006276).

〈아내는 고백한다〉오리지널 시나리오(한국영상자료원 관리번호: DCKO016430).

〈아내는 고백한다〉녹음대본(한국영상자료원 관리번호: DCKN002215).

〈춘몽〉오리지널 시나리오(한국영상자료원 관리번호: DCKO016255).

〈춘몽〉녹음대본(한국영상자료원 관리번호: DCKR001799).

〈청춘교실〉오리지널 시나리오(한국영상자료원 관리번호: CKO002082).

〈청춘교실〉심의대본(한국영상자료원 관리번호: DCKD006214).

〈폭풍의 사나이〉오리지널 시나리오(한국영상자료원 관리번호: DCKO000924).

〈폭풍의 사나이〉녹음대본(한국영상자료원 관리번호: DCKR003698).

〈푸른 꿈은 빛나리〉오리지널 시나리오(한국영상자료원 관리번호: DCKO002950).


② 일본어(상기 한국영화 관련순)

〈햇빛 비치는 언덕길(陽のあたる坂道)〉시나리오, 『키네마준포』200호(임시증
　　간, 명작시나리오집, 1958년 3월).

〈진흙투성이의 순정(泥だらけの純情)〉시나리오 준비고, 1962, 와세다대학 쓰보
　　우치박사기념연극박물관.

〈여자가 계단을 오를 때(女が階段を上る時)〉시나리오 준비고, 1959, 와세다대학
　　쓰보우치박사기념연극박물관.

〈여자가 계단을 오를 때(女が階段を上る時)〉시나리오, 『기쿠시마류조시나리오
　　선집 2(菊島隆三シナリオ選集 2)』, 산레니티(サンレニティ), 1984.

〈아내는 고백한다(妻は告白する)〉시나리오, 『시나리오(シナリオ)』1961년 10월
　　호(160호).

〈백일몽(白日夢)〉시나리오, 『시나리오(シナリオ)』1964년 7월호(193호).

〈그 녀석과 나(あいつと私)〉시나리오, 『키네마준포』1961년 7월 상순호(289호).

〈폭풍우를 부르는 사나이(嵐を呼ぶ男)〉, 시나리오작가협회(シナリオ作家協会)
　　편찬, 『일본시나리오대계 제3권(日本シナリオ大系 第3巻)』, 에이진샤(映人
　　社), 1974.

〈푸른 산맥(青い山脈)〉시나리오, 1963, 와세다대학 쓰보우치박사기념연극박물관.

(5) 영화 등

① 한국어

〈나의 한국영화/에피소드 6: 춘몽/창조/복원〉(김홍준, 11분, 2005).

〈맨발의 청춘〉(117분), 김기덕 컬렉션 DVD 박스세트(한국영상자료원, 2013).

〈명동에 밤이 오면〉(100분), 한국영상자료원 영상도서관 VOD.

〈아내는 고백한다〉(100분), 한국영상자료원 영상도서관 VOD.

〈춘몽〉(71분), 한국영상자료원 유튜브 채널(한국고전영화).

〈청춘교실〉(111분), 한국영상자료원 유튜브 채널(한국고전영화).

〈폭풍의 사나이〉(105분), 한국영상자료원 영상도서관 VOD.

② 일본어(상기 한국영화 관련순)

〈햇빛 비치는 언덕길(陽のあたる坂道)〉(209분), DVD(닛카쓰, 2003).

〈진흙투성이의 순정(泥だらけの純情)〉(91분), DVD(닛카쓰, 2008).

〈여자가 계단을 오를 때(女が階段を上る時)〉(111분), 나루세 미키오 DVD 컬렉
션(영화의전당, 2018).

〈아내는 고백한다(妻は告白する)〉(91분), 마스무라 야스조 감독: 아내 3부작
DVD 컬렉션(영화의전당, 2014).

〈백일몽(白日夢)〉(93분), DVD(아야프로[彩プロ], 2007).

〈그 녀석과 나(あいつと私)〉(105분), DVD(닛카쓰, 2005).

〈폭풍우를 부르는 사나이(嵐を呼ぶ男)〉(100분, 1957), DVD(닛카쓰, 2011).

〈폭풍우를 부르는 사나이(嵐を呼ぶ男)〉(95분, 1966), DVD(닛카쓰, 2019).

(6) 온라인

『한국영상자료원 Korean Movie Database(KMDb)』www.kmdb.or.kr/db/main

『키네마준포 웹(キネマ旬報 WEB)』www.kinejun.com

『맥스무비』www.maxmovie.com

## 2. 논문

(1) 한국어

강성률, 「신성일, 청춘(영화)의 표상」, 『영화연구』73, 한국영화학회, 2017. 9.

공영민,『아시아영화제를 통해 본 한국영화: 1950~60년대 해외 진출을 중심으로』, 중앙대학교 첨단영상대학원 석사학위논문, 2009. 2.

김수미,『1963년 전후 한국영화관객층의 변화: 아카데미 극장을 중심으로』, 중앙대 첨단영상대학원 석사학위논문, 2003. 8.

노지승,「대학생과 건달, 김승옥 소설과 청춘 영화에 나타난 1960년대 청년 표상」,『한국현대문학연구』22, 한국현대문학회, 2007. 8.

박유희,「'검열'이라는 포르노그래피-〈춘몽〉에서 〈애마부인〉까지 '외설' 검열과 재현의 역학」,『대중서사연구』21(3), 대중서사학회, 2015.12.

오영숙,「한일수교와 일본표상-1960년대 전반기의 한국영화와 영화검열」,『현대영화연구』6(2), 현대영화연구소, 2010. 11.

이우석,『1960년대 청춘영화 형성 과정에 대한 연구』, 중앙대 첨단영상대학원 석사학위논문, 2004. 2.

이화진,「'65년 체제'의 시각 정치와 〈총독의 딸〉」,『한국근대문학연구』18(1), 한국근대문학회, 2017. 4.

이화진,「할리우드에서 온 '왜색영화' - 〈8월 15야(夜)의 찻집〉과 탈식민 냉전 한국의 영화 검열」,『상허학보』59, 상허학회, 2020.6.

이효인·김재성,「표절, 자기 타자화를 통한 묘사-〈여자가 계단을 오를 때〉와 〈명동에 밤이 오면〉, 비교를 통하여」,『비교문화연구』12(2), 비교문화연구소, 2008. 12.

정수완,「1950~60년대 한일 청춘 영화 비교 연구-청춘 영화에 나타난 근대/국가를 중심으로」,『영화연구』26, 한국영화학회, 2005. 8.

조준형,「박정희 정권 후반기 영화와 섹스 그리고 국가-독일 성교육영화 〈헬가〉의 수입과 검열과정을 중심으로」,『한국극예술연구』45, 한국극예술학회, 2014. 9.

홍진혁,「유현목 〈춘몽〉의 서사화법(narration)과 성적소구(sex appeal) 표현 스타일 분석」,『씨네포럼』17, 영상미디어센터, 2013. 12.

(2) 일본어

야마다 카즈오山田和夫,「군국주의 지향한 영화통제에의 길-〈예외일명〉과 〈백일몽〉의 사이(軍国主義めざす映画統制への道-「列外一名」と「白日夢」の間)」,『문화평론(文化評論)』1964년 10월호, 신일본출판사(新日本出版社).

## 3. 단행본

### (1) 한국어

권보드래·천정환, 『1960년을 묻다: 박정희 시대의 문화정치와 지성』, 천년의상상, 2012.

김성민, 『일본을 금하다: 금제와 욕망의 한국 대중문화사 1945-2004』, 글항아리, 2017.

변인식, 「가슴을 펴라: 움추린 사자들, 그 분노의 행방」, 『영화미의 반란』, 태극출판사, 1972.

부산국제영화제·한국영상자료원 기획, 『1960년대 숨은 걸작』, 부산국제영화제(BIFF), 2015.

영화진흥공사 편, 『한국영화자료편람(초창기~1976년)』, 영화진흥공사, 1977.

유현목, 『예술가의 삶 20: 유현목 영화인생』, 혜화당, 1995.

이연 외, 『일본 대중문화 베끼기』, 나무와숲, 1998.

윤상인·김근성·강우원용·이한정, 『일본문학 번역 60년: 현황과 분석 1945-2005』, 소명출판, 2008.

이상준, 김지은 옮김, 『영화와 문화냉전: 미국 외교정책과 아시아 영화네트워크의 기원』, 소명출판, 2023.

이영일, 『한국영화전사(개정증보판)』, 소도, 2004.

전양준·장기철 책임편집, 『닫힌 현실, 열린 영화: 유현목 감독 작품론』, 제3문학사, 1992.

조혜정(채록연구), 『한국 근현대예술사 구술채록연구 시리즈 15: 유현목』, 한국문화예술위원회, 2004.

한국영상자료원 엮음, 『한국영화를 말한다: 1950년대의 한국영화』, 이채, 2004.

한국영상자료원 엮음, 『한국영화를 말한다: 한국영화의 르네상스 1』, 이채, 2005.

한국영상자료원 엮음, 『한국영화를 말한다: 한국영화의 르네상스 2』, 이채, 2006.

함충범, 『한일 영화 교류·관계사』, 한국학술정보, 2021.

### (2) 영어(알파벳순)

Diffrient, David Scott, "Against Anaesthesia: An Empty Dream, Pleasurable Pain and the 'Illicit' Thrills of South Korea's Golden Age Remakes." Scott Diffrient, David & Chan, Kenneth ed, *East Asian Film Remakes*, Edinburgh

University Press, 2023.

Paul Hamilton, *Historicism*, London: Routledge, 2003.

Sharp, Jasper, *Behind the Pink Curtain: The Complete History of Japanese Sex Cinema*, London: FAB Press, 2008. (재스퍼 샤프, 최승호 · 마루 · 박설영 옮김, 『일본 섹스 시네마』, 커뮤니케이션북스, 2013).

Singer, Ben, *Melodrama and Modernity: Early Sensational Cinema and Its Contexts*, Columbia University Press, 2001. (벤 싱어, 이위정 옮김, 『멜로드라마와 모더니티』, 문학동네, 2009).

Weisser, Thomas & Weisser, Yuko Mihara, *Japanese Cinema Encyclopedia: The Sex Films*, Vital Books, 1998.

Yecies, Brian & Shim, Aegyung, *The Changing Face of Korean Cinema: 1960 to 2015*, Routledge, 2016.

Zahlten, Alexander, "Daydreams", Edited by M. Downing ROBERTS, *Place and Space in Japanese Cinema: From Inside to Outside the Frame*, UTCP, 2012.


(3) 일본어(한글음순)

기쿠시마 류조(菊島隆三), 『기쿠시마류조시나리오선집 2(菊島隆三シナリオ選集 2)』, 산레니티(サンレニティ), 1984.

나카히라 마미(中平まみ), 『검은양 영화감독 나카히라 고 전(ブラックシープ映画監督中平康伝)』, 와이즈출판(ワイズ出版), 1999.

다나카 준이치로(田中純一郎), 『일본영화발달사 4: 사상 최고의 영화시대(日本映画発達史 4 史上最高の映画時代)』, 추오코론샤(中央公論社), 1976.

다나카 준이치로(田中純一郎), 『일본영화발달사 5: 영상시대의 도래(日本映画発達史 5 映像時代の到来)』, 추오코론샤(中央公論社), 1976.

사토 다다오(佐藤忠男), 『증보판 일본영화사 2: 1941~1959(増補版 日本映画史 2 1941-1959)』, 이와나미쇼텐(岩波書店), 2006.

시나리오작가협회 편(シナリオ作家協会 編), 『전후대표시나리오집 1945-1951(戦後代表シナリオ集1945-1951)』, 미카사쇼보(三笠書房), 1955.

시나리오작가협회 편찬(シナリオ作家協会 編纂), 『일본시나리오대계 제3권(日本シナリオ大系 第3巻)』, 에이진샤(映人社), 1974.

# 찾아보기

인명

233, 243
디제시스 115, 156, 159, 200

## ㅁ

멜로드라마 14, 17, 18, 53, 74, 85, 90, 116, 138, 141, 147, 155, 158, 159, 161, 164, 178, 182, 201, 203, 208, 209, 231, 238, 241~245, 249, 280, 347
명보극장 61, 182, 186, 218, 259
모더니즘영화 225, 244
몽타주 191, 227, 230, 237, 251, 291
문교부 47, 48, 92, 165, 287, 288, 298
문예영화 17, 24, 25, 59, 69, 249
뮤지컬영화 51, 154, 155, 156, 157, 159, 264
미장센 29, 88, 107, 137, 201, 202, 208, 234, 239, 240, 273

## ㅂ-ㅅ

비공식적 리메이크 14, 31, 84, 252, 253, 280
비공식적 번안 10, 27, 32, 71, 83, 86, 87, 144, 159, 213, 233, 251, 252
세계저작권협약(=세계저작권조약, 국제저작권협약) 24, 40, 41, 48, 85, 92, 148, 181, 287
세기상사주식회사 57, 65, 66, 182, 186, 187, 199, 208, 211, 215, 219, 244, 246, 248, 253~255, 260, 265
섹스코미디 76, 119, 121, 142
쇼치쿠松竹 74, 173, 177, 249, 250, 264
시나리오작가협회 45, 47, 55, 71, 303, 319, 328
신파 63, 106, 116, 134, 138, 140~143, 203
신필름 60, 61, 66, 71, 175, 177, 277
실험영화 240, 248, 251
심의대본 99, 102, 108, 224, 332, 333, 338, 343

## ㅇ

아세아필름 68, 89
아시아영화제(=아세아영화제) 14, 21~23, 31, 43, 55, 56, 59, 81, 92, 98, 136, 164, 166, 167, 169, 170~177, 179, 213, 214, 218, 219, 253, 300, 317, 320, 321, 328, 336, 337, 345
아카데미극장 18, 19, 62, 63, 74, 84, 85, 89, 95, 101, 126, 142, 156, 160
액션영화 17, 18, 93, 135, 138, 140, 146, 155, 158, 159
연방영화주식회사 145, 148, 149, 177
「영화상영허가신청서」 110, 118, 185~187, 218, 337
영화적 표절과 번안의 양식 12, 27, 32, 33, 159, 212, 245, 279
「영화제작신고서」 94, 96, 108, 128, 130, 149, 183~185, 187, 215, 216, 254~256, 260, 337
예술영화 210, 249, 251, 255, 259, 265, 268, 274
오리지널 시나리오 23~25, 51, 57, 73, 92, 99, 102, 108, 110, 117, 121, 144, 161, 220, 224, 231, 232, 276, 280, 322, 332~334, 338, 339, 342, 343
왜색영화 39, 71, 167, 277, 327, 345
외국영화수입쿼터 17, 59, 67, 68, 69
우수영화보상제도 17

## ㅈ-ㅊ

작가주의 14, 17, 164, 209, 244, 245, 250, 253, 280
중앙정보부 258, 260
청춘문화(청년문화) 19, 20, 30, 74, 76, 78, 81, 90, 159, 160

## ㅋ-ㅌ

코미디영화 17, 18, 51~53, 76, 116, 119, 121, 140~142, 161, 249, 311, 334

# 표절과 번안의 영화사

1960년대 한국영화계와 일본영화

2024년 11월 5일 초판 1쇄 발행

지은이 | 정종화
펴낸이 | 노경인 · 김주영

펴낸곳 | 도서출판 앨피
출판등록 | 2004년 11월 23일
주소 | (01545) 경기도 고양시 덕양구 향동로 218 (향동동, 현대테라타워DMC) B동 942호
전화 | 02-710-5526 팩스 | 0505-115-0525
블로그 | blog.naver.com/lpbook12
전자우편 | lpbook12@naver.com

ISBN 979-11-92647-44-9 93680